本书获得咸阳师范学院学术著作出版基金资助；
本书系2022年度陕西省哲学社会科学重大理论与现实问题研究项目（2022ND0331）、陕西省教育科学规划课题（SGH22Y1422）、2022年陕西省体育局常规课题（2022276）阶段性研究成果

旅游产业发展的多维探究

王 浪◎著

经济管理出版社
ECONOMY & MANAGEMENT PUBLISHING HOUSE

图书在版编目（CIP）数据

旅游产业发展的多维探究/王浪著 .—北京：经济管理出版社，2024.4
ISBN 978-7-5096-9667-5

Ⅰ.①旅…　Ⅱ.①王…　Ⅲ.①旅游业—产业发展—研究—中国　Ⅳ.①F592

中国国家版本馆 CIP 数据核字(2024)第 080017 号

组稿编辑：张馨予
责任编辑：张馨予
责任印制：许　艳
责任校对：陈　颖

出版发行：经济管理出版社
（北京市海淀区北蜂窝 8 号中雅大厦 A 座 11 层　100038）
网　　址：www. E-mp. com. cn
电　　话：（010）51915602
印　　刷：北京晨旭印刷厂
经　　销：新华书店
开　　本：720mm×1000mm/16
印　　张：16
字　　数：286 千字
版　　次：2024 年 8 月第 1 版　　2024 年 8 月第 1 次印刷
书　　号：ISBN 978-7-5096-9667-5
定　　价：98.00 元

前　言

我国的旅游产业经过了多年的发展，其产业性质及产业地位发生了根本变化。面对行业规模巨大、行业关联众多、类型复杂、形式多样、既有空间关系又有产业联系及产业边界难以规定的旅游产业，其产业发展模式形态及产业运行方式是一个重大的研究课题。

从历史基点来说，我国的旅游产业是在对外开放的社会背景下发育起来的，是以旅游目的地为特征、以入境旅游为主体、以主要景区为依托、以旅行社团队线路产品为运行方式、以获取外汇为目的的产业体系，并由此形成了我国旅游产业特定的发展模式。由于这种模式持续时期比较长且效果较好，国内多数研究者认为这种模式便是中国旅游产业发展的固有模式。受学术研究及理论的影响，我国大部分地区的管理者与旅游开发者也按照这种模式布局旅游要素并建立旅游产业运行体系。然而，种种迹象表明，进入新时期，我国旅游产业发展模式正在进行历史性的转型。

产业融合作为一种扩散性的技术创新，产生了许多新的产品和服务，开拓了新市场，促进了产业的共同繁荣，有利于资源的优化整合和产业结构的转型升级。人们通过产业融合，从产业缝隙中寻找新的经济增长点，从而延长产业链并拓展产业空间。产业融合成为一种普遍的经济现象。旅游业与第一、第二、第三产业不断融合，催生了很多新的业态，而且旅游业还会依据消费者多元化的需求，不断创新旅游产品与经营业态，对传统产业结构进行调整，以实现转型升级和提质增效。在新技术、新观念的推动下，会展旅游、红色旅游、乡村旅游等多种形式的旅游新业态不断涌现。

全书共五章，第一章是绪论，是对旅游产业概念与发展模式、中外旅游产业发展模式比较、非常规发展模式中我国旅游产业的问题、旅游产业融合的理论研究的简要论述；第二章是旅游产业与文化产业的融合发展，对旅游产业与文化产业的融合系统、旅游产业与文化产业的融合机理、旅游产业与文化产业融合发展的保障措施、旅游产业与城市文化的协调发展、旅游产业与文化产业融合发展策略进行介绍；第三章是现代影视文化与旅游产业的融合发展，对现代影视文化与旅游产业发展的联系、现代影视剧与旅游目的地文化传播相关内容进行论述；第四章是旅游产业融合发展的创新探析，对大数据时代旅游企业融合创新机制与路径、旅游产业融合下的投融资创新与路径、旅游业制度创新的路径与策略相关内容进行论述；第五章是旅游产业融合发展的案例浅析，对旅游产业融合发展之邮轮旅游、旅游产业融合发展之房车露营旅游、旅游产业融合发展之森林旅游探索相关内容进行论述。

本书内容全面、结构清晰，涵盖了旅游产业发展的各个方面。笔者多年来一直对旅游产业发展等方面有所研究，不断探索旅游产业发展新方向。书中有笔者多年来的教学经验，引用了相当多的文献资料，力求内容翔实，可满足各个层次读者的需求。在本书的撰写过程中，笔者参考了大量的资料与文献，同时得到了许多专家学者的帮助和指导，在此表示真诚的感谢。因水平有限，书中难免存在疏漏之处，希望同行学者和广大读者予以批评指正，以求进一步完善。

王浪

2023 年 9 月

目　录

第一章　绪论

旅游业是现代经济发展的重要支柱之一，它不仅为国家创造了巨大的经济效益，还促进了文化交流，提升了人民的生活质量。在全球化和信息化的时代背景下，发展旅游业已成为一个不可或缺的战略选择。

第一节　旅游产业概念与发展模式

产业是一种社会分工现象，随着社会分工的产生而产生，随着社会分工的发展而发展。在不同的历史时期，产业的含义是不同的。随着社会生产力水平的不断提高，产业的内涵不断充实和丰富，其外延不断扩展。在重农时期，产业主要是指农业；在资本主义工业时期，产业专指工业。传统的产业概念就是在这个时期形成的。到了近代，随着社会生产力的迅速发展，社会分工越来越细，新兴的服务业得到了空前发展，物质生产活动和非物质生产活动日益紧密地结合起来，产业外延大大扩展，于是，凡是有投入产出活动的行为和事业都被学者列入了产业活动范围。

一、旅游产业概念界定

（一）产业的一般含义

20 世纪 20 年代，国际劳工局对产业进行了比较系统的划分，即把一个国家的所有产业分为初级生产部门、次级生产部门和服务部门。第二次世界大战以后，大多数国家都采用了三次产业分类法，并根据国家的实际发展情况对产业进行具体划分。

从理论上看，产业是介于微观经济组织和宏观经济组织（国民经济）之间的“集合概念”，概括了国民经济各行业的活动，不仅包括生产领域的活动，也包括流通领域的活动；不仅包括物质资料生产部门的生产、流通和服务活动，也包括非物质生产部门的生产、流通和服务活动；不仅包括生产部门，也包括流通部门、服务部门甚至文化教育等部门。从宏观上说，产业是与社会生产力发展水平相适应的社会分工形式的表现，是一个多层的经济系统，如部门、行业、业种。产业和产业之间存在着直接或间接的经济联系，整个产业构成一个具有函数关系的经济系统。从微观上说，产业是有投入和产出效益的活动单位，产业是从事同类物质生产或相同服务的经济群体。所谓“同类”或“相同”的含义应理解为：从需求方面说是指具有相互密切竞争关系的商品或服务；从供给方面说是指生产技术、工艺相近的物质生产和经济性质相同的服务业。严格来讲，构成一个“产业”的一组企业群，必须满足三个标准：生产相对同质性的产品、使用基本相同的技术、企业数量和它们产出的财务价值必须在数量层面达到足以值得从统计上作为一个单独部门而论的要求。

（二）旅游产业的界定与性质

旅游业是否具有产业属性，长期以来在旅游学术界存在着较多的争论。当现代旅游业对国家的政治、经济、文化与环境等各方面都产生了重大影响时，人们日益认识到它是一项重要的产业，然而随着学术界的深入研究，逐渐出现了一些反对的声音，于是人们又重新审定旅游业到底是不是产业，至今赞成方与反对方仍然争执不下。

尼尔·莱珀认为旅游业只是“旅游系统中在功能和空间上有联系的几个部门”，而不是一个产业，其在 1990 年又针对 Stephen 的产业化旅游定义进一步指出，“作为产业的旅游意味着一个组织使用的生产技术以及管理方式和同一市场同一产业的其他组织相似”，而旅游业中生产组织显然不具备上述特征。肯尼斯·威尔逊得出的结论是：旅游不是也不可能是产业；不存在单独的旅游市场，但存在旅游市场群，在旅游市场群中，其产品由一系列产业提供。戴维森的观点更具有代表性，他指出，旅游根本不是一个产业，充其量是一些产业的集合。产业是所有生产相同产品的单个企业的集合，而产品是否相同是根据交叉需求弹性理论中的可替代性来限定的。旅游是一种悬殊的经历或过程，不是一种产品，而是一种社会现象，也不是一种生产性活动，所有旅游者支出的总和并不是这一组相似企业的收入所得。因此，旅游远不只是一个一般意义上的产业，它更像是一个部门，影响着一大批产业。

国内学者的反对声音主要是认为旅游业距离传统产业标准相去甚远。在世界上绝大多数国家颁布的标准产业分类中，甚至在联合国公布的《国际标准产业分类》中，都没有将旅游业列为单独的立项产业。在我国的《国民经济行业分类标准》中，也没有旅游业的字样，而是将与之有关的经济活动划归“住宅、公用事业和居民生活服务业”一类。因此，国内经济学家普遍认为，旅游业不能构成一项标准的产业。

国内一些学者也提出了不同意见。马波指出，在现实社会中的确存在着一个为旅游者服务的经济系统，旅游产业的称呼是符合产业规定的，只是在性质上是一种消费趋向性产业，外延要比一般的工业宽泛。张辉（2011）的观点与马波类似，他认为，在实现旅游者需求的过程中，由于不同厂商向某一特定旅游市场提供相似的产品或服务，这些具有某种程度上的替代服务或活动使得各个厂商之间存在着竞争或者合作的可能，因此可以认定这种领域内的现象是一种产业。

综上所述，无论是国内学者还是国外学者，对旅游业非产业属性的观点，往往都存在以下两个方面的问题：

第一，混淆了旅游与旅游业。这是国外学者最先犯的错误，往往以旅游不是产业的原因来解释旅游业不是产业。事实上，旅游和旅游业无论是在内涵还是在外延上都是两个性质不同的概念。旅游业是指直接为旅游者的旅游活动提供产品和服务的行业的总称，而“旅游是个人以前往异地寻求愉悦为主要目的而度过的一种具有社会、休闲和消费属性的短暂经历”。旅游业是旅游经营者的事情，是供给层面的概念；旅游则是旅游者的事情，是需求层面的概念。产业的定义则是依据产品而非产品的消费者。因此，旅游不是产业。

那么旅游业为什么是产业呢？从消费的角度看，旅游者通过空间移动而获得的经历或体验，涉及许多企业的产品与服务，如出游之前的信息服务，出游过程中的交通、住宿、饮食、游览、购物，乃至出游后的一些追踪服务等。旅游者在每个旅游环节的选择上都具有很大的自主权，这表明旅游服务与产品之间存在着明显的替代关系。从本质上说，消费者享用某产业所提供的产品与游客享受旅游业所提供的服务是没有根本区别的。很明显旅游业是提供同类或相互具有密切竞争关系与替代关系的旅游产品和服务的产业，而这正是产业的基本要素之一。从供给的角度看，旅游业为旅游者所提供的旨在满足旅游者需求的旅游产品是一种组合产品，它是由各个单项旅游产品组成的，每个旅游企业的生产过程都是整个旅游生产过程中的一个环节，企业生产出来的单项旅游产品都是旅游产品的一部分，并且每一个旅游企业的生产过程都是独立的，其生产出来的单项旅游产品是能够满足旅游者某种需要的最终产品。因此，旅游产品的生产具有类似的“生产技术”“生产过程”“生产工艺”等特征，生产产品提供给消费者与生产旅游产品提供给旅游者并没有本质上的区别。可见从供给的角度来看，显然旅游业也具备产业的特征。

第二，忽视了产业的历史性与现实性。产业是个历史范畴，如前文所述，从重农时期的农业、产业革命后的工业、近代以来的第三产业到现今的一切具有投入产出活动的产业和部门，产业的概念与内涵随着社会生产力的发展而不断得到更新和充实。在人类已经步入 21 世纪的今天，各国不胜枚举的统计数据都已经证实或继续在证实旅游业对其政治、经济、社会、文化、环境等各个领域的积极贡献，尤其是对增加外汇、平衡国际收支、加速货币回笼、减轻市场压力、促进国民经济和社会的繁荣、吸纳大量劳动力、缓解就业压力、促进区域间经济和社会的协调发展等方面的重大作用。

“产业”作为应用性经济理论中的一个概念，人们对其边界界定的立足点与其说是理论上的严密性，不如说是现实中的可用性。在应用性领域中，如果只为固守理论规范的严密性，硬要保持前后一贯的原则，那么产业分析将无法深入进行。我们不能囿于传统产业的成见，只看到旅游业所带来的经济效益和社会效益，而不给旅游产业以名正言顺的产业地位。虽然我们所理解的旅游产业将导致旅游业与现行产业分类标准中的许多产业交叉重叠，但我们不能就此否认旅游业的产业地位，这是旅游业现实发展的需要。

（三）旅游产业的特殊性

1. 综合性

旅游业不同于传统意义上的产业，它是一个综合性产业。旅游业的发展和许多行业的发展都有着密切的关系，它是集食、住、行、游、购、娱于一体的综合性产业，几乎涉及所有传统意义上的产业，其外延可以说是没有边界的。其综合性表现在以下两个方面：一方面，旅游业的经营者为旅游者提供的旅游产品是综合性的。它不是某一具体的物品或者某种单项服务，而是由多种服务项目构成的综合体。另一方面，旅游业的生产是综合性的。在生产方面，也可以从两个角度来看：一是旅游业是一个范围非常宽泛的产业。传统意义上的产业，即“所有生产相同产品的单个企业的集合”，已远远不能涵盖旅游产业的真正内涵。旅游业是由各个提供核心旅游产品以满足旅游者需求的旅游企业所构成的集合，包括旅游地［旅游景区（点）］、旅游饭店业、旅游交通运输业、旅行社业和旅游商品经营业（旅游购物业）等。二是旅游产业是一个跨部门、跨行业、跨产业的产业。为了满足旅游者多样化、多层次的需要，旅游业必然联系到若干行业，它的发展需要各产业、各行业的配合，这些行业既可以是工业、农业、商业、建筑业、交通运输业等物质资料生产部门，也可以是文化、科技、教育、卫生、邮电通信、金融保险等非物质生产部门，它们共同向旅游者提供生产和服务。这些部门、行业或产业都或多或少地与旅游产业在经济上发生直接或者间接的联系。换句话说，除旅行社外，几乎没有哪个行业的收入完完全全地是从游客那里得到的，也几乎没有哪个行业根本不从游客这里获得收益，农业旅游如此，工业旅游亦如此。

在理解旅游业的综合性特点时，应该注意到虽然组成旅游产业的诸多企业看起来似乎参差不齐、杂乱无章，但为旅游者提供所需服务的共同宗旨，使它们互相依赖、互相制约，彼此和谐地组成一个有机的系统，所以旅游产业是一个有机的企业和行业的集合体。产业经济学的理论表明，产业作为一个经济单位并不是孤立存在的，其内部各组成部分之间相互关联、相互制约，尽管有时会出现交叉甚至部分重叠的现象，但总体上产业本身是一个有机的系统。虽然同其他产业所生产的产品不同，但是一个完整的旅游产品是由各个单项旅游产品组成的。每个旅游企业的生产过程都是整个旅游产品生产过程中的一个环节，其生产出来的单项旅游产品都是旅游产品的一部分。只不过旅游产品价值的实现要通过各环节不断地投入、“售卖”逐步收回，即发生在哪个环节上的投入就由哪个环节负责收回，如发生在交通工具上的费用要从运费中收回，发生在宾馆投资上的费用要从房费中收回，发生在景区（点）建设上的费用要从门票中收回。

2. 联动性

旅游业的综合性决定了它的联动性。就产业的关联度来说，似乎没有哪个产业可以同旅游业相比，它几乎涉及国民经济的所有部门和行业。旅游业的发展会促进相关行业的发展，特别是新兴的游览活动和休闲活动的开展，可能会创造一些相关的生产部门，如游览用的缆车、汽车、火车，滑雪、高尔夫等活动所需的用具、设备等，都为商家提供了新的市场。从这个角度来看，旅游业的发展不仅直接带动第三产业的发展，而且也会大大促进第二产业和第一产业的发展。尤其是对那些其他产业基础较差而旅游资源比较丰富的偏远地区来说，发展旅游业可以创造致富的奇迹。

3. 敏感性

旅游业的综合性与联动性决定了它的敏感性。旅游业与其他产业相比更容易受到来自内部和外部的多种因素的影响。内部因素是指旅游业的各个部门和与旅游业相关的各行业之间的协调关系，如与建筑业、商业、农业等相互配合，从而保障旅游活动的顺利完成。如果旅游产业的某一组成要素出现差错，都会使旅游的全过程难以进行下去。不但影响旅游者的旅游质量，更会阻碍旅游产业的正常运行。外部因素是指那些来自自然、政治、经济、文化、法律等方面且旅游业自身所不能控制的因素，如地震的发生、瘟疫的流行、恐怖活动的出现、战争的爆发、经济危机等事件都会导致旅游活动的萧条和旅游业的停滞。可见，旅游业是一个十分敏感的产业，如果一个国家或地区将旅游业视为唯一的经济支柱，一旦宏观环境发生巨大波动，后果将不堪设想。

二、中国旅游产业发展模式

我国旅游产业在多年的发展过程中，从一个脱胎于计划经济时期的外事接待型事业演变为规模巨大、发展迅速的产业，对我国政治、经济、文化和外交的发展做出了突出的贡献，其产业价值随着市场的扩大得到了提升。今天，面临产业转型升级的重要历史阶段，从旅游运行方式的维度来探讨旅游产业发展模式，不仅是理论研究的重要课题，也是产业发展的现实要求。

何为模式？《现代汉语词典》（第7版）中的解释是：“某种事物的标准形式或使人可以照着做的标准样式。”但是近年来此词的意义已经发生了演变。在英文中，“模式”就是 Pattern 或者 Model，最早常见于自然科学领域的研究，与“模型”一词常可互换，但是“模式”的含义更为宽泛。在社会科学研究领域中，模式是一种重要的思维与操作方法，是解决某个问题的方法论的集中体现。具体到旅游产业，其发展模式就是我们应该采取何种“发展”形式与方法，沿着怎样的路径来实现旅游业的全面进步；如何在资源配置中协调发挥政府与市场的作用；如何正确引导旅游市场的发展方向与规模；如何在产业发展的过程中以良好的机制与体制推进其转型与升级，实现既定的旅游发展目标。因此，发展模式的研究是宏观的，它的研究内容与对象往往集中于整个国家范围内的产业运行，如我国旅游产业发展的重点、不同国家旅游产业之间的相互比较、政府政策与方针的制定和出台等。

运行方式则是在发展模式指导下的相对微观的研究，它更适用于中观层面的区域旅游发展和微观层面的旅游企业运营，如不同阶段的旅游市场运行特征，不同运行方式的主体、范围和特点。由此可见，发展模式与运行方式是旅游产业两个不同层面的重要问题，研究其内在关系对转型时期我国旅游产业的推进具有重大的现实意义。

（一）旅游产业发展模式的含义

一个国家的旅游产业在发展过程中如何正确选择发展模式是一个重要的问题。旅游产业发展模式是指一个特定时期内，一个国家或地区旅游产业发展的总体方式，它包括旅游产业发育和旅游产业演进两层内容。旅游产业发育是指旅游产业形成的方式，也就是在一个特定的社会经济环境下，旅游产业以什么样的方式形成和发育，而旅游产业演进则是指当旅游产业发育到一个特定阶段时，以什么样的方式促进旅游产业向高度化和现代化发展。它是对某一类型的旅游经济系统的理论概括。

决定和影响旅游产业发展模式的主要因素有三个：一是经济社会发展总体水平。经济社会发展水平越高，科技越发达，社会基础设施和公共设施就越完善，相应地就会促进居民收入水平的提高，为旅游业的发展奠定坚实的基础，从而使旅游业的发展成为社会经济发展的必然结果。二是社会经济制度和经济发展模式。目前世界上主要的两种社会经济制度——社会主义经济制度和资本主义经济制度——发展的根本目的是不同的，对旅游业发展模式的影响也是不同的。在市场经济模式中，又有资本主义市场经济模式和社会主义市场经济模式两大类。当它们分别与资本主义经济制度和社会主义经济制度相结合时，构成社会经济主体的所有制形式也是不同的，前者以私有制为基础，后者则以公有制为主体。它们对旅游业的发展模式也会产生重要影响。三是旅游业形成时期和发展阶段。旅游业形成时期的早晚不仅关系到旅游业是否具有较好的基础，也会对其产业发展模式产生深远影响。例如，欧美一些国家的旅游业早在 19 世纪后期便已形成，它们的发展模式与始于 20 世纪下半叶的大多数发展中国家肯定是不同的。

（二）旅游产业发展模式的特征

由于旅游产业发展模式研究的是在特定时期内旅游产业发育或者演进的总体方式，因此，旅游产业发展模式具有概括性、阶段性、相对稳定性和特指性特征。

一是作为旅游产业发展的总体方式，旅游产业发展模式是建立在对旅游产业发展战略高度提炼的基础上的。旅游产业发展模式可以全面概括一定时期内旅游产业发展战略的总体思想和基本特征，充分体现旅游产业发展战略的内在要求与发展方向。二是旅游产业发展模式不仅是旅游产业发展的总体方式，也规定一定时期内旅游产业的发展方式，勾画出旅游产业在某一时期内的发展方向和发展重点。三是旅游产业发展模式不仅具有阶段性的特征，同时也具有阶段相对稳定的特点。某一特定阶段中的旅游产业发展模式一经确立，旅游产业运行的基本性质和发展方式就得以明确，并在特定历史阶段中保持相对稳定。只有当旅游产业经济运行的内部条件和外部环境发生了质的变化，而原有的发展模式难以适应新的发展需求时，才会出现以新模式替代旧模式的客观要求。四是旅游产业发展模式总是根据特定的社会经济条件、历史发展进程和自然环境状况来加以规定的，不同的国家或地区，其旅游产业发展模式也不尽相同。

（三）旅游产业发展模式的类型

在世界各国的旅游业发展过程中，由于社会制度、政治体制、经济发达程度、文化传统习俗、国土面积、区位条件及旅游资源条件等方面的差异，形成了多样化的旅游发展模式。

如苏联模式、南斯拉夫模式、阿尔巴尼亚模式等计划经济国家的模式，还有美国模式、西班牙模式等市场经济国家的旅游发展模式，这些不同的模式都是这些国家发展旅游业基本条件的综合反映，体现了旅游发展模式的差异性。然而，在众多的旅游发展模式中，我们依然可以从不同的视角来寻找其共同的规律，用科学的方法将其分类并加以研究。如果我们将世界旅游产业的发展历程加以梳理，便可以从不同的维度对其进行分类。

从旅游产业成长与国民经济发展的总体关系划分，旅游产业发展模式可以分为超前型和滞后型两种。超前型旅游产业发展模式是指旅游产业发展超越国民经济总体发展水平，通过发展旅游产业来带动相关产业和地区经济进步的一种发展模式。选择超前型旅游产业发展模式必须具备三个条件：一是有丰富的旅游资源；二是有外部旅游需求；三是有外部投资注入。一般来讲，这种旅游产业发展模式主要适用于国民经济基础较好的旅游城市和沿海地区。相对于超前型旅游产业发展模式，滞后型旅游产业发展模式是指旅游产业成长滞后于国民经济总体发展水平，即国民经济发展到一定阶段后，带动旅游产业成长的一种发展模式。这种旅游产业发展模式的主要特点是旅游产业的成长是由适应本国居民对旅游劳务消费增长的需要而逐步推动的。滞后型旅游产业发展模式是一种常规的旅游产业成长模式，反映了旅游活动是社会经济发展的必然产物。

从旅游产业成长的协调机制划分，旅游产业发展模式可以分为市场型和政府主导型两种。市场型旅游产业发展模式是以竞争为主要动力来推动旅游产业成长与演变的一种模式。政府在一定时期内不对旅游产业的成长施加任何直接的影响，而完全由市场这只“看不见的手”自动调节旅游产业资源配置的过程，调节旅游产业的成长过程和变动趋势。这一旅游产业发展模式具有以下三个特点：一是旅游产业的成长侧重于产业内部的自均衡、自调节过程；二是外部政策的作用是间接的，是通过一定的市场参数进行的；三是产业政策对旅游产业成长的影响主要侧重于市场需求方面。相对于市场型旅游产业发展模式，政府主导型旅游产业发展模式是以政府规划或者通过制定产业政策来干预旅游产业的成长与演进的一种模式。这一旅游产业发展模式的产生具有两个重要前提：一是有国家干预和控制经济的历史传统；二是短时间内有快速推进旅游产业成长的战略目标。

从旅游产业成长演进模式来划分，旅游产业发展模式可以分为延伸型和推进型两种。延伸型旅游产业发展模式是一种先以国内旅游为产业成长的基础，通过国内旅游产业的发展、国际旅游产业的成长，最终形成两个产业的融合。相反，推进型旅游产业发展模式是一种先以国际旅游接待产业为成长基础，并通过国际旅游接待产业的发展推进国内旅游产业的成长，最终形成完整的旅游产业体系。这种旅游产业发展模式的分类，实际上是不同经济发展水平下的发展中国家与发达国家的旅游产业成长模式。在世界旅游产业发展进程中，发展中国家与发达国家的旅游产业发展模式可以归结为国际旅游向国内旅游推进、国内旅游向国际旅游延伸两种。一般来说，国际旅游向国内旅游推进是发展中国家采取的一种模式，它是通过发展国际接待旅游，形成较强的旅游产业体系后，再适时推动国内旅游的发展，然后发展出国旅游，最终形成以国内旅游为主，国内旅游与国际旅游协调发展的旅游产业体系。从本质上看，推进型旅游产业发展模式是以通过国际接待旅游产业的发展来全面带动以城市为主体的全国范围内的旅游资源开发、旅游设施建设和旅游服务体系的建立，逐渐形成以中心城市为重心的旅游产业完整体系。相对于推进型旅游产业发展模式，延伸型旅游产业发展模式是发达国家采取的一种产业成长模式，是通过国内旅游产业体系的建立、旅游地域的延伸和消费水平的提高形成较强的国际旅游的需求，并随着国际旅游需求的增长，建立国际性的旅游产业体系。目前，这两种不同的产业发展模式并存于旅游经济体系之中。

从经济学观点来看，选择不同的产业发展模式，是由一定时期社会经济发展水平决定的。从旅游经济与国民经济之间的关系分析，推进型和延伸型旅游产业发展模式是不同经济条件下世界各国在旅游发展道路上的两种不同选择，具有一定的客观必然性。两种旅游产业发展模式的运行环境及表现出来的经济特点有明显的差异。由于推进型旅游产业发展模式是建立在国民经济较低水平之上的，因而，这种旅游产业发展模式追求的不是旅游产业的内存经济效益，而是旅游经济的波及效益，即利用旅游经济的综合性特点，通过对以国际旅游为主体的旅游产业的高强度经济投入来全面带动国民经济相关产业的发展。在这种旅游发展模式下，旅游产业的作用不仅是为经济建设获取外汇和回笼货币，而且已经成为经济腾飞的突破口。另外，由于这种旅游发展模式是建立在一个高经济投入基础之上的，因而在旅游经济发展的初期和中期，旅游产业不具有“投资少、见效快、收益大”的经济特性。相反，延伸型旅游发展模式是建立在国民经济较高水平之上的，旅游产业的发展不是经济建设的需要，而是人民消费的要求，因而这种旅游发展模式追求的不是旅游经济的波及效益，而是旅游产业自身的内存经济效益。它的发展不需要较多的经济投入，并且充分体现出“投资少、见效快、收益大”的经济特性。在旅游产业国际扩张过程中，推进型旅游产业发展模式更具有企业扩张的比较优势。

（四）中国旅游产业发展模式的历史解析

每一种旅游产业发展模式的发育与演进都与其成长的社会经济环境息息相关，我国旅游产业的发展开始于一个特殊的历史起点，作为对外开放的政治窗口和创汇增收的重要手段，伴随着对外开放政策的实施，逐步发展成为一个新兴产业。从产业运行环境来看，这种产业建立在较弱的经济基础之上，要使旅游业在短期内形成较强的产业体系，必然要加大对旅游业的资金投入与政策关注，这也注定了我国旅游产业必然探寻一种非常规发展模式。从短期效益来分析，产业的投入与产出严重失衡，旅游业本身所具有的“投资少、见效快、收益大”的经济特性难以体现，在国民经济基础较弱的时期，它的引入似乎是没有道理的。然而，作为外向型产业之一，旅游业在获取外汇方面具有得天独厚的优势，在助力我国 20 世纪 70 年代初期经济起飞的过程中起到了不可替代的重要作用。

1. 超前型旅游产业发展模式

由于中国旅游业孕育于较弱的国民经济基础之上，其成长之初即成为领跑经济发展的产业，加之我国丰富的观光旅游资源、强大的入境旅游需求和大规模的投资，使我国的旅游产业发展成为一种典型的超前型发展模式。这种模式的形成存在其客观必然性。在 20 世纪 70 年代之初，我国社会经济发展水平较低，1978 年，我国国内生产总值约为 3679 亿元，旅游对于国内的民众来说是非常陌生而又遥不可及的，丰富的旅游资源只有在接待国外游客的过程中开发，因而建设的标准、速度、规模和程度，往往更多地与入境旅游市场的发展紧密相关，世界范围内旅游业的高水平运作对我国旅游业提出了时代要求，因此高起点的旅游产业发展成为我国旅游业开放的重要标志。我国旅游经济 40 多年发展的成功经验表明，超前型旅游产业发展模式虽然是一条非常规的道路，但是，它对于我国旅游产业的建立和旅游经济的发展起着重要的推动作用。

2. 政府主导型旅游产业发展模式

我国在1978年之后对旅游业提倡并实施了政府主导型发展模式，并取得了显著的成效，主要基于以下一些紧迫而重要的现实考虑：一是旅游业外汇增收和货币回笼的效应突出，为了加速发展社会生产，就必须尽快发展旅游业；二是对于刚刚起步的旅游业，要想把旅游资源优势转化为产业优势，必须由各级政府牵头投入巨额资金启动旅游基础设施建设；三是优先发展入境旅游是我国旅游业的首要战略目标，政府必须积极干预，以集聚有效的人力、物力、财力，迅速提高国际竞争力；四是对于新兴的中国旅游市场，各级政府必须尽快制定相关的规制与规定，以规范行业管理。在随后的40多年的发展进程中，我们发现对诸如目的地形象营销、旅游者权益保护、基础设施建设、公共服务体系建设等公共产品的需要，不断呼唤着政府责任的具体化。当然，政府主导并不是政府包办一切，顺应时代的解释应该是政府主导、部门支持、市场主体、企业运作、社会参与、和谐发展①。具体来讲，政府在旅游产业中扮演如下六种角色：经营者——拥有对旅游业发展所需的基础设施的所有权及旅游商业活动的经营权；调控者——制定和实施调控旅游产业的法规；投资刺激者——通过金融激励措施刺激旅游投资；促销者——针对国际市场对国内旅游产品进行宣传和促销；协调者——协调涉及旅游业的政府各部门的活动；教育者——建立一套旅游教育体系及提供旅游教育和培训项目。

3. 推进型旅游产业发展模式

对于大多数发达国家而言，旅游需求是国民经济发展到相当程度，人们的生活水平提高以后“精神需求”的自然释放，由此形成强大的国内旅游需求，从而决定了其延伸型旅游发展模式。然而，对于我国而言，旅游业起步之初，市场的需求来自国际旅游团队，在这种情况下，我国必然形成由国际旅游向国内旅游推进的发展模式。率先以入境旅游为突破口，通过发展国际接待旅游，在短时间内带动接待体系的迅速成长，随后发展国内旅游，随着经济的发展和人民生活水平的提高，继而发展出国旅游，最终形成以国内旅游为主，国内与国际旅游协调发展的市场格局。因此，我国旅游业在相当长的一段时间里，以“大力发展入境旅游，积极发展国内旅游，适度发展出境旅游”为方针来指导和促进旅游业的发展。

20世纪70年代以来，我国旅游业迅速增长，呈现明显的三大市场交替增长特征。20世纪90年代初期，入境旅游作为旅游业重要的经营对象得到了极大的

① 魏小安．中国旅游发展大趋势探讨［J］．旅游管理，2007（10）．

发展。随着居民生活水平的提高与消费偏好的变化，结合亚洲金融危机与扩大内需政策的契机，1997年国家旅游局调整政策导向，提出“大力发展入境旅游，积极发展国内旅游，适度发展出境旅游”，出境旅游要“有组织、有计划、有控制适度发展”。所谓“有组织”是指中国公民出境旅游以团队形式为主，这就要求旅行社，特别是国际旅行社在接待方面发挥更大的作用。“有计划”就是国家在每年的出境旅游总量上实行计划管理，在各地的数量分配上实行计划管理，在具体的经营过程中实行配额管理。“有控制”是指对经营出境旅游业务的旅行社的数量、配额进行控制。但出境旅游在三大旅游市场中的突出表现使有关部门很快认识到“从市场供求关系的状况看，出境旅游的供给和需求之间存在着明显的缺口，增加供给满足需求的压力和动力比较大”。2005年国家旅游局在“全国旅游工作座谈会”上修正了旅游三大市场发展战略，新的战略为“大力发展入境旅游，规范发展出境旅游，全面提升国内旅游”，并在《中国旅游业发展“十一五”规划纲要》中将其表述为“全面发展国内旅游，积极发展入境旅游，规范发展出境旅游”。

综上所述，我们可以对我国旅游产业发展模式做出以下结论：我国的旅游产业是在对外开放的社会背景下发育起来的，以政府为主导，以旅游目的地为特征，以入境旅游为主体，以主要景区为依托，以旅行社团队线路产品为运行方式，以获取外汇为目的而建立的旅游产业体系。这个旅游产业或者旅游经济体系支撑了我国40多年的旅游发展。在这个旅游产业发展模式的推动下，我国的旅游市场得到了发育，旅游产业得到了培育，旅游经济有了长足的发展。具体来说，三大市场形成了，产业体系建立了，旅游经济的各项指标已经达到或接近世界旅游发达国家的水平。以下将分别从三大市场的角度分析我国旅游市场的演进模式：

（1）入境旅游市场。根据世界旅游组织当时的预测，1995~2020年，中国入境旅游者以年均8%的速度递增，2020年中国将接待1.37亿人次的入境旅游者，占世界8.6%的市场份额，成为世界第一大旅游接待国。通过综合分析可以得出，我国入境旅游市场呈现出以下特点：

1）我国入境旅游人数持续稳定增长。除2003年出现大幅下滑以外，其他时期均表现出良好的增长态势和有力的发展潜力。

2）我国入境旅游人数的大规模增长主要依赖于港澳台同胞入境旅游人数的增长，外国入境旅游人数的增长速度较慢，规模较小。

3）我国入境旅游外汇收入持续增长，尤其是2000年以后，出现了直线上升的态势。

4）现阶段，我国入境的外国游客以亚洲旅游者为主，占入境总人数的61.50%，洲际旅游市场的潜力还未得到全面的释放，尤其是美洲和欧洲这两大市场。

（2）国内旅游市场。国内旅游市场已经取得了极大的成就，但是仍然有极大的发展空间。我国的国内旅游市场潜力依然没有充分释放，在从世界旅游大国向世界旅游强国推进的道路上，作为重要战略支点的国内旅游市场必须实现深入开发与持续扩大。

（3）出境旅游市场。从国际视角来看，我国旅游业最值得一提的是我国近年来出境旅游市场的惊人发展。它是当今发展速度最快、增长幅度最大的市场之一，我国出境旅游市场的发展正在逐渐地改变着世界旅游业的格局，它将对全球旅游业产生举足轻重的影响。尤其对亚洲目的地而言，我国出境旅游市场已经引发了批发零售体系、营销体系及经营方式等变革。随着制造业的不断发展、居民收入的增多，中国人纷纷走出国门，出境旅游市场的客源来自全国各地。从这个意义上讲，我国出境旅游市场的高潮已经到来。

我国最早的公民出境旅游形式是1983年广东居民赴港澳探亲旅游。1984年，经国务院批准，这一做法在全国推广，内地居民赴港澳旅游得到了快速发展。20世纪80年代后期，边境地区的贸易及其他形式的交往日益活跃，国家于1987年首先开放了辽宁丹东口岸至朝鲜新义州边境一日游，由此边境旅游开始发展。后又开放了与俄罗斯、哈萨克斯坦、吉尔吉斯斯坦、塔吉克斯坦、缅甸、越南、老挝等国家的边境游。我国公民自费出国游是从出境探亲旅游发展演变而来的。1988年，经国务院批准，规定由海外亲友付费和担保，允许公民赴泰国探亲旅游。1997年，由国家旅游局与公安部共同制定并经国务院批准，发布了《中国公民自费出国旅游管理暂行办法》，我国公民自费出国旅游正式开始。我国出境旅游市场现状：

①出境旅游人数迅速上升。出境旅游人数从1992年的292.87万人次增长到1997年的532.39万人次，平均年增长率为16%左右。1998~2003年，出境旅游人数年均增长率超过20%。2003年，我国的出境旅游人数达2022万人次，超过了亚洲传统的客源输出大国日本，成为亚洲第一客源国。2007年我国公民出境旅游达4095.40万人次，继续保持亚洲最大出境旅游客源国的地位。2022年，我国出境旅游人数达1.17亿人次，同比增长9.8%。

②出境旅游目的地不断扩展。截至2008年1月，我国已经开放的旅游目的

地国家和地区达 134 个，其中实施 91 个。2007 年，中美两国政府签署了《中华人民共和国政府与美利坚合众国政府关于便利中国旅游团队赴美利坚合众国旅游的谅解备忘录》，美国正式成为我国公民组团出境旅游目的地。此外，中日、中俄、中韩、中印、中欧、中澳、中非、中国与东盟、中国与加勒比地区的旅游交流与合作进一步加强。

③出境旅游消费水平高。从出境旅游者的消费能力来看，我国虽属发展中国家，但出境旅游者的消费水平却相当可观。目前我国人均出境旅游消费已进入世界前列。艾瑞咨询发布的《2021 年中国在线旅游行业研究报告》显示，我国在线旅游市场交易规模在 2021 年实现部分恢复性增长，约达 1.3 万亿元，与 2020 年同期相比增长 29.6%。其中，机票和火车票成为在线出行的两个最大细分市场，分别占在线出行市场交易规模的 53%和 43%，2021 年机票和火车票的在线化率分别提升至 89%和 80%左右。从具体产品形态来看，2021 年 4 月，中国旅游协会在全国范围内重启“中国服务”旅游产品创意案例收集工作，并于 2021 年 7 月启动年度智慧旅游优秀案例征集活动，智慧旅游景区建设、智慧旅游服务平台运营、数字技术的应用以提升旅游适老化水平等成为亮点。特别是杭州“数字经济旅游十景”在线预约平台启用，参访预约功能先后向团队、散客开通，使数字经济旅游目的地与文化研学、商旅会展市场深度融合，为游客带来全屋智能家居、车路协同技术、AR 实景智慧景区等体验创新。我们可以从需求、供给和环境三个层面来分析出境旅游蓬勃发展的原因。从需求层面来看，人们知识水平的提高和视野兴趣的扩大必然会触发出国旅游动机。同时，闲暇时间的增加、带薪假期的推行及多年来经济的发展，为我国居民出境旅游提供了现实可能性，人民币持续升值，加之近年来国际市场经济的低迷，实际上增强了我国公民在国际旅游市场上的购买力。从供给层面来看，出境旅游目的地不断增加、目的地国家在华促销力度不断加大对出境旅游市场发展起到了推动作用。从环境层面来看，我国对出境旅游限制不断减少、手续更加简化及信息渠道的建设、交通条件的改善，都对我国出境旅游市场的“放量上攻”发挥了重要作用。

为此，管理部门在未来的政策制定中必须认识到，出境旅游是经济发展的必然产物，是国民生活水平提高的一种表现，具有全球普遍性。由于我国人均经济总量的迅速提高，决策层应该做好应对出境旅游爆发增长的准备，政策要有所预见。由于我国区域发展存在差距，在部分发达地区出境旅游的急剧增长阶段可能比预想的提前，而由于大国效应的存在，我国的出境旅游率将会保持在一个适当的范围内。

综上所述，我国旅游业的发展模式紧扣其对外开放的战略职能，是超前型、政府主导型和推进型综合作用的结果，是符合时代发展的历史选择，也成就了我国旅游产业自20世纪70年代以来成绩卓著的40多年。

第二节　中外旅游产业发展模式比较

在我国旅游经济高歌猛进的40多年中，世界各国的旅游业也都发生了翻天覆地的变化。其中，美国、英国、法国、意大利、德国等国以本国高速的经济发展为带动，以跨国公司为龙头，以成熟的市场环境为保障，推进了旅游业向高级化演进；西班牙、葡萄牙、墨西哥、摩洛哥等国以丰富的旅游资源为依托，以便捷的交通和优越的地理位置为优势，以远高于世界平均增长速度的国际旅游收入为动力，将旅游业打造为国民经济重要产业；而印度、不丹、肯尼亚等发展中国家，在经济落后、资金短缺的情况下，也在世界旅游经济的鼓舞下发展旅游，但由于大批管理人员、技术人员的进入，在旅游创汇的同时也不可避免地产生着大量旅游漏损的问题。此外，还有一些岛国（这里不包括新西兰和英国等面积较大的岛国），如塞舌尔、马尔代夫、马达加斯加、斐济、塞浦路斯、牙买加和海地等国家，凭借秀丽的岛国风光和靠近旅游客源国的区位优势，发展成为名副其实的旅游国，如马尔代夫的旅游业为该国最大产业，贡献了GDP的28%和外汇收入的60%。

然而，在众多的旅游发展模式当中，对我国最有借鉴意义的是日本的旅游发展模式。日本虽然属于发达国家，但是在发展旅游业方面却一直采取与其他发达国家完全不同的发展模式，即推进型、超前型的政府主导下的旅游发展模式。日本之所以采取政府主导型旅游发展模式，其原因主要有两个方面：一是日本具有政府干预控制经济的传统，第二次世界大战以后，在运用凯恩斯主义实施积极的财政政策的同时，又沿用了战时统治经济的一系列政策和做法，充分发挥了政府的主导作用；二是日本政府从旅游产业综合性、关联性的特点和旅游产业对该国特殊的功能出发，采取了政府主导下的旅游发展模式。

纵览日本第二次世界大战后旅游业的发展，可以清晰地看到日本旅游呈现“入境旅游—国内旅游—出境旅游—出入境旅游并举—入境旅游”的发展轨迹。在这种变化中，日本的旅游业经历了一个从起步到发展再到成熟的过程。在旅游产业发展的不同阶段，日本政府的职能和政策的侧重点有所不同。在第二次世界大战后的恢复和起步阶段，日本百业萧条，为了发展入境旅游获取外汇、支持经济建设，政府的当务之急是开展旅游立法和入境旅游基本设施的建设。日本在经济恢复时期构筑了基本完整的旅游法律框架，如《旅馆业法》、《温泉法》（1948年）、《翻译导游法》、《旅游饭店建设法》、《国际旅游事业资助法》（1949年）、《文化遗产保护法》、《国际旅游温泉文化城市建设法（热海、伊东、别府）》、《国际文化旅游城市建设法（京都、奈良）》（1950年）、《护照法》、《出入国管理令》、《检疫法》（1951年）、《旅游斡旋业法》等。在1955年后又颁布了《自然公园法》（1957年）、《国际观光振兴会法》（1959年）和《旅游基本法》（1963年）。这些法律在后来的发展过程中又进行了多次修订，并随着形势的变化制定了一些新的法律，这为规范和促进日本旅游业的健康发展起到了十分积极的作用。

经过战后10年的恢复，日本经济进入高速成长期。为了满足日益扩大的国内需求，以及东京奥运会和大阪世博会等大型活动带动的国内外旅游的巨大需求，日本的旅游政策重点转向旅游地区与休闲设施的建设。日本中央各省厅直接介入以旅游接待设施为主的旅游基础设施建设当中。国土交通省建设了汽车旅游点；环境省建设了大规模年金保养基地；国土交通省推出了“山村都市交流环境建设示范区”。

到了20世纪八九十年代，日本政府把更多的精力投入旅游资源的保护和旅游地软件环境的改善上面。同时，市场开发的重点也从鼓励出境旅游转变为再度重视入境旅游，如1991年出台《观光交流扩大计划》。进入21世纪，日本国内旅游呈现出新的特点，日本国民国内旅游主要采用“省、短、近”策略，人均旅游次数降低幅度不大而出游天数大幅减少，从而导致旅游消费支出大幅下降。日本作为一个发达国家，经历了旅游业从起步到成熟的过程，在不同的发展阶段，政府通过强有力的政策进行了管理、引导和帮助。这些成功的经验对研究我国新形势下的旅游发展模式具有重要的参考价值。

对比借鉴之一：我国同日本最初的境况相同而选择不同。我国在20世纪70年代之初同样以入境旅游起步，同样重视基础设施建设，但相比之下，我国当时关于旅游的法律还有待完善。到目前为止，日本的旅游法规及相关法律，可以保持较长时期的稳定性。我国旅游业多年来在与其他部门或者行业的协调中处于弱势地位，为此，加强旅游法律体系建设，增强法律对旅游经济发展的配套与保护，是我国未来旅游发展的战略重点。

对比借鉴之二：在日本旅游业发展的过程中，其始终把旅游业的功能与地位上升到国家的层面予以研究，每一个时期的旅游发展战略都将旅游业的综合性及关联性经济特征进行全面分析，其中，“观光立国战略”更是由当时的首相在国会中提出，可见日本对旅游业的重视程度。日本为了吸引更多的外国游客，从首相到各地方官员纷纷为日本进行宣传，效果非常明显。我国的旅游产业随着其创汇功能的弱化，较难取得与产业贡献相匹配的功能与地位。为此，将旅游产业放在缓解国际矛盾、扩大内需、拉动经济增长、建设和谐社会的高度来考量，将其发展战略摆在国家战略的高度去实施，应该是日后的发展趋势。

对比借鉴之三：合理的旅游管理体制是旅游业健康发展的保证。在日本，实施官方、协会、民间团体“三位一体”的管理体制，市政府、企业和各种协会组织彼此协调又相互约束。在这种管理体制中，政府起到引导和把关的作用，负责加强国际往来与对外宣传，但并不对旅游经济实行直接管理。直接管理主要依靠行业协会，行业协会是非营利机构，受政府委托共同维护行业企业利益。我国行业协会存在着覆盖面窄、经费来源不足、作用空间有限等缺陷，需要进一步加强管理，发挥其应有的作用。日本关于政府与行业协会的做法有许多值得我国学习的地方。

经过对 40 多年来我国旅游产业发展模式的环境、成因、问题的分析，以及通过中外对比得出的经验借鉴与总结，我们已经深刻地认识到在国际环境和产业演进变化迅速而广泛的今天，对旅游业发展重新进行定位，从宏观层面对发展战略进行调整，形成适应时代发展的旅游产业发展模式，是符合科学发展观的正确选择，也是推进旅游产业又好又快发展的必然选择。为此，在未来一个时期内，我国旅游产业发展模式应从如下几个方面进行战略调整：

一方面，坚持政府主导，但要变管理型政府为服务型政府。40 多年来的实践证明，我国旅游业在政府主导下创造了举世瞩目的成就，多年来以惊人的发展速度和建设力度让“中国旅游”响彻世界每一个角落。因此，坚持政府主导的旅游发展模式是符合我国产业发展实际的，在旅游产业转型升级的关键时期更应该继续坚持下去。然而，值得注意的是，我们所说的政府主导并不是政府干涉所有事情，而是变管理型政府为服务型政府，这也是党的十七大报告中明确指出的政府改革的方向。这一转型要求各级旅游管理部门按照政企分开、简政放权，宏观管好、微观放开的原则，将管理重心从直接管理转向间接政策引导、市场监督、法律调控、信息咨询、关系协调和提供服务等服务性职能上来。此外，政府还要补充市场失灵的地方，如公共产品的提供，解决旅游产品外部效应问题。由于旅游业的综合性与服务性的特点，政府的适当干预是从维护旅游者的公共利益和国家整体利益出发，纠正或缓解市场失灵或市场缺陷带来的不经济和不公正，从而维护行业经济和社会秩序的稳定。

另一方面，从重视入境旅游和国内旅游向三大市场协调快速发展转变。一如日本当年从发展入境旅游撬动旅游产业开始，我国的旅游产业发展也始于入境旅游的巨大带动作用。在40多年的发展过程中，由于入境旅游在创汇增收与和平外交方面的突出贡献，一直受到国家的重视。从20世纪90年代开始，管理部门把重点向发展迅猛的国内旅游市场转移，而出境旅游市场虽然受到部分限制，仍然无法减弱居民出国旅游的热情。我国的旅游产业很明显走出了一条“入境旅游—国内旅游—出境旅游”的阶段性发展道路，这一发展模式对我国旅游业来说无疑是正确的选择。然而，站在新的历史起点下，综观旅游业较发达的国家的历史，我们必须认真思考未来一个时期的战略重点。实践证明，一个国家健康的旅游经济体系必然是三大市场协调发展的结果。对于我国而言，在经济全球化、信息化浪潮的环境中，在向世界贸易组织成员全面开放旅游业的今天，三大市场必须全面快速发展。尤其是出境旅游市场的发展，对于提升我国未来一个时期同国际旅游经营商的竞争能力，提高我国旅游企业的跨国经营水平，以及增强旅游产业综合竞争力都具有重要的意义。

第三节　非常规发展模式中我国旅游产业的问题

我国旅游产业起步于改革，得益于开放，在特殊的时代背景下“临危受命”，经过40多年的不断开拓与发展，以其辉煌的成就为我们诠释了其作为一个经济产业和文化产业的综合功能。事实证明，我国旅游产业发育的模式符合我国当时的基本国情和经济特点，对我国旅游产业的快速发展起到了重要的推动作用。我国旅游业自1978年起步以来，经过40多年的迅猛发展，产业规模持续扩大，产业结构不断完善，产业地位、产出水平日益提高。据《中国国内旅游发展年度报告2021》，2020年国内旅游收入约为2.23万亿元，同比下降61.1%。其中，城镇居民国内旅游花费下降幅度更大，达到62.2%，农村居民国内旅游花费下降55.7%。2020年国内旅游人均花费774.14元，比2019年同比下降18.8%。其中，城镇居民人均花费870.25元，下降18.1%。农村居民人均花费530.47

元，下降 16.4%。

一、中国旅游产业发展模式下的辉煌成就

2020 年国内旅游总体情况受疫情影响，2020 年国内旅游人数约为 28.8 亿人次，比 2019 年下降 52.1%。其中，城镇居民国内旅游人数下降幅度更大，达到 53.8%，农村居民国内旅游人数下降 47.0%。① 2020 年文化和旅游部通过积极争取纾困政策、指导地方用足用好政策、抓好项目建设、推动产业创新发展、加大金融支持产业高质量发展等措施，推动旅游业复苏取得显著成效，国内旅游呈现分季度降幅收窄趋势。

二、中国旅游产业发展模式下的不协调现象

我国旅游经济发展的实践表明，超前型、政府主导型和推进型发展模式对我国旅游产业的建立和旅游经济的发展起着重要的推动作用，但是并非十全十美。当我国旅游产业发育到一定程度，旅游经济体系建立以后，就可以清楚地观察到这一模式的缺陷，以及由此缺陷形成的旅游经济中诸多不协调现象。

（一）入境游、国内游和出境游的不协调

在推进型发展模式指导下，我国旅游经济发育实行的是由国际旅游向国内旅游推进的发展路径，尤其是以接待入境旅游为重点。具体表现为，刺激入境旅游发展，以重点旅游地区、旅游口岸地区和沿海地区为中心，以国际旅游者为接待主体，实现旅游经济体系的快速发育。不可否认，入境游的发展为我国旅游经济和旅游产业体系的建立打下了坚实的基础，刺激了我国旅游产业规模的快速扩张。然而，当我国经济迅速增长，旅游需求市场发展到国民国内旅游和出境旅游的需求日益高涨的阶段时，对于入境游的一味重视和出境游的政策限制就显得不符合发展现状了。“十一五”期间，国家旅游局将三大市场开发战略由“大力发展入境旅游，积极发展国内旅游，适度发展出境旅游”调整为“大力发展入境旅游，规范发展出境旅游，全面提升国内旅游”。其中，“规范发展出境旅游”是指做好已经开放的中国公民出境旅游目的地国的后续工作，建立双边旅游协作关系和工作渠道，同时抓紧研究针对出境旅游市场的危机处理机制和调控手段。可见，出境旅游已经进入国家旅游发展战略，然而产业在实际运行中仍然受到种种出境管理制度的约束。从世界旅游的发展过程来看，无论一个国家在旅游产业发展中采取怎样的发展道路，选择怎样的发展模式，最终都是以国内游和出境游

① 资料来源：国家统计局发布的《中华人民共和国 2020 年国民经济和社会发展公报》。

为重要的战略支点，打造综合竞争力。如果国内游和出境游不能充分地发育和发展，其产业发育的深度和广度就会受到极大的限制。

（二）乡村旅游与城市旅游发展的不协调

从世界旅游经济发展过程来看，旅游经济发育过程应是城市旅游发育与乡村旅游发育一体化的过程。从市场发育所表现的功能来看，城市旅游和乡村旅游分别代表着不同的旅游类型，城市旅游是传统的观光旅游和商务旅游的依托空间，乡村旅游是度假旅游和生态旅游的依托空间，两者共同组成了旅游市场的空间体系。从现实上看，在旅游经济较发达的国家，城乡旅游已基本实现一体化。

在超前型和推进型发展模式的指导下，我国旅游产业发育以城市为切入点，以大中城市观光旅游产品为载体，相对于农林产业来讲，在交通、通信、餐饮等相关产业的配套设施建设中，可以大大减少旅游产业发育资金的投入，从而加速产业发育的步伐。近年来，相关部门不遗余力地在全国大中城市开展优秀旅游城市和最佳旅游城市的标准制定和评选工作，体现了对城市旅游的重视。

尽管经过近些年的发展，乡村旅游在我国已经形成了如火如荼的发展趋势，但是我国乡村旅游从产品的档次、规模、多样性等各个方面，依然与城市旅游存在很大的差距。我国旅游产业要向更高层级演进，从客观上要求一个国家的乡村旅游发展和城市旅游发展相协调，否则，将会对我国旅游产业体系的完善产生消极影响。令人欣慰的是，国家旅游管理部门对于城市和乡村的旅游建设的平衡推进在近年来引起了相关各方的高度重视。

（三）东部与中西部区域发展不协调

经过 40 多年的发展，我国旅游产业呈现出东部发育成熟、中西部发育欠佳的现实状况。首先，东部地区有较强的经济基础，尤其是交通运输条件较好，在短期内能形成较大的旅游经济生产能力；其次，东部地区与国外旅游客源国及旅游中转国的经济距离较近，旅游需求强度较大；最后，随着对外开放政策的深入推进，东部地区与国外经济、文化的联系日趋紧密，使旅游发展的速度与规模迅速提高和扩大。总之，同中西部地区相比，东部地区在优惠政策、投资规模、旅游资源开发、交通设施、人才引进等方面都有许多优势。相比之下，中西部内陆地区虽然拥有丰富的旅游资源，但由于经济发展水平较低、开放程度较低、可进入性较差，导致旅游市场发育程度较低，除了西安、昆明、成都等城市旅游发展较好之外，其余地区旅游产业发展一般。大量具有极高价值的旅游资源没有得到很好的开发，无法将资源优势转化成产品优势。因此，区域之间旅游生产力分工与布局的不协调、旅游产业生产要素不能合理配置与自由流动，导致旅游经济整体效益提高缓慢。

（四）观光旅游与其他旅游形式不协调

我国旅游产业在最初的发展阶段，充分利用已有的文化与自然旅游资源，以观光旅游为产业发育的切入点。实践证明，这种道路的选择对我国旅游产业的快速发育是十分有效的。资源的垄断性、文化的神秘性和市场的主体性，三种天然优势的交汇，使中国旅游产业在发育初期形成较强的国际旅游需求，创造了我国旅游产业发育的外部条件。同时，观光旅游可以充分借助城市已有的基础设施和相关产业潜力，相对能减少对旅游产业的资金投入，为我国旅游产业的快速发育提供了良好的内部条件。

然而，在经历了40多年的发展历程之后，面对旅游需求市场的日益变化，观光旅游已经不能满足广大国内外游客的旅游需求。尽管我国旅游业已经出现了观光、休闲、度假、生态、商务、康体、疗养、修学等各种产品形式，但是大多数地区旅游产业配置依然无法摆脱以门票经济为代表的观光旅游。可以说，未来一个时期，观光旅游和其他旅游产品协调发展、门票经济向综合经济尽快转变，是推进我国旅游产业向更高层级演进的必经之路。

（五）景区开发与目的地经营不协调

我国旅游产业发育以主要的旅游景区为依托，使长期以来景区的规划、开发、经营、管理成为业界和学界的焦点，这对于快速推进产业成长起到重要作用。然而，在此过程中，旅游目的地的概念弱化对于旅游产业链的延长和旅游经济收益的提高造成重大障碍。与其他经济产业不同，旅游产业链的长短与旅游者的旅行距离、旅游类型和旅游目的地性质相关。在旅游目的地空间体系中，旅游景区仅仅是一个提供单项游览功能的空间载体。因此，以旅游景区为依托，一方面使旅游消费受到限制，不能充分发挥旅游经济的关联性特点；另一方面强化了景区在旅游发展中的依赖性，必然加重了旅游资源的开发强度，不利于自然环境的保护。旅游经济是企业经济与地理经济的结合，只有同时将景区开发与目的地经营列入发展重点，在景区开发与规划中推进目的地建设，在目的地经营与形象推广时兼顾不同景区的发展定位，才是健康的、协调的旅游发展之路，才是旅游经济做大、做强的重要动力。

（六）旅游企业国际竞争和国内竞争的不协调

旅游产业的市场竞争力是由旅游目的地竞争力和旅游企业竞争力共同构成的。我国作为世界第一大旅游目的地国家，在整体旅游形象日益提升的情况下，旅游企业国际竞争的弱化成为我国立足世界旅游市场的短板。以获取旅游外汇收入为目的的旅游产业，必然伴随着国际化投资行为弱化的现象，严重阻碍我国旅游企业国际化竞争的前进步伐。世界旅游业发达的国家的旅游产业发育过程表明，在旅游经济全球化条件下，一个国家旅游企业竞争力的高低与这个国家的旅游企业全球化发展和跨国经营行为相联系，而这些又与这个国家居民的出国旅游行为相关联。世界知名的跨国旅游企业之所以出现在美国、日本和德国这些重要的客源地国家，正是这种经济联系和经济规律的现实表现。过去，我国对出境旅游采取的保守政策使我国旅游企业未能走上国际化的征程，留给大多数企业家的是入境旅游和国内旅游的本土竞争。就在国际旅游竞争尚未国内化之际，2007 年我国向国际投资市场全面开放了旅游业，于是，国内竞争国际化更加激烈了。这种情况下，我国旅游企业只有积极快速推进跨国经营，实行“走出去”战略，实现国内竞争与国际竞争的协调发展，才能避免成为发达国家旅游企业“飞地”的命运。

以上种种不协调的现象，是我国旅游产业在超前型、政府主导型和推进型发展模式指导下推进到今天的矛盾体现，也是其阶段性和局限性的客观反映。剖析这些问题正是对这一发展模式的回顾与反思，为未来一个时期内产业向现代化和网络化方向演进奠定了基础。

第四节　旅游产业融合的理论研究

旅游业不仅是现代服务业中的综合性服务行业，又是一个关联带动性较强的战略性产业。产业融合既是旅游业形成的本质属性，也是现代旅游业发展的主要方式。本章结合对现代产业的形成、发展和三次产业的分类研究，分析了旅游业的形成特征和发展方式，并在对旅游业与三次产业的关联性研究基础上，重点阐述了旅游业融合的概念、性质和重要性，旅游业融合发展的纽带、动力、方式和效应等，为旅游业与三次产业融合发展提供理论依据和实践指导。

一、产业分类与旅游业发展

（一）产业的概念与发展

旅游产业是国民经济的重要产业和组成部分，要正确认识和理解旅游业与三次产业的融合发展，就必须了解产业的概念、产业的形成机制与发展方式，把握主要的产业分类方法及国内外有关三次产业的分类等。

1. 产业的概念

产业也称为行业，是指国民经济内部按照一定的社会分工，专门从事相同性质经济活动的所有单位的集合，即对生产同类物质产品、提供同类流通手段和服务劳动的企业及组织的统称。产业通常具有广义和狭义之分，广义的产业包括国民经济的生产、流通、服务等各个产业部门，如第一、第二、第三产业，或农业、工业、商业、交通运输业、服务业等，每个产业部门还可细分为更多的不同行业。狭义的产业一般是指工业，因为工业是国民经济中主要的物质产品生产部门，不仅在国民经济中占有重要的地位，而且现代经济发展也与工业化过程密切相关，因而产业有时又特指工业部门。任何产业都具有其特定的内涵与外延，产业的内涵反映了产业的本质属性和特征；产业的外延反映了产业的具体范围和边界。从产业的内涵看，是指按照一定的社会分工，由生产技术类似及相互关联的企业和组织，共同围绕同类产品的生产、流通或服务而开展经济活动，从而形成相对独立的产业部门，可见产品或服务、生产技术和经营对象的同类性是划分不同产业部门的重要依据。从产业的外延看，产业内部各个企业一般都是围绕同类产品和服务，不断提高生产技术水平，改善经营管理和降低成本，扩展经营领域和范围，以充分利用规模经济、范围经济来实现企业最佳的经济效益，因此产业的外延是由其内涵所限定的产业范围和边界。

2. 产业的形成机制

产业部门的形成是科技进步和社会生产力提高引起社会分工的必然结果。科技进步促进社会生产力不断提高，导致社会分工深化和专业化发展，而社会分工和专业化发展又促进社会生产向集中化、协作化和融合化发展，从而促使各种产业部门不断形成和发展。从产业的形成机制看，一方面，随着科技进步和社会生产力发展而导致的社会分工深化，促使个别分工日益普遍并逐渐独立为新的分工领域，从而形成新的产业部门，如工业是在农业中的个别分工基础上逐步发展形成的独立产业部门；商业又是在工业中的个别分工基础上逐步分化形成的产业部门，可见社会分工深化是产业部门形成的重要机制。另一方面，由于现代科技进步和技术创新，使各种新技术、新材料、新工艺、新产品不断涌现和广泛应用，逐渐独立为新的分工领域而形成新的产业部门，如化学工业的形成，是化学科技成果在生产领域中广泛应用的结果；而现代集成电路及微电子技术的广泛应用则推动了计算机产业的发展，并逐渐形成以计算机“硬件”“软件”生产和服务为主体的信息产业，因此科技进步是产业部门形成的重要动力。

随着人类社会的发展，社会分工无论在广度上还是深度上都在不断地发展着。从社会分工广度看，其不仅在一国范围内各个地区、各行业间展开，还在世界范围内发生——不但各种各样的产品在不同地区、不同工厂生产，而且同一产品的不同零配件也会在不同的国家生产，从而促进了生产的专业化发展，提高了产品质量和生产效率，节省了生产成本。从社会分工深度看，随着科技进步和追求利益最大化，促使现代社会分工越来越细，生产越来越专业化，导致生产部门或行业也越来越多。

3. 产业的发展方式

随着现代科技进步、社会生产力发展和社会分工的不断深化，尤其是以新技术、新材料、新能源、新工艺等为核心的高新技术产业的迅速发展，现代产业呈现出分化发展、集聚发展、融合发展、独立发展等不同发展方式和趋势。

（1）产业分化发展。随着现代科技进步和社会分工深化，使某一产业或依托新技术的突破和应用，或在原有产业中经过充分发育后，逐渐分化发展而形成相对独立的新产业的发展过程，称为产业分化发展。如现代电子工业是在机械工业中不断发育和壮大，逐渐脱离机械工业而形成相对独立的新兴产业；现代服务业是在商贸流通业中不断发育和壮大，逐渐脱离商贸流通业而形成相对独立的服务产业。因此，产业分化发展，既是产业形成和发展的普遍现象，也是现代产业发展的主要方式之一。

（2）产业集聚发展。国民经济中某一主导产业的快速发展，带动与其相关的配套产业相对集中化发展的过程，通常称为产业集聚化发展。如交通运输业随着现代汽车工业的快速发展，带动了为其配套和服务的高速公路建设、汽车零配件加工和销售、汽车维修保养服务等相关行业的集聚化发展。产业集聚发展的动力，主要来自产业集聚发展形成的规模经济和外部经济，其使产业内和相关产业的所有企业都能够从产业集聚中获得更好的经济效益，从而进一步刺激更多的企业向主导产业集聚。因此，产业集聚发展是现代产业发展的必然趋势和主要方式之一。

（3）产业融合发展。随着现代科技进步、技术创新、竞合发展和放松产业管制等的发展，推动国民经济的不同产业与行业之间，通过生产、技术和经营的相互渗透、交叉、重组而融合形成某一新产业或新业态的发展过程，一般称为产业融合发展。如信息产业是随着微电子技术、材料技术、通信技术等不断突破和创新，由电子工业、材料工业、通信工业等融合形成的新兴科技产业；航天工业则是由机械工业、材料工业、能源工业、电子工业、信息产业等多种产业融合形成的高科技产业。随着产业融合发展，不仅各个产业的内涵不断丰富充实，产业范围和边界也不断扩展，从而成为现代产业发展的新趋势和主要方式之一。

（4）产业独立发展。产业独立发展通常是指依托某些重大科技的突破和应用，以相对独立的方式形成和发展的新兴产业。如以太阳能开发利用为核心的光伏产业，是随着光伏技术的不断突破和应用，使其市场需求日益增长，经营规模不断扩大，生产成本逐渐下降，从而迅速发展成的相对独立的高新技术产业。产业独立发展是科技进步的必然结果，随着现代科技进步加速和专业化分工深化，必然促进某些新兴产业、高新技术产业的相对独立形成与发展。

（二）产业分类方法和内容

从经济学角度看，国民经济是由大量微观经济单位、产业部门组成的宏观经济系统，是一个国家或地区整体经济运行与发展的总和。其中，微观经济单位是指国民经济中存在的大量企业（生产者）、家庭或个人（消费者），他们共同构成了国民经济运行和产业发展的微观基础；产业部门是从事同类经济活动的企业和组织的集合，也是按照一定方法和标准划分的国民经济的各个行业。因此，还必须进一步了解产业分类的方法和内容。

1. 产业分类的方法

产业分类是指随着产业的不断形成和发展，按照一定方法和标准划分国民经济的各个产业部门或行业，以便进行产业研究和管理。产业分类有许多理论和方法，主要的产业分类方法有两大部类分类法、三次产业分类法、生产要素密集度分类法和标准产业分类法等。

（1）两大部类分类法。该方法是马克思在剖析资本主义再生产过程中提出的产业分类方法，其根据不同产品在社会再生产过程中的作用，从实物形态上将社会总产品划分为物质产品生产部类和非物质产品生产部类。其中，物质产品生产部类是指主要从事物质资料生产并创造物质产品和价值的部门，主要包括农业、工业、建筑业、运输邮电业、商业等产业部门；非物质产品生产部类是指不从事物质资料生产和不创造物质产品与价值，只是提供非物质性服务的部门，主要包括科学、文化、教育、卫生、金融、保险、咨询等产业部门。两大部类分类法有利于分析社会再生产过程中不同物质生产部门的相互关系，以揭示社会再生产的实现条件和社会经济需要的满足程度。

（2）三次产业分类法。该方法是由新西兰经济学家费歇尔提出，并由经济学家克拉克、库兹涅茨等丰富完善和推动应用的产业分类方法。其是基于社会生产活动历史发展的顺序，以物质产品的生产、流通、交换等为基础，把国民经济各个部门和行业划分为第一产业、第二产业和第三产业。其中，第一产业是直接从自然界获取产品的物质生产部门，即广义上的农业，主要包括农业、畜牧业、林业、渔业等。第二产业是对取自自然界的产品进行加工的物质生产部门，即广义上的工业，主要包括制造业、采掘业、建筑业，以及煤气、电力、供水等行业。第三产业是指除第一、第二产业之外的所有非物质生产部门，即广义上的服务业，由于其所包括的部门和行业较多，又具体划分为流通行业、生产和生活性服务业、提高国民素质的服务业和公共服务业四个层次。由于三次产业分类法揭示了经济发展的演进规律，并有利于对产业结构变化和原因进行深入分析，从而促进了三次产业分类法的广泛应用。

（3）生产要素密集度分类法。该方法是根据劳动力、资本和技术等主要生产要素在各产业部门的相对密集度和依赖程度，从而把产业部门划分为劳动密集型产业、资本密集型产业和技术密集型产业的产业分类方法。其中，劳动密集型产业是指生产活动主要依靠大量劳动力的使用，而对技术和设备的依赖程度相对较低的产业部门，一般包括农业、畜牧业、林业、纺织业、服装业、玩具制造业等；资本密集型产业是指生产活动通常依靠相对较多的厂房、设备和设施，从而占用较多的固定资本和流动资本的产业部门，主要包括基础工业和重加工业，如重型机械工业、石油化工业、电力工业、运输设备制造业、电子与通信设备制造业等；技术密集型产业是指生产活动依赖技术要素相对超过劳动力、资本等生产要素的产业部门，主要包括信息产业、新材料产业、原子能工业、航空航天工业、现代制药工业等。生产要素密集度分类法有利于比较研究产业部门之间的生产要素依赖程度，分析与判断国民经济的增长前景和发展水平，从而为提高国家或地区的核心竞争力提供重要依据。

（4）标准产业分类法。该方法是指为统一国民经济的统计口径，由国际或国内权威机构制定和颁布的划分国民经济各产业部门或行业的方法。标准产业分类法通过科学确定各个产业的内涵和外延，明确产业分类的基本原则和规则，从而对国民经济各个产业部门或行业进行科学的分类。在联合国经济和社会事务部所颁布的《所有经济活动的国际标准行业分类》（以下简称《国际标准行业分类》）的原则、定义及分类规则中，就强调产业“分类中每一层级的所有类别都必须是非此即彼、相互排斥的，用于界定和划分这些类别的定义及限定类别的原则及标准，是建立在产品、服务及生产要素投入、生产工艺及技术、产出特点及产出的用途等基础之上的，相似的经济活动按这些标准被划入《国际标准行业分类》中的有关类别”，从而为世界各国的产业分类提供了基本原则和依据。目前，联合国颁布的《国际标准行业分类》已得到世界大多数国家的认同，成为世界各国普遍采用的产业分类方法。

2. 国际产业分类及内容

为了统一世界各国的国民经济统计口径，并使所有经济活动的国际标准行业分类与三大产业分类法密切结合，联合国经济和社会事务部统计司于 1948 年正式通过和颁布了《国际标准行业分类》，以后又由统计委员会分别于 1958 年、1968 年、1989 年、2002 年和 2006 年进行了五次修订。自 20 世纪 50 年代以来，西方国家以三次产业分类法和《国际标准行业分类》为基础，建立了“国民账户体系”（SNA）对国民经济进行统计、核算和分析，其不仅统计核算物质产品生产部门（即第一、第二产业）的增加值，也统计核算非物质生产部门［即第三产业（服务业）］的劳务价值。1968 年，联合国正式采用并向世界各国发布了“国民账户体系”及核算方法。到目前为止，全世界已有上百个国家和地区采用了该核算体系和方法，把国民经济各个部门和行业划分为第一、第二、第三产业进行分类核算。

3. 我国三次产业分类及内容

为了全面反映我国经济社会发展状况，科学准确地计算国民生产总值，我国于 20 世纪 80 年代中期开始采用三次产业分类法和标准产业分类法，对国民经济各个行业进行标准分类和统计核算。1984 年，国家统计局根据联合国《国际标准行业分类》并参照国际通行的三次产业分类法，结合我国经济社会发展实际，首次颁发了国家标准《国民经济行业分类与代码》（GB 4754—1984），并牵头组织多个部门共同协作，着手设计和建立新的国民经济核算体系，于 1985 年首次计算了我国国民生产总值和三次产业增加值。1985 年，在《中共中央关于制定国民经济和社会发展第七个五年计划的建议》中，首次提出了加快第三产业发展的方针，从理论上突破了我国传统农、轻、重产业分类的观念，从实践上促进了我国国民经济核算体系与国际接轨。1992 年设计完成了“中国国民经济核算体系”并于 1994 年投入使用，从此我国国民经济统计核算正式与国际通行的“国民账户体系”接轨。

1984 年，由国家统计局、原国家标准局、原国家计委、财政部联合制定的《国民经济行业分类与代码》（GB 4754—1984）是国民经济行业分类国家标准的最初版本。1994 年、2002 年、2011 年和 2017 年，国民经济行业分类国家标准历经四次修订，并更名为《国民经济行业分类》。

现行《国民经济行业分类》（GB/T 4754—2017）于 2017 年 6 月 30 日由原

国家质量监督检验检疫总局和国家标准化管理委员会联合发布，并于2017年10月1日起实施。考虑到2018年《中华人民共和国宪法修正案》在“国家机构”中增设了监察委员会，为满足标准的时效性，国家标准化管理委员会于2019年3月发布并实施了国民经济行业分类第1号修改单。

新国民经济行业分类标准为健全国家统计标准体系、观察新经济活动提供了最新分类标准，使得各项普查、常规统计调查、专项统计调查的调查范围和对象更加规范、准确。

新版《国民经济行业分类》新增了体现新经济发展特征的新行业活动，为及时、准确地反映我国经济新常态和产业结构转型升级涌现出来的新产业、新业态、新商业模式，监测经济增长动能转换进程，反映国家“互联网+”等行动计划实施情况奠定了标准基础，并为派生性产业分类提供了可操作的基础行业分类。

由于第三产业所包括的行业较多，我国又将第三产业具体划分为以下四个层次：第一层次是流通行业，包括批发和零售业（2个大类），交通运输、仓储和邮政业（8个大类）2个门类及10个大类行业；第二层次是为生产和生活提供服务的行业，包括农、林、牧、渔业（5个大类），开采辅助活动（1个大类），金属制品、机械和设备修理业（1个大类），信息传输、软件和信息技术服务业（3个大类），金融业（4个大类），住宿和餐饮业（2个大类），租赁和商务服务业（2个大类），水利、环境和公共设施管理业（4个大类），居民服务、修理和其他服务业（3个大类）以及房地产业（1个大类）10个门类及22个大类行业；第三层次是为提高国民素质提供服务的行业，包括科学研究和技术服务业（3个大类），教育（1个大类），卫生和社会工作（2个大类），文化、体育和娱乐业（5个大类）4个门类及11个大类行业；第四层次是为社会公共需要提供公共服务的部门，包括公共管理、社会保障和社会组织（6个大类）及国际组织2个门类及7个大类部门。

目前，旅游业虽然已经是世界最大的产业，但从联合国《国际标准行业分类》和我国《国民经济行业分类》看，旅游业都尚未被纳入独立的行业分类，究其原因：一方面，旅游业是一个以市场消费需求为导向、依托性较强的综合性产业，由于其是依托于多个紧密相关产业的发展而形成和发展的综合性产业，因此难以将其划分成比较明确的单一经济行业；另一方面，旅游业是一个关联性较强的战略性产业，其形成和发展与众多的产业都直接或间接相关，并通过与相关产业融合而不断形成新的业态，因此也难以将其划分成相对明确的单一经济行业。正是由于旅游业的综合性和关联性，使其发展不仅促进和带动相关产业发展，而且对整个经济社会发展都具有重要的促进作用，因此旅游业是一个综合性和战略性产业。

（三）旅游业的形成和发展

旅游业是随着经济社会发展而产生和发展的新兴产业，其不仅成为现代国民经济的重要组成部分，也是国民经济中最具活力与发展潜力的“朝阳产业”和战略性产业。因此，要正确认识和理解旅游产业融合的性质特征，必须了解旅游业的基本概念、形成特征及发展方式。

1. 旅游业的概念

旅游业是以满足人们的旅游消费需求为目的，以旅游产品的开发、营销和供给等经济活动为对象，凭借各种旅游资源和服务设施，专门提供旅游产品或服务的企业和组织的集合。从需求角度看，旅游业是以旅游者为对象，为其旅游活动创造便利条件并提供其所需产品和服务的综合性产业；从供给角度看，旅游业是直接或间接面向旅游者提供旅游产品和服务的众多企业和组织的集合。因此，正确认识和理解旅游业的概念，必须把握好旅游业的内涵和外延。

从旅游业的内涵看，其反映了旅游业是一个依托性较强的综合性产业的本质属性和特征。旅游业是专门为旅游者提供旅游产品和服务的经济产业，旅游产品和服务一般涉及行、住、食、游、购、娱等多种旅游要素，而这些旅游要素通常分散于国民经济的不同产业部门或行业，旅游业通过把这些分散的旅游要素有机组合，成为直接提供给旅游者消费的旅游产品和服务，因此形成了包括旅行社业、旅游饭店业、旅游交通业、旅游景观业、旅游娱乐业、旅游购物业和旅游管理部门等在内的相对独立的综合性产业。正如联合国世界旅游组织全体大会提出的“旅游业是为满足国际国内旅游者消费，提供各种产品和服务的工商企业的总和”；美国运输与物流协会指出的“旅游业是指直接向旅游者提供全部旅游消费服务的旅游企业、组织、人员和部分提供交通、住宿、购物、娱乐及游览服务的集合”；我国学者提出的“旅游业就是以旅游市场为对象，为其旅游活动创造便利条件并提供其所需商品和服务的综合性产业”①。可见，旅游业的本质属性和特征是围绕人们的旅游消费需求开展经济活动，并依托多个紧密关联产业的相互融合和集合而形成的综合性产业。

从旅游业的外延看，反映了旅游业是一个关联带动性较强，并具有较广泛的产业发展空间和范围的战略性产业。旅游业不仅是一个综合性产业，而且其发展

① 罗明义．旅游融合发展：旅游产业与相关产业［M］．北京：中国环境出版社，2016.

还与国民经济众多产业有直接或间接的联系，涉及《国民经济行业分类》中的19个门类、87个大类和349个中类，分别占国民经济行业总门类（20个）、大类（96个）和中类（432个）的95.0%、90.6%和80.8%。因此，有关专家指出，“广义的旅游业是指以旅游资源为凭借，以旅游设施为条件，为人们的旅行游览提供服务，从中取得经济收益的所有行业和部门，包括旅馆业、旅行社业、交通运输业、邮电通信业、餐饮业、银行业、轻工业和商业等”。正是旅游业较强的关联带动性，一方面，决定了旅游业发展离不开众多产业的支持，需要众多产业提供相应的产品和服务，才能保证旅游业持续快速地发展；另一方面，也反映了旅游业与众多产业具有融合发展的基础条件，众多产业不仅为旅游业提供了广阔的发展空间和范围，而且对相关产业具有较强的促进和带动作用，因此《国务院关于加快发展旅游业的意见》指出：“旅游业是战略性产业，资源消耗低，带动系数大，就业机会多，综合效益好。”可见，旅游业的外延，反映了其作为国民经济中产业关联性最强的战略性产业，具有广泛的产业发展空间和范围。

2. 旅游业的形成特征

旅游业作为现代新兴产业和国民经济的“朝阳产业”，其形成和发展既是生产力发展和社会分工深化的必然结果，也受到现代科技进步的推动作用，因此是与现代社会化大生产的发展相适应的。根据产业部门的形成机制，旅游业的形成具有四个基本特征。

（1）生产力发展是旅游业形成的基础。生产力是人类社会发展的内在动力。随着生产力的发展，人们创造的社会产品不断增多，物质文化生活水平不断改善和提高，促使人们的消费结构不断变化，尤其随着劳动生产率的提高，使人们的劳动时间缩短而带薪假期增多，个人可支配收入也不断增加，为人们旅游需求的产生奠定了经济基础。大量旅游需求的产生，必然要求提供与此相适应的各种旅游服务，于是旅行社、旅游饭店、旅游餐馆、旅游交通运输等专门的旅游服务机构就应运而生，逐步形成了相对独立的旅游产业部门。

（2）社会分工深化是旅游业形成的条件。旅游业作为以提供服务为主的经济产业，是随着生产力发展和社会分工的深化，在商业和服务业不断扩大和发展的基础上，逐渐发育和派生出来的新兴产业。尤其是随着为旅游者提供食、住、行、游、购、娱等旅游服务的企业的产生和发展，逐渐形成了一个相对独立的分工领域。由于大量集中的旅游需求和供给，并且具有独立的主体部门、市场结构、生产经营体系和行业结构体系，使旅游业逐渐成为一个相对独立的经济产业。由此可以看出，旅游产业的形成也是社会分工深化的结果。

（3）相关产业发展是旅游业形成的前提。旅游业不仅是一个派生的经济产业，同时也是关联性和依存性很强的经济产业，并与许多产业部门或行业之间有着十分密切的联系，因此其形成必须以其他产业的存在为前提，其发展也必须以其他产业的发展为条件。这些关联产业部门或行业的形成和发展，不仅为旅游业的形成提供了重要的前提条件，而且为旅游产业规模扩张创造了良好条件，从而又相应促进了旅游业的持续快速发展。

（4）科技进步是旅游业形成的推动力。科技进步作为产业部门形成的主要途径之一，其对旅游业的形成和发展也具有重要的推进作用。18 世纪的产业革命，不仅为现代旅游的形成和发展奠定了物质技术基础，也为旅游业的形成创造了前提条件。现代科学技术的突破性发展和应用，既为旅游者提供了安全舒适、方便快捷的交通运输工具和服务，推动了旅游需求的扩大与消费的增长；又为旅游服务提供了现代化的技术和手段，促进了旅游景区点开发、住宿餐饮设施建设及旅游信息化服务等的发展，从而推动了旅游产业的规模化发展，促进旅游产业的新业态不断产生。

3. 旅游业的发展方式

随着现代科技进步，社会生产力发展和社会分工不断深化，使现代产业呈现出分化、集聚、融合等不同发展方式和趋势，也相应促进了旅游业的分化发展、集聚发展和融合发展，使旅游业的内涵不断丰富，外延不断扩展，关联带动效应不断增强，逐渐成为国民经济的战略性支柱产业。

（1）旅游业的分化发展方式。旅游业是为人们提供旅游产品和服务的综合性经济产业，其包括食、住、行、游、购、娱等多种旅游要素，而这些旅游要素是由一系列不同的企业、行业或部门以不同方式组合在一起的。现代旅游业的快速发展，不仅使旅游业从服务业中分化脱离，迅速发展成以提供旅游产品和服务为对象的相对独立的专门化服务产业；而且随着旅游需求增长和多样化的发展，还促进了旅游产业内部各行业的专门性发展。如旅行社业、旅游饭店业、旅游景观业快速发展，旅游交通逐渐从交通部门分化脱离出来，形成专业化服务的旅游交通业；旅游信息服务逐渐从信息产业中分化脱离，逐渐形成专业化服务的旅游信息服务业；旅游地产逐渐从房地产业中分化脱离，形成专业化服务的旅游地产业等。可见，旅游业的分化发展，既是旅游产业发展的方式之一，也是当今及未来旅游产业发展的必然趋势。

（2）旅游业的集聚发展方式。旅游业不仅内部行业众多，而且涉及的相关产业部门或行业也比较广泛，众多产业部门或行业围绕旅游活动的集聚过程，形成了旅游产业集聚发展方式和特点。旅游业的集聚发展，是旅游产业内涵深化和外延扩展的表现，具体包含以下层次：一是直接面向旅游者全面提供旅游产品或服务的旅游企业，包括数量众多和相互竞争的旅行社、旅游景区点、旅游饭店、旅游餐饮、旅游交通、旅游娱乐、旅游购物等旅游产品生产和服务企业，以及从事旅游信息咨询服务的旅游宣传和中介机构等。二是直接面向旅游者部分提供相关服务的企业或机构等，如提供汇兑、保险服务的金融企业或机构；提供通信、医疗救护、安全保障的单位或部门；提供消费者权益保护、法律援助的机构等。三是间接面向旅游者，即为旅游企业提供产品或服务的上游企业，包括为旅游企业提供必需的设施设备、原材料、零部件，以及相关配套服务等的专业供应商或企业；为旅游企业提供相关服务和支持的其他服务机构，如大学、职业培训机构、标准制定机构、专业媒体、贸易联盟及商会等。旅游产业的集聚发展，反映了以满足旅游者的消费需求为目标，以旅游产品、技术、资本等为纽带，以旅游要素的有机组合和优化组合为内容，所形成的旅游产业及相关配套行业之间的集聚与优化过程，因此旅游业集聚发展是旅游产业化发展的重要方式之一。

（3）旅游业的融合发展方式。从旅游业的形成过程看，其是在现代交通业、服务业、文化产业等多种产业发展基础上融合形成的新兴产业，因此旅游产业是天然的融合性产业。从旅游业的发展看，一方面，随着经济发展和社会进步，人们的收入水平不断提高，生活水平不断改善，使旅游活动成为人们生活中必不可少的内容；旅游消费需求的日益增长，呈现出观光游览、文化娱乐、休闲度假、康体养生、乡村旅游、自助旅游及专项旅游等多样化需求发展态势，促使旅游向深度和广度发展，推动了旅游产品开发和服务创新，并通过提供多样化的旅游产品和服务，更好地满足人们日益增长和多样化的旅游消费需求。另一方面，现代科技进步、竞争与合作发展、政府放松产业管制，为旅游发展开拓了更为广泛的空间，推动了旅游产业与工农业、交通业、服务业、文化产业、信息产业等相关产业的融合；通过充分利用和发挥相关产业的特色和优势，可以进一步丰富旅游内容和拓展旅游范围，增强旅游目的地的市场吸引力与竞争力，提高旅游目的地的综合经济效益。因此，产业融合也是当今和未来旅游业的重要发展方式与趋势。

二、旅游产业融合性质和范围

（一）旅游产业融合的性质

根据以上对旅游业的本质属性、形成特征和发展方式的分析，可以看出，旅游业既是一个多产业融合形成的综合性产业，又是一个关联带动性较强的战略性产业。因此，所谓旅游产业融合，是指随着现代科技进步和经济社会发展，为满足人民日益增长的多样化旅游消费需求，旅游业在追求效益最大的驱动、技术创新的推动和产业政策的促进下，通过与其他产业之间的相互渗透、交叉、重组等融合发展，从而形成旅游新产品、新业态、新产业集群的发展过程。产业融合不仅是旅游业的本质属性，也是旅游业的形成基础和主要发展方式。

1. 产业融合是旅游业的本质属性

旅游业是以满足人们的旅游消费需求为目的，为旅游者提供旅游产品和服务的经济产业，其既是依托相关产业融合发展而形成的综合性产业，也是国民经济中关联性较强的战略性产业。因此，在2009年的《国务院关于加快发展旅游业的意见》和2014年的《国务院关于促进旅游业改革发展的若干意见》中，明确提出要大力推进旅游与文化、体育、农业、工业、林业、商业、水利、地质、海洋、环保、气象等相关产业和行业的融合发展。积极发展休闲度假旅游，大力发展乡村旅游，创新文化旅游产品，积极开展研学旅行，大力发展老年旅游，扩大旅游购物消费，进一步拓展旅游业的发展空间。

（1）旅游业的综合性特征决定了旅游业既不同于从事物质产品生产的工农业部门，也区别于商品流通销售的商业、交通运输业及提供某些单项服务的服务行业，而是依托多个紧密关联产业之间的融合，形成相互密切的技术经济联系和互补关系，这样才能向旅游者提供包括行、住、食、游、购、娱等在内的旅游产品和服务，可见旅游业是天然的融合性产业。

（2）旅游业的关联性特征不仅反映了旅游业与众多产业之间的直接或间接关联性，而且反映了旅游业与众多产业之间融合的可能性，既为旅游产业融合发展提供了前提条件和基础，又拓宽了旅游产业融合发展的范围和空间。

以上分析表明，旅游业的综合性和关联性特征，不仅决定了产业融合是旅游业的本质属性和特征，而且决定了旅游业是国民经济中最具备产业融合发展的战略性产业。

2. 产业融合是旅游业形成的基础

从现代旅游业的形成过程看，18世纪的产业革命不仅推动了铁路交通的快速发展，也促进了现代旅游业的萌芽，进而产生了把观光旅游和铁路交通融合发展的旅行社业。进入20世纪以来，尤其是40年代，汽车工业、航空工业、公路和机场建设、文化娱乐业、酒店及餐饮业等的快速发展，进一步推动了旅游业与关联产业之间相互渗透、交叉、重组的融合进程，从而使旅游产品和服务的内涵不断丰富、外延不断扩展，逐渐形成了以行、住、食、游、购、娱等行业为核心并相对独立的旅游产业。可见，旅游业不仅是依托相关产业派生形成的综合性产业，也是通过与相关产业的融合重组形成的新兴产业。因此，产业融合是旅游业形成的前提条件和基础，没有相关产业的发展就没有旅游业的形成和发展，而没有产业融合就不可能形成相对独立的综合性旅游产业。

3. 产业融合是旅游业发展的方式

从现代旅游业的发展看，产业融合不仅是旅游业形成的基础，也是旅游业发展的主要方式之一。现代科技进步和社会生产力发展，既促进了旅游业的分化发展和集聚发展，也促进了旅游业的融合发展。

一方面，随着社会生产力提高和经济社会快速发展，人们的收入不断增加、生活水平日益改善，促进了旅游消费需求增长和多样化发展，使旅游活动从传统的自然观光、文化体验逐渐向休闲娱乐、康体健身、养生度假等发展变化，迫使旅游产品和服务也必须相应地向深度和广度扩展，才能更好地满足人们的旅游消费需求，从而推动了旅游业与相关产业的融合发展，不断扩展了旅游业的发展空间。

另一方面，由于旅游业是战略性产业，具有资源消耗低、带动系数大、就业机会多、综合效益好等典型特征，因此加快旅游业与其他产业融合发展，使旅游业与相关产业相互渗透、功能互补，既能够促进旅游新业态、新功能、新产品的发展，推动旅游产业结构升级和优化；又能够促进相关产业的产业链延伸、附加值提升和综合效益提高，从而带动相关产业和经济社会的发展。

（二）旅游产业融合的特征

根据以上对旅游产业融合性质的分析，可以看出旅游业的关联性特征是旅游产业融合的前提条件和基础。所谓旅游业的关联性，主要指旅游业与各相关产业之间以资源、产品、技术、市场等为依托对象和内容所形成的技术经济联系，一般包括旅游业的关联纽带、关联方式和关联效应，其为旅游产业融合发展提供了前提条件，奠定了重要基础。

1. 旅游业的关联纽带

旅游业的关联纽带是指旅游业与其他产业之间相互联系、相互促进、融合发展的依托对象和内容，一般包括资源、技术、产品、市场等技术经济联系，其不仅构成了旅游业与相关产业之间的关联纽带，也是旅游产业融合发展的主要内容。

（1）资源纽带。旅游资源既是旅游业发展的前提条件，也是旅游业与相关产业之间融合发展的重要基础。随着现代旅游需求扩展和消费升级，旅游关联产业的许多资源和产品也被纳入旅游资源的范畴，如农业的田地、果园、村寨、农产品等，工业的厂房、矿山、电站、生产流程、工业产品等，城镇的商业街区、休闲广场、学校、医院、体育场馆等，各种地方节庆、体育赛事、文化演艺等社会活动，从而为旅游业与相关产业的融合提供了广泛的资源纽带。依托这些资源纽带，推动旅游业与相关产业融合发展，既拓展了旅游资源开发利用的范围，拓宽了旅游产业的发展空间；又延伸了相关产业的产业链和价值链，促进了相关产业的综合效益的提高。

（2）技术纽带。科技进步和技术创新，既是旅游业与相关产业之间相互联系的技术纽带，也是旅游产业融合发展的重要驱动力。一方面，由于不同产业部门具有不同的生产技术特点，推动旅游业与相关产业部门之间相互提供产品和服务，这必然形成旅游业与各产业之间的技术经济联系，从而为旅游产业融合提供了技术条件；另一方面，旅游业的创新发展，需要依托一定的技术和手段，因此通过旅游产业融合发展，必然促使旅游企业更为关注科技进步和技术创新，并把相关产业的新技术应用到旅游开发、经营和管理中，从而促进旅游新产品、新业态的产生和发展。如以计算机、手机、云计算、互联网、移动网等现代信息技术为纽带的产业融合，不仅促进了智慧旅游的产生和发展，而且推动了在线旅游新业态的逐渐形成；以高新技术、新材料、新能源、声像技术等为纽带的产业融合，不仅提高了旅游开发水平，涌现了大量旅游新产品，而且促进了旅游服务质量和经营管理水平的提升。

（3）产品纽带。旅游业的存在与发展，既要以消耗其他产业的产品和服务为依托对象，也要为其他产业发展提供必要的产品和服务，包括旅游产业内部行、住、食、游、购、娱等各旅游要素。行业之间，也同样存在着相互提供、使用产品和服务的联系，因此旅游产品是旅游业与其他产业之间融合最基本的联系或依托对象。旅游产业融合以产品和服务为纽带，能够促进旅游业与相关产业的产业链延伸和功能互补，不仅丰富了旅游产品的内涵，促进了旅游业态的扩展，而且带动了相关产业的产业链延伸和多元化发展。如以旅游商品、旅游装备产品等为纽带的产业融合，既促进了旅游产品内涵丰富和旅游加工业、旅游装备制造业等新业态发展，也相应带动了制造业的产业链延伸和功能扩展；以商务会展服务为纽带的产业融合，既促进了商务旅游、会展旅游的发展，又相应地带动了商业、会展产业的发展；以自驾车旅游产品为纽带，可以促进旅游产业与交通服务业、公共服务业的融合发展。

（4）市场纽带。在现代市场经济条件下，市场既是配置资源的重要机制，又是实现产品和服务价值的平台，通过市场消费需求和市场价格，不仅可以分析研究旅游业与各产业之间的相互关联性，而且能够比较衡量旅游业与各产业之间的融合程度，因此市场是旅游业与其他产业共同面向市场消费需求而形成的经济联系和纽带。旅游产业融合以市场为纽带，一方面，通过对市场消费需求的分析研究，寻找旅游业与其他产业的共同消费群体，以推动旅游业与相关产业的融合发展，不断拓展旅游市场空间和细分旅游市场；另一方面，以满足市场消费需求为导向，推动旅游业与相关产业融合发展，开发旅游新产品，开拓旅游新市场，实现产业之间互利共赢、市场共同发展。如以养生养老市场为纽带，促进旅游业与房地产业、医疗保健产业等融合发展，开发保健养生旅游、养生养老旅游等旅游新产品，促进养生养老休闲旅游新业态的发展；以商务会展市场为纽带，促进旅游业与商贸服务业、会展服务业等融合发展，开发商务旅游、会展旅游、奖励旅游等旅游新产品，促进商务会展旅游新业态的发展。

2. 旅游业的关联方式

旅游业的关联方式，也称为旅游产业关联类型，是指旅游业与相关产业之间以产业关联纽带为依托而形成的相互联系、相互依存的形式或类型。从旅游业的形成和发展过程看，其与相关产业之间的关联方式主要有以下三种形式和类型。

（1）直接关联与间接关联。按照旅游业与其他产业之间的关联程度，一般可划分为直接关联与间接关联两大形式和类型。所谓直接关联，是指旅游业与其他产业之间相互直接提供产品、服务和技术等而形成的联系，如农业直接为旅游业提供必需的农产品、食品原料等；制造业直接为旅游业提供各种旅游商品、旅游设施设备等；文化产业为旅游业直接提供文化娱乐、影像服务、演艺服务等；交通运输业为旅游业提供公路、铁路、航空、水运等客运交通服务等；信息产业直接为旅游业提供信息咨询、互联网、通信服务等。所谓间接关联，是指旅游业与其他产业之间一般不发生直接的产品、服务和技术等联系，而是通过另外一些产业的过渡才形成相互之间的联系，如农业种植业、林业（林下产品）、畜牧业等通过食品工业的过渡与旅游业（餐饮业）形成间接联系；钢铁工业、建材工业等通过建筑业的过渡与旅游业（住宿业、景观业等）形成间接联系；石化产业、冶金工业、原材料工业等通过制造业等与旅游业（旅游商品业、旅游娱乐业、旅游装备制造业等）形成间接联系；汽车工业、飞机制造工业等通过交通运输业与旅游业形成间接联系等。

（2）前向关联和后向关联。按照旅游业与其他产业之间的关联特点，一般可划分为前向关联和后向关联。所谓前向关联，是指旅游业为其他产业发展提供相应产品和服务而形成的联系，如旅游业为商贸产业、物流产业、会展产业、文化娱乐业、体育产业等提供相应产品和服务而形成的联系。所谓后向关联，是指旅游业消耗其他产业的产品和服务而形成的联系，如旅游交通与交通运输业的联系，旅游住宿与建筑业的联系，旅游餐饮与农业、食品工业的联系，旅游景观与生态环境产业的联系，旅游娱乐与文化产业的联系，旅游购物与商业、加工业的联系等。由于旅游业是面向消费者提供最终产品和服务的产业，因此其一般后向关联性较强，关联产业链也较长；而前向关联相对较弱，并且大多数前向关联属于旁侧关联产业，即都是同时面向消费者提供最终产品和服务的产业。

（3）单向关联与双向关联。按照旅游业与其他产业之间的关联路径，一般可划分为单向关联与双向关联两种形式和类型。所谓单向关联，是指其他产业为旅游业提供产品和服务，或者旅游业向其他产业提供产品和服务所形成的联系，如农业、食品工业、日用品工业为旅游业提供必需的农产品、食品饮料、日用消耗品等；旅游业为商贸产业、物流产业、交通运输业等提供相应的旅游产品和服务等。所谓双向关联，是指旅游业既依托其他产业提供产品和服务，也向其他产业提供产品和服务所形成的联系，如旅游业与会展产业、文化娱乐业、体育产业之间，通常都是相互提供产品和服务的双向关联。

3. 旅游业的关联效应

旅游业的关联效应是指随着旅游业的发展，以旅游业关联纽带为依托和内容，以旅游业关联方式为路径，从而对旅游关联产业形成的影响和带动作用。根据一般产业的关联效应，结合旅游业的性质特征，旅游业的关联效应可以大致划分为后向关联效应、前向关联效应和旁侧关联效应。

（1）后向关联效应。后向关联效应一般是指随着旅游产业的发展，不断产生对各种旅游要素投入的需求，从而对后向关联产业发展起促进和带动作用。旅游业是一个关联性较强的综合性产业，其持续发展离不开众多相关产品或旅游要素的投入，尤其是随着现代旅游业的内涵不断深化、规模不断扩张，不仅直接刺激和促进交通运输业、住宿业、餐饮业、景观业、文化娱乐业、商品购物业等旅游要素产业的快速发展，而且间接带动为上述产业提供产品或服务的众多产业的发展。因此，旅游业具有较强的后向关联效应和综合带动性。

（2）前向关联效应。前向关联效应主要是指随着旅游业的发展，尤其是旅游目的地的市场吸引力和竞争力增强，从而对前向相关产业发展产生刺激和促进作用。旅游业是直接面向消费者提供最终产品和服务的产业，尽管其前向关联效应没有后向关联效应强，但由于旅游业发展给旅游目的地带来大量的旅游消费人群，必然对各种提供最终产品和服务的产业产生直接或间接的作用和影响，从而刺激和促进商业、服务业、娱乐业、演艺业、体育产业、信息产业等相关产业的发展。

（3）旁侧关联效应。旁侧关联效应通常是指随着旅游业的发展，对经济社会发展和生态环境所产生的关联作用。现代旅游业是战略性产业，具有资源消耗低、带动系数大、就业机会多、综合效益好等典型特征。因此，随着旅游产业规模扩大和持续快速发展，其经济效应主要体现在推动产业结构调整和优化，促进国民经济增长与发展，提升旅游目的地的竞争力和影响力；其社会效应主要体现在扩大社会就业岗位，增加城乡居民收入，促进和谐社会的发展；其生态环境效应主要体现在提高人们的环境保护和生态文明意识，推动低碳旅游和低碳生活方式发展，促进生态环境保护和生态文明建设，实现人与自然环境的和谐发展等。

（三）旅游产业融合的范围

根据以上对旅游产业融合性质和特征的分析，可以看出旅游业是关联性最强的综合性产业，也是国民经济中最具产业融合发展潜力的战略性产业，通过推动旅游业与相关产业的融合发展，不仅能够促进和带动相关产业发展，而且对整个经济社会发展都具有重要的作用。因此，下面结合三次产业分类及《国民经济行业分类》，按照旅游业与相关产业的关联程度，从三个层面具体分析旅游产业融合所涉及的关联产业，由此可以看出旅游产业融合的空间和范围是非常广阔的。

1. 紧密关联产业

旅游业的紧密关联产业是指旅游业的主体行业，即直接面向旅游者提供行、住、食、游、购、娱等旅游产品或服务的行业，主要包括交通运输业、住宿业、餐饮业、景观业（对自然保护区、游览景区、公园、博物馆、纪念馆等的统称）、零售业、体育产业、娱乐业、旅行社业及旅游行政管理部门、旅游行业协会等。这些行业不仅在旅游业中占有主体及核心地位，而且对旅游业发展和旅游经济增长具有十分重要的作用。

根据旅游业（主体行业）与《国民经济行业分类》关系表（见表1-1），旅游业的紧密关联产业（主体行业）主要涉及交通运输、仓储和邮政业，住宿和餐饮业，水利、环境和公共设施管理业，批发和零售业，文化、体育和娱乐业，租赁和商务服务业，公共管理、社会保障和社会组织7个行业门类，并且都属于第三产业的范围，因此旅游业也被称为旅游服务行业，是第三产业和现代服务业的重要组成部分。

表 1-1 旅游业（主体行业）与《国民经济行业分类》的关系

旅游业的主体行业	国民经济行业分类		三次产业
	门类	大类（中类）	
交通（行）	G. 交通运输、仓储和邮政业	53. 铁路运输业（铁路旅客运输）；54. 道路运输业（公路旅客运输、城市公共交通运输）；55. 水上运输业（水上旅客运输）；56. 航空运输业（航空旅客运输、航空货物运输、通用航空服务）；58. 多式联运和运输代理业（旅客票务代理）	第三产业
住宿（住）	H. 住宿和餐饮业	61. 住宿业（旅游饭店、一般旅馆、其他住宿业）	第三产业
餐饮（食）	H. 住宿和餐饮业	62. 餐饮业（正餐服务、快餐服务、饮料及冷饮服务、其他餐饮业）	第三产业
游憩（游）	N. 水利、环境和公共设施管理业 R. 文化、体育和娱乐业	77. 生态保护和环境治理业（生态保护——自然生态系统保护管理）；78. 公共设施管理业（城市公园管理、游览景区管理、城乡市容管理）；88. 文化艺术业（文物及非物质文化遗产保护，博物馆，烈士陵园、纪念馆等）	第三产业
购物（购）	F. 批发和零售业	52. 零售业（百货零售，超级市场零售，纺织、服装及日用品专门零售，食品、饮料及烟草制品专门零售，文化、体育用品及器材专门零售，医药及医疗器材专门零售，货摊、无店铺及其他零售业等）	第三产业
娱乐（娱）	R. 文化、体育和娱乐业	87. 体育（休闲健身活动）；88. 文化艺术业（艺术表演场馆、其他文化艺术业）；89. 娱乐业（室内娱乐活动、游乐园、其他娱乐业）	第三产业
组织和管理	L. 租赁和商务服务业 S. 公共管理、社会保障和社会组织	72. 商务服务业（旅行社及相关服务、安全保护服务、其他商务服务业）；92. 国家机构（国家行政机构——旅游行政管理部门）；95. 群众团体、社会团体和其他成员组织（社会团体——旅游行业协会等）	第三产业
合计	7 个门类	17 个大类及 35 个中类	

2. 直接关联产业

旅游业的直接关联产业是指与旅游业直接相关的辅助产业部门或行业，即直接向旅游者提供部分产品和服务，或者为旅游者的“行、住、食、游、购、娱”服务直接提供物资、设施和器具供应的行业。具体包括第一产业的农、林、牧、渔业与专业及辅助性活动（1 个门类和 5 个大类）；第二产业的制造业，建筑业，电力、热力、燃气及水生产和供应业（3 个门类和 12 个大类）；第三产业的交通运输、仓储和邮政业，信息传输、软件和信息技术服务业，金融业，房地产业，租赁和商务服务业，科学研究和技术服务业，居民服务、修理和其他服务业，卫生和社会工作，文化、体育和娱乐业（9 个门类和 17 个大类）等，共涉及三次产业的 13 个门类、34 个大类和 138 个中类，如表 1-2 所示。

表 1-2 旅游业（辅助行业）与《国民经济行业分类》的关系

旅游业的辅助行业	国民经济行业分类	
	门类	大类（中小类说明）
第一产业	A. 农、林、牧、渔业与专业及辅助性活动	01. 农业（谷物种植，蔬菜、食用菌及园艺作物种植，水果种植）；02. 林业（林产品采集，森林经营、管护和改培等）；03. 畜牧业（狩猎和捕捉动物等）；04. 渔业；05. 农、林、牧、渔专业及辅助性活动
第二产业	C. 制造业 D. 电力、热力、燃气及水生产和供应业 E. 建筑业	13. 农副食品加工业；14. 食品制造业（焙烤食品制造，糖果、巧克力及蜜饯制造，方便食品制造等）；15. 酒、饮料和精制茶制造业；18. 纺织服装、服饰业；19. 皮革、毛皮、羽毛及其制品和制鞋业；24. 文教、工美、体育和娱乐用品制造业；36. 汽车制造业；39. 计算机、通信和其他电子设备制造业；44. 电力、热力生产和供应业；45. 燃气生产和供应业；46. 水的生产和供应业；47. 房屋建筑业
第三产业	G. 交通运输、仓储和邮政业 I. 信息传输、软件和信息技术服务业 J. 金融业 K. 房地产业 L. 租赁和商务服务业 M. 科学研究和技术服务业 O. 居民服务、修理和其他服务业 Q. 卫生和社会工作 R. 文化、体育和娱乐业	60. 邮政业（邮政基本服务、快递服务）；63. 电信、广播电视和卫星传输服务；64. 互联网和相关服务；65. 软件和信息技术服务业；66. 货币金融服务；68. 保险业；70. 房地产业；71. 租赁业；72. 商务服务业；74. 专业技术服务业（气象服务、环境与生态监测检测服务、其他质检技术服务、工程技术与设计服务、其他未列明专业技术服务业——摄影扩印服务）；80. 居民服务业（洗染服务、理发及美容服务、洗浴服务、养生保健服务）；84. 卫生（医院、基层医疗卫生服务等）；85. 新闻和出版业；86. 广播、电视、电影和影视录音制作业；88. 文化艺术业；89. 体育（体育组织、体育场地设施管理、其他体育）；90. 娱乐业（文化体育娱乐与经纪代理服务）
合计	13 个门类	34 个大类和 138 个中类

上述辅助产业部门和行业，虽然只是部分向旅游者提供旅游产品和服务，或者间接为旅游活动开展或提供配套产品、设施和服务条件，但对旅游业发展和旅

游经济增长具有重要作用和影响，如果没有这些辅助产业部门和行业的支撑，旅游业就难以健康持续快速地发展，因而其在旅游业和旅游经济发展中同样具有十分重要的作用。

3. 间接关联产业

旅游业的间接关联产业是指众多对旅游业发展具有支持作用的相关产业部门或行业，包括公共交通、城市建设、医疗卫生、安全救援、金融保险、邮电通信、新闻媒体等服务产业部门和行业，以及为旅游产业发展提供产品或服务的农业、轻工业、建筑业和其他服务业等。根据旅游业（支持行业）与《国民经济行业分类》的关系（见表 1-3），旅游产业的间接关联产业，涉及第一产业的农、林、牧、渔业与专业及辅助性活动（1 个门类和 5 个大类），第二产业的制造业和建筑业（2 个门类和 21 个大类），第三产业的批发和零售业，交通运输、仓储和邮政业，金融业，科学研究和技术服务业，水利、环境和公共设施管理业，居民服务、修理和其他服务业，教育，卫生和社会工作，文化、体育和娱乐业，公共管理、社会保障和社会组织，国际组织（11 个门类和 18 个大类），三次产业共计 14 个门类、44 个大类和 176 个中类。

表 1-3　旅游业（支持行业）与《国民经济行业分类》的关系

旅游业的支持行业	国民经济行业分类	
	门类	大类（中小类说明）
第一产业	A. 农、林、牧、渔业与专业及辅助性活动	01. 农业（谷物种植，豆类、油料和薯类种植，棉、麻、糖、烟草种植，坚果、含油果、香料和饮料作物种植，中药材种植，其他农业等）；02. 林业（林木育种和育苗、造林和更新、木材和竹材采运等）；03. 畜牧业（牲畜饲养、家禽饲养、其他畜牧业等）；04. 渔业（水产养殖、水产捕捞等）；05. 农、林、牧、渔专业及辅助性活动
第二产业	C. 制造业 E. 建筑业	16. 烟草制品业；17. 纺织业；20. 木材加工和木、竹、藤、棕、草制品业；21. 家具制造业；22. 造纸和纸制品业；23. 印刷和记录媒介复制业；25. 石油、煤炭及其他燃料加工业（精炼石油产品制造）；26. 化学原料和化学制品制造业；27. 医药制造业；28. 化学纤维制造业；29. 橡胶和塑料制品业；30. 非金属矿物制品业；33. 金属制品业；34. 通用设备制造业；37. 铁路、船舶、航空航天和其他运输设备制造业；38. 电气机械和器材制造业；40. 仪器仪表制造业；41. 其他制造业；48. 土木工程建筑业；49. 建筑安装业；50. 建筑装饰和其他建筑业

续表

旅游业的支持行业	国民经济行业分类	
	门类	大类（中小类说明）
第三产业	F. 批发和零售业 G. 交通运输、仓储和邮政业 J. 金融业 M. 科学研究和技术服务业 N. 水利、环境和公共设施管理业 O. 居民服务、修理和其他服务业 P. 教育 Q. 卫生和社会工作 R. 文化、体育和娱乐业 S. 公共管理、社会保障和社会组织 T. 国际组织	51. 批发业；59. 装卸搬运仓储业；67. 资本市场服务；69. 其他金融业；73. 研究和试验发展；75. 科技推广和应用服务业（科技中介服务）；76. 水利管理业；77. 生态保护和环境治理业（生态保护、环境治理业）；78. 公共设施管理业（市政设施、环境卫生、城乡市容、绿化管理等）；81. 机动车、电子产品和日用产品修理业；82. 其他服务业；83. 教育（学历教育，特殊教育，技能培训、教育辅助及其他教育）；85. 社会工作；92. 国家机构（公共安全管理机构、经济事务管理机构）；94. 社会保障；95. 群众团体、社会团体和其他成员组织（群众团体、社会团体、基金会等）；96. 基层群众自治组织及其他组织；97. 国际组织
合计	14 个门类	44 个大类和 176 个中类

上述产业部门和行业，虽然不直接面向旅游者提供产品和服务，但其健康发展对旅游业发展具有间接的作用和影响。因此，只有从大旅游观的角度来认识这些间接关联产业的重要性，才能使各间接关联产业和行业从促进旅游业发展角度，推动旅游业与相关产业的融合发展，尽可能地提供优质产品和服务，从而保障旅游业健康持续地发展。

综上所述，根据旅游业三个层次的关联产业，并剔除重复的门类和大类，可以看出旅游业与三次产业联系广泛，涉及国民经济行业的 19 个门类、87 个大类和 349 个中类，分别占国民经济行业总门类（20 个）、大类（96 个）和中类（432 个）的 95.0%、90.6% 和 80.8%。一方面，反映了旅游产业涉及面广、综合性强；另一方面，也反映了旅游业具有与三次产业中众多行业融合发展的前提条件和基础。

三、旅游产业融合动力、方式和效应

（一）旅游产业融合的动力

旅游产业融合动力是指推动旅游业与相关产业融合发展的内在动因和外在动力。从旅游产业融合的内在动因看，主要是基于旅游业的关联性，受技术创新的推动和追求效益最大化的驱动；从旅游产业融合的外在动力看，主要是由于旅游消费需求的拉动、竞争与合作的压力及宏观产业管制的放松；等等。因此，旅游产业融合动力是多种因素共同作用形成的，具体体现在五个方面。

1. 旅游消费需求的拉动

在现代市场经济条件下，以市场消费需求为导向是所有产业发展的前提条件。旅游业是直接面向消费者提供最终产品和服务的综合性产业，因此人们的旅游需求变化和消费升级，不仅引导着旅游产业发展的方向，也是拉动旅游产业融合的主要动力。根据对国内外旅游消费需求变化趋势和特征的研究发现，随着现代经济社会的发展，人们的收入水平不断提高、生活质量不断改善，促使人们的旅游消费需求呈现出以下主要特征：

（1）旅游消费需求的大众化发展。随着人们的收入水平提高、闲暇时间增多和生活条件改善，人们对观光游览、文化娱乐、康体养生、休闲度假等旅游消费需求日益增长，旅游消费成为人们日常生活消费的重要组成部分，尤其节假日有大量的人外出旅游，不仅为旅游业发展提供了广泛的市场需求，而且使我国进入了大众化旅游消费的新阶段。因此，国家明确提出加快旅游业发展，推进国民旅游休闲体系建设，努力把旅游业建成国民经济的战略性支柱产业和人民群众更加满意的现代服务业，以更好地满足人民群众日益增长的大众化旅游消费需求。

（2）旅游消费需求的多样化发展。随着人们的收入水平不断提高和生活条件日益改善，旅游消费需求还呈现出多样化发展趋势和特征，不仅传统的观光旅游、文化旅游、生态旅游、乡村旅游的规模迅速扩大、内涵日益丰富；而且休闲度假、文化娱乐、康体健身、商务会展旅游及农业休闲、工业旅游、体育旅游、探险旅游、养生养老旅游等专项旅游也迅速产生与发展。近年来的国内旅游抽样调查资料显示，在城镇居民和农村居民出游中，以休闲度假、文化娱乐、康体健身、商务会展等休闲旅游为主的游客占到85%以上，尤其是自驾车旅游、自助旅游、家庭旅游等趋势日益明显，预测在未来旅游市场份额中将占到80%左右；充分显示出旅游消费需求的多样化发展态势和巨大的市场发展潜力。

（3）旅游消费需求的个性化发展。经济社会的发展和人们收入水平的提高，不仅促进了旅游消费需求的多样化发展，还促进了旅游消费需求的个性化发展，促使旅游市场进一步细分，个性化旅游产品迅速涌现，新兴旅游消费市场层出不穷。如近年来为满足不同人群旅游消费需求而迅速涌现的银发（老年人）旅游、女性旅游和青少年夏令营旅游等专项旅游市场；为满足人们康体健身旅游消费需求而迅速崛起的户外运动、拓展训练、高尔夫球、极限运动及赛事观赏等体育旅游市场；以满足人们养生养老旅游消费需求为主，不断产生的康复医疗、养生美容、温泉疗养、休闲度假等养生度假旅游市场；以满足人们多样性文化体验旅游消费为主，大量发展的旅游小镇、特色旅游乡村、休闲农庄等特种旅游市场，更好地满足了不同人群的个性化旅游消费需求。

综上所述，人们旅游消费需求的大众化、多样化和个性化发展，充分反映了人们的旅游需求变化和消费升级的趋势与特征。因此，为了适应旅游需求变化和消费升级的趋势，必然要求旅游产品和服务相应从结构、层次、质量和水平上转型升级。要实现旅游产品和服务的转型升级，就必须推动旅游业与相关产业融合，进一步拓宽旅游产品空间和服务范围，才能提供多样性、复合性、个性化的旅游产品和服务，更好地满足人民日益增长的旅游消费需求。可见，旅游消费需求是拉动旅游产业融合的主要动力。

2. 追求效益最大化的驱动

任何产业的经济活动都是以追求效益最大化为目标，围绕特定产品或服务而不断投入和产出的动态运行过程。旅游业是以提供旅游产品和服务为主的经济产业，其经济活动也是通过不断投入必要的人、财、物等生产要素资源，从而产出包括旅游产品、旅游服务、旅游收入等有效成果的动态运行过程。因此，旅游效益是指在旅游业的经济活动中，以尽可能少的生产要素资源消耗获得尽可能多的有效成果。不断提高和追求旅游效益的最大化，既是旅游经济活动的主要目标，也是促进旅游产业融合发展的重要驱动力。

（1）旅游企业追求经济效益最大化的驱动。旅游企业作为旅游产业的微观经济单位，是旅游市场和经济运行的主体。因此，不断提高经济效益和追求效益最大化，既是旅游企业生存和发展的重要前提，也是促进旅游产业融合发展的主要驱动力。

旅游企业提高经济效益和追求效益最大化的路径，一般包括规模扩大、范围扩张和多角化经营。旅游企业的规模扩大，是指通过扩大旅游产品和服务的经营规模，以降低单位旅游产品和服务的经营成本，从而获得相应的规模经济效益，由此推动旅游企业的集团化及与相关产业的融合发展。旅游企业的范围扩张，是指通过向旅游产业内外的相关产业扩张发展，以相对较低的成本提供多种旅游产品或服务，从而获得范围经济效益，并推动旅游产业与上下游产业、相关产业的融合发展。旅游企业的多角化经营，是指充分利用国际连锁经营、信息传播技术和国际互联网等，加快旅游新产品开发、新业态发展和旅游新市场开拓，通过提供特色的、优质的、超值的旅游产品和服务，不断提高经济效益和实现效益最大化目标，从而促进旅游企业经营服务的国际化、连锁化发展，推动旅游与商贸产业、交通运输业、信息产业、金融产业等相关产业的融合发展。可见，旅游企业在提高经济效益和追求效益最大化驱动下，必然促进旅游业与相关产业的融合发展。

（2）相关产业追求经济效益最大化的驱动。现代科技进步、经济全球化发展和产业管制放松等，使产业之间的边界逐渐模糊并不断扩大，于是各产业为追求经济效益最大化，促进了范围经济和跨国公司的迅速发展，从而推动了产业之间的融合发展，也为旅游业与相关产业融合发展提供了重要条件。

从范围经济发展看，其是不同产业类型的企业通过扩大经营领域和范围，增加多种产品和服务种类而引起经济效益增加的现象。尤其随着产业之间的边界逐渐模糊和产业管制放松，企业同时生产经营多种产品和服务，相对降低了单位成本和提高了经济效益，推动产业之间以多种产品和服务经营为重点进行产业融合发展。

从跨国公司发展看，随着经济全球化发展，相应推动了跨国公司的产生和经营全球化发展，而每个跨国公司的发展都是围绕整体经济利益最大化的目标，以国际金融资本融合、国际产业融合为路径参与国际市场的竞争，因此随着各种跨国公司的产生和迅速发展，相应推动了产业之间的融合发展。

由于相关产业以追求效益最大化为目标，积极推动产业之间的融合发展，为旅游业与相关产业融合创造了前提条件、可能性和巨大的驱动力。

（3）政府追求旅游综合效益最大化的驱动。各级政府特别是旅游行政部门，是促进旅游产业发展的宏观管理主体，因此政府促进旅游业发展的目标，主要是追求旅游综合效益的最大化。

旅游综合效益一般包括经济效益、社会效益和环境效益。旅游经济效益是指旅游企业或旅游部门通过旅游活动，以较少的要素投入消耗获得较多的经济产出成果，如促进企业利润扩大，政府税收增加，居民收入提高，旅游和相关产业发展等；旅游社会效益是指旅游经济活动的参与者通过一定的投入获得预期的社会效果，如旅游者获得身心愉悦和精神满足，旅游企业形象提升和发展壮大，旅游目的地社会就业增加、社区得到发展等；旅游环境效益是指通过旅游经济活动使旅游目的地的生态环境得到改善，自然文化遗产得到保护，传统文化弘扬发展，城镇建设更加美化等。

因此，政府追求旅游综合效益的最大化，必然要推动旅游业与相关产业融合发展，以不断增加政府税收、促进地方经济发展；必然要推动旅游业与城乡建设融合，以扩大社会就业、增加群众收入、改善生活环境等；必然要推动旅游业与生态环境建设融合，促进环境保护和生态文明发展等。可见，政府追求综合效益最大化，也是促进旅游产业融合发展的重要驱动力。

3. 旅游产业创新的推动

随着现代科技进步，尤其是信息技术、材料技术、能源技术等高新技术的快速发展和广泛渗透，必然促进旅游产业创新，从而推动旅游产业融合发展。旅游产业创新，是指旅游产业充分应用现代新知识、新方法、新技术等，通过技术创新、产品创新、市场创新和管理创新等，推动旅游业与相关产业融合，促进旅游新产品开发、新业态和新市场发展，不断扩展旅游业发展的领域和范围的过程。

（1）旅游技术创新。旅游技术创新是指各种新技术、新材料、新工艺、新方法、新产品在旅游产业的运用和转化，并促进旅游业与相关产业融合发展的过程。一方面，旅游业以运用新技术、新材料、新工艺、新方法和新产品为基础，对旅游要素和旅游活动进行重组配置和融合，开发旅游新产品、开辟旅游新市场和提供新的旅游服务，促进旅游产业的规模扩张、结构优化和综合效益提高；另一方面，现代科技进步的加速，促使旅游业与相关产业之间因技术创新扩散而促进技术融合，不仅形成了旅游业与相关产业之间的共同技术基础，而且促使旅游业与相关产业的边界趋于模糊，从而促进旅游新产品和新业态的产生。因此，旅游技术创新既是促进旅游业发展的内在动因，也是推动旅游产业融合发展的重要动力。

（2）旅游产品创新。旅游产品是多种旅游要素和相关要素的集合体，除包括行、住、食、游、购、娱等旅游要素外，还包括了旅游品牌、形象、服务、价格、质量等。

多种因素使旅游产品创新成为旅游产业创新的核心，没有旅游产品创新就不可能实现旅游要素的商品化和融合发展，也不可能促进旅游消费和市场创新。随着旅游消费升级和技术创新，必然推动旅游业与相关产业融合发展，从而促进旅游产品和服务的创新发展。一方面，随着旅游需求增长和消费升级，必然促进旅游业与相关产业融合，以开发多样性的旅游产品和服务，更好地满足人民日益增长的多样化旅游消费需求；另一方面，随着技术创新推动旅游产业融合发展，又相应推动了旅游消费创新、产品创新和市场创新等，从而促进旅游规模扩大和市场扩张。因此，旅游产品创新既是旅游业发展的客观要求，也是推动旅游产业融合的重要动力。

（3）旅游市场创新。旅游市场创新是指在现代市场经济条件下，旅游业为有效满足日益增长的旅游消费需求，实现旅游效益最大化目标，而对各种旅游要素及生产要素进行重组，从而形成的旅游消费创新、营销创新和新市场开拓等活动的统称。市场是一切旅游活动的中心，旅游市场繁荣则旅游产业快速发展，旅游市场衰败则旅游产业发展缓慢或停滞。因此，只有不断推动旅游市场创新，才能保持旅游市场的稳定和繁荣，促进旅游业持续快速地发展。推动旅游市场创新要从推进旅游产业融合角度，积极推动旅游消费创新，如科学引导自助旅游、低碳旅游、养生养老旅游、健身休闲旅游等新兴旅游消费发展，促进旅游消费内容和方式的创新；积极推动旅游营销创新，如充分应用国际互联网、移动通信网、现代电子商务等，促进旅游营销方式和手段的创新；积极开拓旅游新市场，通过对旅游市场的细分和提供专业化、个性化服务等，不断开拓旅游新市场和开发潜在旅游市场等。

（4）旅游管理创新。旅游管理创新是为适应现代市场经济条件下旅游发展的需要，对有关旅游发展的管理思想、管理理论、管理制度、管理方法和管理手段的创新与实践的整个过程。随着经济全球化、区域一体化、企业集团化、经营国际化、信息网络化等的发展，推动旅游管理也必须不断创新发展，才能适应旅游业发展的需要。从旅游产业融合发展看，旅游管理创新要重点推动观念创新和制度创新。一方面，要推进旅游管理思想和观念的创新，注重知识在旅游管理中的创新和实践，以知识管理创新促进旅游创造力的提升，形成以知识为中心的智力资本核心竞争力，不断提高旅游开发的水平和旅游管理的效率。另一方面，要推进旅游管理制度的创新，尤其是针对目前旅游资源管理的部门化和分散性，创新旅游资源管理一体化制度和模式，以消除或减少旅游产业运行中的社会费用，提高资源要素的配置效率，实现最佳的旅游综合效益。

4. 市场竞合发展的压力

随着现代旅游业的持续快速发展，世界各国和各地区都高度重视旅游产业发展，不断开发旅游新产品，提升旅游服务质量，推进区域旅游合作，使得新兴旅游目的地日益增加。不仅使旅游市场竞争从产品竞争向目的地竞争转化，而且促使旅游市场竞争从区域竞争向全球性竞争延伸；不仅促使旅游市场竞争加剧，也推动了旅游市场合作的发展，从而推动了相关旅游产业之间的竞合发展和区域旅游产业之间的竞合发展。

（1）旅游产业之间的竞合发展。从旅游产业之间的竞合发展看，随着旅游市场竞争加剧与合作发展，必然推动相关旅游产业之间的融合发展，以增强相关旅游产业之间的竞合关系，减少旅游产业的进入壁垒和降低交易成本，提高旅游产业的市场竞争力，最终形成持续发展的旅游市场竞争优势。但是，由于旅游企业的目标是追求效益最大化，尤其是对近期效益最大化的追逐，往往形成相关旅游产业之间的激烈竞争，并直接影响相关旅游产业之间的合作发展，甚至使相关旅游产业之间的合作流于形式，从而对相关旅游产业之间的融合发展造成极大的压力。

（2）区域旅游之间的竞合发展。从区域旅游产业之间的竞合发展看，随着旅游市场竞争加剧与合作发展，必然相应推动区域旅游产业之间的融合发展，以消除区域行政壁垒和促进无障碍旅游发展，从而提升区域旅游的市场吸引力及核心竞争力。

综上所述，旅游市场的竞合发展，既给旅游产业融合发展带来机遇，又能促进相关旅游产业之间和区域旅游产业之间的融合发展；但由于不同产业、不同区域对效益最大化的追逐，也相应给旅游产业融合发展带来一定的压力。

5. 宏观产业政策的促进

旅游产业政策，是国家根据旅游产业发展的目标，制定有关促进旅游产业发展的产业结构、产业组织、技术进步、行业标准等的具体政策，以通过旅游市场机制的传导功能，调节旅游市场供求结构，实现旅游供求平衡发展，促进旅游业持续快速地发展。

产业融合既是旅游业的发展方式，又是旅游业的产业组织形式。因此，随着旅游业的持续快速发展，尤其是旅游需求的增长和消费的升级，国家提出了大力推进旅游产业融合发展的产业政策。在 2009 年下发的《国务院关于加快发展旅游业的意见》中指出“旅游业是战略性产业，资源消耗低，带动系数大，就业机会多，综合效益好”，并明确提出“大力推进旅游与文化、体育、农业、工业、林业、商业、水利、地质、海洋、环保、气象等相关产业和行业的融合发展”的旅游产业融合政策，不仅指明了旅游产业融合的发展方向，而且扩大了旅游产业融合的范围和边界，从而有力地促进了我国旅游业与相关产业的融合发展。

在国家推进旅游产业融合政策的指导下，国家旅游局①与相关部门从不同角度，相继提出了一系列推进旅游与相关产业融合发展的具体政策措施，如在 2009 年住房和城乡建设部与国家旅游局联合下发的《关于开展全国特色景观旅游名镇（村）示范工作的通知》中指出，“发展全国特色景观旅游示范镇（村），有利于保护村镇的自然环境、田园景观、传统文化、民族特色、特色产业等资源，促进城乡统筹协调发展，促进城乡交流，增加农民收入，扩大内需，促进农村经济社会的全面发展”；在 2009 年文化部和国家旅游局联合下发的《关于促进文化与旅

① 2018 年 3 月，根据第十三届全国人民代表大会第一次会议批准的国务院机构改革方案，将国家旅游局的职责整合，组建中华人民共和国文化和旅游部，不再保留国家旅游局。

游结合发展的指导意见》中提出，“加强文化和旅游的深度结合，有助于推进文化体制改革，加快文化产业发展，促进旅游产业转型升级，满足人民群众的消费需求”。

在旅游产业融合政策的促进下，推进旅游产业融合发展已具体落实到旅游业与相关产业的发展规划中。如在《国民旅游休闲纲要（2013—2020年）》中，明确提出要积极发展自行车旅游、自驾车旅游、体育健身旅游、医疗养生旅游、温泉冰雪旅游、邮轮游艇旅游等旅游休闲产品；在《中国旅游业“十二五”发展规划纲要》中提出，要顺应现代产业融合发展趋势，打破旅游产业传统边界，大力延伸产业领域，拓展旅游要素体系，促进旅游业与其他产业融合发展；充分发挥旅游业对现代农业、新能源产业、仓储物流、信息咨询、文化创意、影视娱乐、会展博览等新兴产业和现代服务业的重要促进作用，促进旅游业和工业、农业、文化、体育、教育、林业、水利、地质、海洋、环保、气象、医疗等行业和领域的融合发展；在《国家“十二五”时期文化改革发展规划纲要》中也提出要推动文化产业与旅游、体育、信息、物流、建筑等产业融合发展，提升品牌价值，增加物质产品和现代服务业的附加值与文化含量等；对积极推动全国及各地的旅游产业融合发展起到了重要的引领和指导作用。

（二）旅游产业融合的方式

旅游产业融合，在内在动因和外部动力的推动下，还必须明确产业融合的方式和路径，才能有效实现旅游业与相关产业的融合发展。根据现代产业融合的主要方式，结合旅游业的性质和特征，主要有三种旅游产业融合的方式和路径。

1. 重组融合、渗透融合和交叉融合

从旅游业的综合性特征看，旅游产业融合包括产业内部融合和产业外部融合，具体表现为产业重组融合、产业渗透融合和产业交叉融合等主要方式和路径。

（1）产业重组融合。产业重组融合一般指旅游产业内部的融合，即旅游产业内紧密关联产业（行、住、食、游、购、娱）之间通过产业重组融合，从而形成旅游新产品和新业态的发展过程。如旅游景观业、旅游娱乐业、旅游住宿和餐饮业之间通过产业重组融合，形成了集旅游休闲、文化娱乐、度假设施等于一体的休闲度假旅游区；旅游住宿业和旅游交通业的重组融合，形成了旅游房车、旅游露营地、自驾车营地等。随着旅游产业重组融合，必然促进旅游新产品和新业态的产生和发展，从而推动旅游产业结构优化和升级，促进旅游业持续快速发展。

（2）产业渗透融合。产业渗透融合主要指旅游产业与外部直接关联产业之间相互联系和渗透融合，从而形成旅游新产品和新业态的发展过程。如旅游业与农业的相互渗透融合，既促进了观光农业、休闲农业、庄园经济的发展，又延伸了农业产业链和价值链；旅游业与工业的相互渗透融合，不仅推动了工业旅游、矿山旅游、水电旅游等旅游新产品的发展，而且促进了旅游装备制造业、旅游商品加工业等新业态的发展；旅游业与文化产业的相互渗透融合，既推动了文化娱乐、健身休闲、赛事演艺等文化旅游新产品的发展，又带动了文化娱乐产业、体育产业、演艺产业及文化旅游产业园区等的发展。

（3）产业交叉融合。产业交叉融合通常是指旅游业与外部间接关联产业之间，通过产业间的功能嵌入、互补和延伸，形成旅游新产品、新业态及新产业集群的发展过程。如旅游业与房地产业的相互交叉融合，形成休闲度假社区新产品和旅游地产新业态；旅游业与城乡建设的相互交叉融合，形成大城市旅游中心区（TBD）、旅游小城镇、旅游特色乡村，乃至城市旅游综合体等新产业集群；旅游业与生态环境建设相互交叉融合，形成国家公园、城市公园、森林公园、海洋公园、湿地休闲旅游区，以及城市健身步道、户外运动场地、养生休闲社区等，从而使休闲度假、城乡旅游、生态旅游等内涵不断丰富，外延不断扩展，并促进了康体健身、养生养老等旅游新产品的发展。

2. 延伸融合、功能融合和多角融合

从旅游业的关联性特征看，由于旅游业与相关产业具有前向关联、后向关联及旁侧关联等多种关联方式，决定了旅游产业融合既有前后向的产业链延伸融合，又有产业之间的功能性嵌入融合，以及同时兼有上述两种方式的多角化联动融合等不同的融合方式和路径。

（1）产业链延伸融合。产业链延伸融合一般指将旅游功能向上游（后向）产业和下游（前向）产业延伸发展，从而实现旅游产业链延伸发展的融合方式和路径。从旅游业的关联性看，以农业、工业等为代表的生产性行业是旅游业的上游（后向）产业，而以文化娱乐、康体养生、信息服务等为代表的服务性行业则是旅游业的下游（前向）产业，由于旅游业与上下游产业之间具有直接和间接的关联性，通过推动旅游业与上下游产业之间的融合，能够促进旅游产业链的不断延伸发展。如推动旅游业与上游产业融合，可以促进现代休闲农业、旅游商品加工业、旅游装备制造业等旅游新业态的发展；推动旅游业与下游产业融合，可以促进休闲娱乐、体育旅游、养生养老休闲、智慧旅游等新产品和新业态的发展。

（2）功能性嵌入融合。功能性嵌入融合主要指将旅游功能嵌入相关产业或行业中，既实现旅游产业的扩张发展，又促进相关产业或行业的功能扩大和价值提升的融合方式和路径。由于旅游业与某些产业或行业是间接的旁侧关联，因此通过功能性嵌入融合能够有效实现旅游产业融合发展的目标。如在社区房地产开发中嵌入相应的旅游功能模块，既可以增加社区的休闲旅游功能，又可以促进房地产价值增值，从而实现旅游业与房地产业的融合发展；在城镇建设中嵌入相应的旅游功能模块，推动旅游业与城镇建设的有效融合，既可以提升城镇的品位和旅游功能，又能够促进城镇旅游的发展。

（3）多角化联动融合。多角化联动融合通常是指对某些产业或行业同时采取以上两种融合方式和路径。如旅游业与农业融合，既可以通过产业链延伸融合方式，带动蔬菜、水果、花卉、竹笋、野生菌等农林产品的生产、加工和销售，从而延伸农业的产业链和价值链；又可以通过功能性嵌入融合，促进农家乐、庄园经济、农业休闲园区等的发展，从而增加农业的旅游功能，提升农业产出的附加值，拓宽农民的收入来源，促进农民增收致富。

3. 完全融合、部分融合与功能融合

从旅游业与相关产业的融合程度看，一般可以划分为完全融合、部分融合和功能融合等不同方式和途径。

（1）完全融合。完全融合一般指旅游业与相关产业之间，通过以产品和市场为纽带的产业融合，从而形成新的旅游产品和业态，并逐渐完全替代原有产业的产品和市场需求，使得原有产业的产品和市场空间不断缩小甚至完全消失。完全融合只是个别现象。

（2）部分融合。部分融合主要指旅游业与相关产业之间，通过以资源、技术、产品为纽带的产业融合，从而形成新的旅游产品和旅游功能，部分替代原有产业的旅游产品和市场需求，使新产业与原有产业之间形成既替代又互补的关系。部分融合是旅游业融合的普遍现象。

（3）功能融合。功能融合通常是指旅游业与相关产业之间，通过相互之间的功能渗透形成新产品的融合路径和方式。由于功能融合不改变原有产业的产品和产业形态，只是将旅游产品与相关产业的产品相结合，扩大或增强原有产品的功能，因此是一种初级形式的产业融合，也是目前旅游业与众多产业融合的普遍现象。

（三）旅游产业融合的效应

旅游产业融合效应是指充分发挥旅游产业的综合性和关联性特征，推动旅游业与三次产业融合发展，从而促进旅游企业和产业边界不断扩大，促进旅游新产品、新市场、新业态的形成和发展，不断提升旅游产业的核心竞争力，推动旅游产业转型升级发展，带动相关产业和推动区域经济一体化发展，更好地满足人们多样化的旅游消费需求。

1. 提高旅游产业核心竞争力

旅游产业融合是在现代经济全球化、区域一体化、高新技术迅速发展的大背景下，随着旅游市场竞争日益激烈的态势下出现的产业发展模式和组织形式，其主要目的是通过提高旅游业生产率和市场占有率，提高旅游产业的核心竞争力。通过旅游产业融合发展，一方面，促使旅游企业把追求规模经济和有限的市场容量相结合，推动旅游企业横向一体化和纵向一体化发展，促进旅游产业集群和区域集聚发展，以寻求新的市场，改变竞争领域，扩大竞争范围，从而不断提高市场占有率和规模经济效益，促进旅游产业核心竞争力的提升；另一方面，促使旅游产业融合内的企业数量不断增加，企业创新与灵活性不断增强，促进旅游产业链延伸，旅游产业边界和范围不断扩展，旅游市场结构发生新的变化，促使市场从垄断竞争向完全竞争转变，从而不断提升旅游业的综合经济效益。

2. 促进旅游产业转型升级

随着我国经济社会快速发展，城乡居民收入不断提高，旅游消费需求快速增长，《国务院关于加快发展旅游业的意见》《国务院关于促进旅游业改革发展的若干意见》和《国民旅游休闲纲要（2013—2020年）》提出推动旅游产业转型升级，加快旅游休闲产业健康发展，更好地满足人民日益增长的旅游休闲需求，因此推动旅游产业融合发展，是促进旅游产业转型升级的重要路径。

通过旅游产业融合发展，一方面，要突破传统旅游资源观和旅游产品开发的约束，面向现代旅游市场消费需求变化趋势，以“大旅游”的观念和思路，进一步创新旅游资源观念，拓宽旅游产品开发领域，大力开发多样化的休闲度假旅游产品，促进旅游产品从单一观光旅游产品向多样化休闲度假旅游产品转型升级，更好地满足人们多样化的旅游消费需求。另一方面，要突破传统以食、住、行、游、购、娱等旅游要素为主的产业发展模式，以“大产业”的观念和思路，积极推动旅游产业与三次产业融合发展，促进旅游产业内重组融合和旅游产业外交叉渗透融合，从而延伸旅游产业链、丰富旅游产业内涵、拓宽旅游市场空间，全面提升旅游服务、相关服务及公共服务的质量和水平，促进旅游产业结构优化和转型升级，把旅游产业建设成国民经济的战略性支柱产业和人民群众更加满意的现代服务业。

3. 带动相关产业和部门发展

旅游业是一个资源消耗低、带动系数大、就业机会多、综合效益好的战略性产业，因此通过旅游产业融合，能够充分发挥旅游业的战略性、综合性、关联性特征，带动旅游相关产业和相关部门的发展。通过旅游产业融合发展，一方面，能够促进旅游业与现代农业、新型工业、现代服务业的融合，从而延伸农业产业链，提升农业附加值；扩大工业生产的价值链，形成新的制造业业态；丰富现代服务业内涵，提升服务质量和水平，带动旅游相关产业的发展。另一方面，能够促进旅游产业与新型城镇化、美丽乡村建设、环境保护和生态文明建设相融合，从而提升新型城市和小城镇的文化休闲内涵，促进美丽乡村的文化提升和环境改善，推动资源节约、环境保护、低碳发展和生态文明建设，从而构建资源节约型、环境友好型社会，促进我国经济社会可持续发展。

4. 推动区域经济一体化发展

旅游业作为战略性产业，通过充分发挥旅游业的战略性、综合性、关联性特征，推动旅游产业融合发展，不仅能够带动相关产业和部门发展，还能够有效推动区域经济一体化发展。通过旅游产业融合发展，一方面，能够打破传统企业之间、行业之间、地区之间的界限，消除区域间的旅游服务壁垒，从而加快资源流动、业务重组、新业态涌现，推动区域之间的旅游合作与公平竞争，不断提高区域间的旅游服务贸易效应和竞争效应，促进区域旅游一体化发展；另一方面，能够加强区域之间的旅游经济联系，按照区域经济的中心极化—边缘扩散规律，在促进区域旅游中心区集聚发展的同时，不断扩大旅游中心区的极化扩散效应，带动区域旅游产业和相关产业发展，从而推动区域经济一体化发展。

第二章　旅游产业与文化产业的融合发展

旅游产业和文化产业都是通过不断优化产业结构，逐渐走向合理化、高度化的。随着社会分工的专业化，产业形式越来越多，产业结构越来越复杂，产业的分界不断模糊化，产业与产业之间的相互融合逐渐成为产业结构优化的重要途径。在旅游产业与文化产业的融合中，文化产业为旅游产业提供了各种文化资源、知识信息、创意技术，而旅游产业向文化产业提供了各种开发载体，两个产业在多种因素的影响下，融合发展的迹象也越来越明显。那些为旅游产业与文化产业融合发展提供强大动力的要素，构成了旅游产业与文化产业融合的动力系统，主要包括消费需求、旅游产业转型升级、技术创新、文化体制改革等。

第一节　旅游产业与文化产业的融合系统

旅游产业与文化产业的融合能够有效促进产业发展模式的创新及产业的转型升级，而只有掌握了旅游产业与文化产业融合的发展规律，才能制定出科学合理的产业发展规划，进而促进旅游产业与文化产业的共同繁荣。

一、旅游产业与文化产业融合的动力系统

（一）消费需求

20 世纪 70 年代以来，我国经济社会迅速发展，人们的物质生活水平得到了大幅度的提高，闲暇时间不断增多，社会消费需求也随之发生了巨大的变化。随着人们消费观念的改变，享受和发展资料的消费比重不断上升，居民消费从追求

数量转向了追求质量，从追求物质转向了追求精神，对文化教育、休闲娱乐等高层次消费品的需求逐渐增多。

人们的基本生存需求可以通过物质消费进行满足，而高级需求则主要通过文化消费满足。在经济高速发展的今天，居民的消费已不仅仅是满足基本生存需要的物质消费，而是有了更高层次的精神文化消费。我国首次明确提出“文化消费”概念是在1985年的全国消费经济研讨会上。文化消费是指“人们为了满足自己的精神文化生活而采取不同的方式来消费精神文化产品和精神文化服务的行为”①。它主要通过精神文化产品或精神文化活动满足消费主体的精神需要。

旅游活动是人们满足了基本的物质生活之后，在有足够可支配的收入和闲暇时间的基础上产生的消费行为。旅游消费作为一种追求享受、体验的消费活动，从本质上讲，属于文化消费。近年来，旅游消费逐渐凸显出旅游者对文化体验的需求、对参与性活动的渴望。旅游产品的生产、交换、消费等环节虽然在时间和空间上具有同一性的特点，但是旅游产品的生产、交换主要取决于旅游消费。现代市场经济规律决定了旅游生产是需求导向型生产，生产的产品、数量等主要取决于旅游者的需求。

随着现代文明的不断进步，人们在享用其带来的丰硕成果的同时，希望摆脱快节奏、程式化、物质化的生活带来的压力，以获得更多精神方面的满足。因此，旅游者的消费需求也相应地发生了变化，主要体现在“旅游需求观念由被动型向主动选择型转变；旅游需求的内容由过去单一需求向多样化需求转变；旅游需求方式由静态观光向动态参与转变；旅游需求热点由过去比较稳定发展向时常变化转变”。从这些转变中可以看出，旅游产品的内容、形式随着旅游者的需求不断发生着变化。

当消费者产生了新的旅游需求之后，就需要生产出新的旅游产品以满足消费者的需求，而新需求满足之后又会产生其他新的旅游需求，整个旅游经济活动始终处于这种循环往复的模式之中。消费者的消费需要和消费水平决定了旅游产业的发展方向与速度。因此，在文化消费需求量不断增多、消费层次越来越高的背景下，旅游产业应向多元化、个性化方向发展，重视产品和服务中的文化因素，以更好地满足旅游者的需要。消费需求是旅游产业与文化产业融合发展的原动力，它能够为旅游产业的发展提供广阔的市场空间。

（二）旅游产业转型升级

长期以来，我国旅游业的发展适度超前于国民经济的发展速度，经过40多

① 曹俊文．精神文化消费统计指标体系的探讨［J］．上海统计，2002（4）：42-43.

年的时间，我国已经成为世界旅游大国。近年来，我国旅游产业规模不断发展壮大，旅游经济指标持续增长。但与此同时，也显现出了一些问题，受计划经济体制的影响，我国很多旅游企业呈现出“小”“散”“乱”的特点，在发展过程中主要依靠增加要素来实现产业的增长，以至于旅游产业质量不高、竞争力不强。

近年来，我国旅行社的数量急剧增加，但是其内部一直处于低水平的竞争状态，“价格战”使得全行业利润率不断下降。与美国运通、日本 JTB 等国外先进的旅游企业相比，我国旅游企业发展尚不成熟，一方面企业规模较小，另一方面在经营管理、技术手段、营销策略等方面也比较落后。此外，我国旅游产品的类型和数量非常有限，主要以观光型为主，而缺少具有体验性、参与性的旅游产品，旅游产品的结构并不合理。在我国旅游开发中，许多旅游目的地仍处于重复开发的低水平阶段。长期以来，对旅游资源过度的开发，使旅游目的地的环境质量不断下降，旅游产业发展与资源环境保护之间的矛盾不断加剧。同时，随着信息技术的快速发展，传统旅游产业发生了重大的变革。目前，电子商务在旅游产业领域得到了广泛的应用，在线旅游消费额在旅游总销售额中的比重不断上升，在未来的发展中，世界主要客源地约 1/3 的旅游产品将通过互联网进行销售。信息技术的发展与运用，将加速旅游产品的更新和旅游新业态的出现、加快旅游产业的转型升级，这也使得我国的旅游产业的发展面临着严峻的挑战。

我国旅游产业要解决发展中存在的问题，就需要通过转变发展方式不断提升旅游产业的素质，通过转型升级实现旅游产业结构优化，通过协调各生产要素之间的关系来实现旅游产业的持续发展。为了更好地适应激烈的市场竞争，旅游产业应实现由观光型旅游向参与型、体验型转变，产业结构由单一化向多样化、特色化转变，开发模式由粗放型向精细型转变，产业功能由经济功能向文化功能、生态功能等综合功能转变。为加快转型升级的步伐，旅游产业可以通过与文化产业的融合进行产业发展模式的创新，丰富产业的文化内涵，进而增强产业的竞争力。

（三）技术创新

20 世纪 90 年代以来，随着信息技术的快速发展，全球出现了产业融合的发展热潮，而技术创新和技术扩散的溢出效应是出现这种现象最重要的原因。技术创新按照它所产生的效应与其他技术的关系，可以分为革命性的技术创新和扩散性的技术创新。

技术创新是产业之间相融合的源泉，它在推动旅游产业与文化产业融合的过程中发挥着重要作用，主要表现在以下三点：

第一，技术创新有利于开发出关联性或替代性技术，并在旅游产业与文化产业之间进行扩散，通过技术融合形成两个产业共同的技术基础，使产业之间的边界不断模糊，从而促进产业的融合发展。

第二，技术创新有利于降低旅游产业与文化产业的生产成本，使旅游产品与文化产品的内容和形式不断丰富，提高产品和服务质量，从而为产业融合提供动力。

第三，技术创新可以改变旅游市场与文化市场的需求特征，创造出更多更新的市场需求，进而为产业融合提供更加广阔的发展空间。

由此可见，技术创新是旅游产业与文化产业融合发展的催化剂，能够有效推动旅游产业与文化产业的发展，实现产业的转型。需要注意的是，技术创新只有得到了广泛使用和推广，才能真正体现出它的经济价值和社会价值，才能促进一个国家产业结构的优化和经济的增长。

（四）文化体制改革

文化体制是“对从事文化创作、生产、流通、消费等具体活动和运行过程管辖、调控和处理的制度和方式方法的总称，它是一个国家关于文化与政治、经济关系的反映，是政府关于文化管理意志的制度性体现”①。我国传统文化体制受到计划经济体制的影响，体现出国有资本单一投资、政企不分、城乡二元结构等显著特征。20 世纪 70 年代以来，我国社会生产力不断发展，人民生活水平得到显著提高，人们在物质需求得到满足之后，对精神文化的需求日趋旺盛，文化成为人们生活中的普遍需求和主要消费方向，并逐步实现了商品化、市场化和产业化的发展模式。在这样的发展形势下，传统的文化体制显然已经不能满足经济社会发展的要求，这就迫切需要对文化体制进行相应的改革。

我国文化体制改革大致经历了三个发展阶段。

第一阶段（1978~1991 年）是我国文化体制改革的探索阶段，文化市场化建设与文化体制的所有制变革是这一阶段的核心内容。

第二阶段（1992~2001 年），我国文化经济政策逐步完善，建立了文化产业发展的保障机制，加大了文化管理部门自身的改革力度，出台了多部促进文化市场发展的法律法规。

第三阶段（2002 年至今），我国积极开展文化体制改革试点工作，加快文化基础设施建设，鼓励民营企业向文化领域投资，逐步形成了依法行政、依法管理的文化行政管理体系。

---

① 卢娟 . 我国文化体制改革：主体重塑与分类运营［M］. 北京：中国建材工业出版社，2008.

当今社会，文化在经济发展中起着越来越重要的作用，“经济—文化”一体化已经成为必然的发展趋势，全球逐渐步入知识经济时代。20世纪80年代以来，以英美为首的西方发达国家逐步放松了政府对文化产业的控制，引入了大量的私有资本，本国的文化产业实力不断增强，保持了在全球化进程中的主导地位。我国政府也正通过采取一系列的体制改革减少政府对文化的干预，逐步建立文化产业的市场体系，大力培育文化生产力。

作为一种“软实力”，文化已经成为综合国力的重要组成部分，文化产业在我国国民经济中的地位也越来越重要。新型的大众娱乐业、会展业等文化产业形式层出不穷，影视业、新媒体等文化产业在国民经济中所占比重越来越大，报刊业、出版业、艺术演出业等文化产业的子系统发展迅速。随着人们精神文化需求的不断增长，文化与经济相互交融，文化产业逐渐成为经济领域中最有活力、最具创新意义且最能获得丰厚收益的产业。

近年来，我国政府对旅游产业与文化产业的融合发展予以了充分的重视，先后出台了促进旅游产业与文化产业融合的文件。在《中共中央关于深化文化体制改革推动社会主义文化大发展大繁荣若干重大问题的决定》中明确提出“推动文化产业与旅游、体育、信息、物流、建筑等产业融合发展”。文化产业体制改革将会不断打破旅游产业与文化产业之间的壁垒，为它们的融合发展提供强大的外部支撑力。

二、旅游产业与文化产业融合的路径系统

产业领域不同，产业融合的模式也不同，但最终都会促成产业结构的高度化和合理化，并形成融合型的新产业体系。从产业融合的过程来看，融合现象可以通过不同层面来反映，融合过程也表现为阶段性。产业融合以市场为导向，通常要经过技术融合、产品融合、市场融合、企业融合等层面。技术、产品、市场、企业四个层面不仅是产业边界的类型，同时也反映出旅游产业与文化产业的融合层面。这四个层面既前后衔接，又相互促进，共同构成了旅游产业与文化产业融合的路径系统。

（一）技术融合

在手工业时代，每个产业都有各自的生产技术、工艺流程，技术的专用性程度较高，形成了明显的技术边界。尽管有一些通用技术能够同时被几个产业采用，但是只有少数的通用技术得到了较为广泛的运用，并不占主导地位，因此产业融合现象并不普遍。

随着科学技术的迅猛发展，技术创新的速度不断加快。旅游产业中的旅游产品开发技术与文化产业中的文化产品创作、制作技术的结合为两个产业的融合发展提供了技术基础。技术创新在旅游产业与文化产业之间扩散和应用，两个产业利用新技术不断开发出新的文化旅游产品，并不断对开发技术进行创新，即形成技术融合。

从文化创意的产生到文化创意的实现，科技发挥着非常重要的作用。在创意策划的形成阶段，科技的作用并不突出，在产品的设计、制作及生产阶段，科技的作用日益凸显出来，尤其是现代通信技术、网络技术、数字技术的运用，有利于文化内涵表现形式与体验形式的创新，同时也为新型旅游产品的开发提供了技术支撑。

先进的科技为旅游产业和文化产业的发展提供了技术支撑，在信息技术的引领下，出现了大量的以文化创意为内容的科技新产品。在科技的影响下，市场需求与消费模式也不断变化发展。通过技术创新，能够有效降低旅游产业与文化产业在开发过程中的资源消耗，提高资源利用率，同时还可以使旅游产品和文化产品的功能不断得到完善，在满足消费者需求的基础上创造出更多的新价值。

（二）产品融合

所谓旅游产品，是指“为满足旅游者审美和愉悦的需要而被生产或开发出来以供销售的物品与劳务的总和”。尽管旅游者的旅游动机并不相同，但旅游产品都具有一定的相通性，即满足旅游者审美和愉悦的需求，旅游者也正是通过旅游产品来感知、理解其文化内涵的。旅游产品按照功能可以分为以下类型：

（1）康体型旅游产品，即能使旅游者身体健康得到改善的旅游产品。

（2）享受型旅游产品，即满足旅游者物质和精神上享受追求的旅游产品。

（3）发展型旅游产品，旨在实现旅游者的自我发展，具有较强的业务性和学习性。

（4）探险型旅游产品，以主动参与户外探险活动作为首要目的或者主要动机的旅游产品。

所谓文化产品，一般是指“承载和传播思想、信仰和生活方式的消费品，它是以版权为核心的个人或集体的创作成果，并在复制销售过程中，产品价值不断提升”①。文化产品通常包括图书、录音带、电影、手工艺品和时装等。需要注意的是，文化产品与一般的商品不同，无法计算出其所包含的社会必要劳动时

① 桑彬彬．旅游产业与文化产业融合发展的理论分析与实证研究［M］．北京：中国社会科学出版社，2014.

间，而且文化产品使用价值的实现还与消费者的观念、文化素质密切相关，因此文化产品同时具有商品属性和意识形态属性。文化产品按照存在的形式主要分为物质产品和非物质产品。物质产品一般体现在实物上，其特征是可移动、可存储的，消费与制作是相分离的。非物质产品一般体现在制作者自己身上，特征是消费与制作同时发生，消费具有不可重复性。

通过对旅游产品与文化产品的概念和类型进行比较，可以发现旅游产品与文化产品都具有文化属性，都具有满足人们精神层面需求的功能。在后工业时代，以文化为核心的“软实力”成为世界各国竞争的重要方面，文化特色、文化价值逐渐成为产品的核心竞争力，人们更加注重产品的文化性特征。随着人们生活水平的提高，人们越来越注重生活方式和精神文化层面的消费，文化因素成为影响消费者商品选择的重要因素。受到这种形势的影响，旅游开发者越来越重视产品中的文化因素，旅游产品与文化产品的融合成为现代社会发展的必然趋势。目前，旅游产业与文化产业在资源、产品层面不断融合，文化旅游产品正是旅游产品与文化产品融合的结果。

旅游产品与文化产品有着共同的资源基础，文化资源中的物质文化资源和精神文化资源同时也是旅游资源的重要组成部分，如历史遗迹、民俗文化等。因此，资源的通用性为旅游产品与文化产品的融合提供了条件。与此同时，旅游产品与文化产品还需要以“创意”为手段，对产品的开发模式进行创新，拓展产品的类型，满足旅游者不同的需求。

（三）市场融合

市场是商品交换的空间，旅游市场集中反映了旅游者与旅游经营者之间的各种经济行为和经济关系，而文化市场是文化产品进入流通领域和消费领域之后形成的交换关系的总和。旅游产业与文化产业之间的技术融合、产品融合、企业融合，从本质上讲都是市场选择的结果。市场融合淡化了旅游市场与文化市场的边界，使两个市场之间的联系不断加强，并产生了良好的传导效应。

技术创新使得市场需求发生了变化，为旅游产业和文化产业的产品及服务带来了新的市场需求；市场需求的不断扩大进一步促进产品的创新，进而为旅游产业与文化产业的融合提供了更加广阔的市场空间，使产业融合的范围不断扩大。

旅游产品与文化产品相互融合之后形成的新型融合产品，为传统的营销方式带来了严峻的挑战，营销观念、营销目标、营销方法等都应进行相应的调整。因此，旅游企业、文化企业需要进行深入的市场调查，发掘潜在的市场需求，重新确定营销目标。另外，企业应通过创新性的营销活动，对消费者的消费观念产生影响；通过积极的市场创新，开发更加广阔的市场需求。

（四）企业融合

产业之间之所以会相互融合，主要是由于企业间日益密切的竞争合作关系和企业对效益、效率的持续追求。企业是产业的主体，是技术融合、产品融合及市场融合的最终执行者和实施者。因此，企业是旅游产业与文化产业融合的主体，企业融合对于推动旅游产业与文化产业的融合发展具有重要的作用。

旅游产业与文化产业本身就具有一定的互补性，在市场竞争越来越激烈的环境中，旅游企业和文化企业为了取得长足的发展，都在不断扩大各自的生产经营范围，旅游企业与文化企业试图通过跨产业、多元化经营降低生产成本，通过业务融合开发出多样化的产品和服务，以满足消费者的需求。需要注意的是，产业融合并不是简单地指几个旅游企业、文化企业为了追求范围经济效益而进行多元化经营；只有当旅游产业与文化产业内的大多数企业都出现内容趋同的跨产业、多元化经营时，两个产业的企业边界才会逐渐淡化，实现融合发展。

第二节 旅游产业与文化产业的融合机理

旅游产业和文化产业的融合已经成为当今经济发展大背景下必然的发展趋势。它是建立在旅游产业价值链和文化产业价值链解构与重构基础之上的一种发展模式，对旅游产业和文化产业的发展具有重要的意义。

一、旅游产业与文化产业融合机制的理论分析

（一）价值链

“价值链”的概念最先是由迈克尔·波特提出的，这一概念最早出现在其著名代表作《竞争优势》中。他是这样解释的，即“每一个企业都是设计、生产、营销、交换及对产品起辅助作用的各种活动的集合，所有这些活动可以用一个价值链表示出来”。企业的最终目的就是创造价值，获取最大的经济利益。因此，企业的每项生产经营活动都是创造价值的经济活动。为了达到这一目的，企业需要开展一系列主要生产活动，包括设计、生产、营销等，以及对产品起辅助作用的各种活动。对此，波特把这些活动分成了两类，即基本增值活动和辅助性增值活动（见图2-1）。这些经济活动运动的过程就是创造价值的过程，即价值链。

需要注意的是，各项生产活动要想成为价值创造环节，就必须使产品（服务）满足消费者的需求，这时“价值链”才能真正形成。格拉斯和赛琪指出价值链是由一系列连续活动构成，是从原材料到最终产品的一系列转换过程；同时，他们还认为价值链是由不同经济环节通过协作共同实现的，企业的发展不只是增加价值，还要创造新价值①。

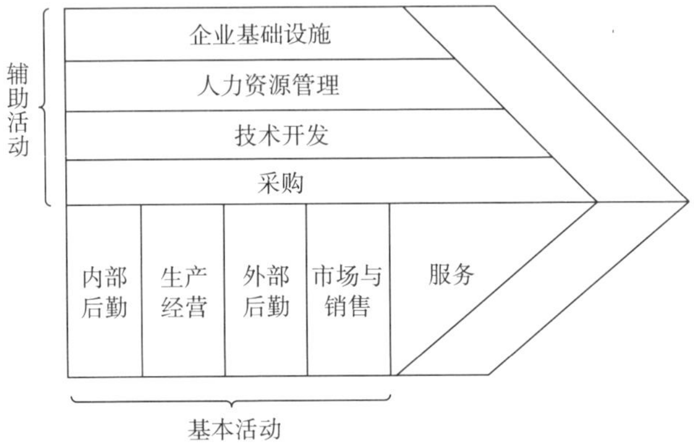

图 2-1　增值活动

当然，波特在研究价值链的过程中只是从微观的角度来探究的，忽视了通过市场的运作来实现外部资源的整合，因此，波特的价值理论只适用于企业的内部运作，故也称为企业价值链。这种理论观点其实是非常传统的一种观点，事实上，价值链蕴含在由诸多价值链构成的价值体系中，而不仅仅是存在于企业内部。目前，可以从两个层面来分析价值链：第一个层面，企业内部各业务单元之间所形成的企业价值链；第二个层面，产业内存在上、下游关联的企业之间形成的产业价值链。

波特的价值链理论在各国实业发展的过程中都得到了充分的应用，但随着社会经济和科学技术的发展，其局限性越来越明显，由于这一理论是基于传统制造业而提出的，较为偏重以某一个企业作为对象进行企业内部价值活动研究，因而难以通过有效整合外部资源创造新价值。针对这一情况，很多学者开始对价值链理论进行新的探究，希望从不同的角度对价值链理论进行拓展和完善。

① 陆鬼喆．中国文化旅游的多维研究［M］．北京：中国商务出版社，2016.

（二）产业价值链

从产业视角对企业价值链进行研究是指将价值链的方法应用到产业层次上进行分析，是价值链理论在产业组织中的推广和应用。产业价值链不是随意组合的，而是为了满足消费者某种需要，以技术、工艺、文化或模式等为核心价值而整合起来的关联体。产业链是在产业分工的基础之上形成的一种横向的或者纵向的协作关系，产业价值链则是产业链上各个企业通过一定的价值通道而形成的价值活动链，每个企业的价值链都是产业价值链的组成部分。产业价值链反映产业价值的发展方向，并以“创造价值”为最终目标。产业价值链具有以下两个方面的属性：

第一，结构属性。它是指产业价值链在产品的“生产—流通—消费”过程中所涉及的各个环节、组织所构成的链式结构。

第二，价值属性。它是指产业价值链在产业链上、下游进行价值交换，上游环节向下游环节输送产品和服务，下游环节向上游环节反馈信息。

产业价值链大体可以划分为三个环节，即原材料生产与供应、中间品生产、最终产品生产。三个环节之间互相联系，密不可分。这些环节又可以进行进一步的划分，可以分为研发、采购、运营、销售、服务等活动。每个环节的互动都直接影响着产业价值，但并不是每一个环节都能够创造价值，一般来说，真正创造价值的环节只有那么特定的几个，它们不仅是产业价值链上的“战略环节”，也是产业的利润所在。

（三）旅游产业价值链

学界是从“供给”的角度对产业进行定义的，生产相同产品或者提供相同服务的企业共同构成了产业；从“需求”的角度对旅游产业进行定义，“凡是生产或提供满足旅游消费者在旅游过程中所需要的食、住、行、游、购、娱等方面的产品和劳务的部门或企业的集合就为旅游产业”。从这个定义中可以看出旅游产业价值链与传统产业价值链存在很大的区别，它是以旅游者为核心来提供旅游产品的。

旅游产业价值链是旅游产业上、下游企业承担不同的价值创造职能共同向最终消费者提供服务（产品）时形成的分工合作关系。旅游产业价值链是产品从供应到消费的过程，是产品供应商向旅游消费者传递产品价值的过程。当然在产品供应的时候必然会有产品中间商的参与。整个旅游产品供应的流程形成了一个互相紧密联系的价值链条（见图2-2）。一方面，价值链条体现出“供给—需求”的关系，产业内的企业各自承担着创造价值的职能；另一方面，价值链条体现了旅游产业内部企业之间的分工合作关系。但不论是哪一种关系，都是把消费者的需求放在首位的，满足消费者的需求才是链条价值存在的最大意义。因此，旅游产业价值链是为了满足旅游者旅游过程中的各种需求而形成的，是以旅行社为中心，同时由旅游景区、旅游交通、旅游餐饮、宾馆酒店、旅游娱乐、旅游商品等环节链接构成。

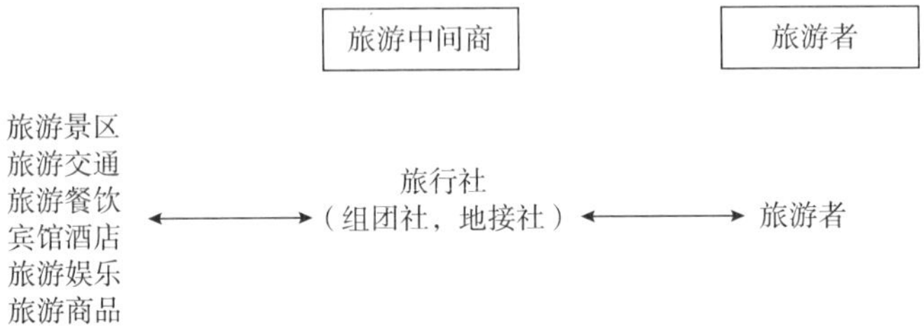

图 2-2　旅游产业价值链

需要特别注意的是，一般产业的产业链是一种纵向加工链，是通过纵向增值产品的价值而形成的产业价值链；而旅游产业的产业链是一种横向的关系，是由食、住、行、游、购、娱等环节构成的组合产品，它们以满足旅游者的需求为最终目的，通过有效组织旅游活动而实现整体增值。

（四）文化产业价值链

文化产业主要是通过对文化资源的开发利用来实现文化产品的价值增值的，主要包括创意策划、制作生产、文化传播、文化消费四个环节，如图 2-3 所示。

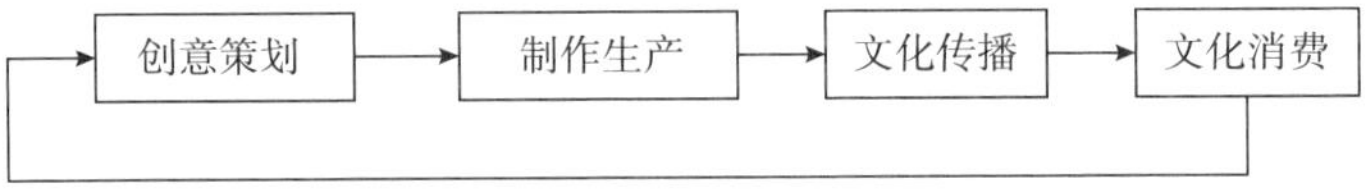

图 2-3　文化产业价值增值

1. 创意策划

创意策划是文化产业价值链的初始环节，在这一环节，创意初步形成，建筑设计、舞蹈创作、摄影和绘画的形象创作等都是通过巧妙的构思、设计而研发出来的具有文化内涵的作品，这些作品新颖奇特，具有原创价值，也只有这样新颖、奇特、具有价值的作品才能使后续的产品开发成为可能，因此创意成为文化产业价值链的核心关键环节。

2. 制作生产

将那些新颖、奇特、具有开发价值的创意、设计，通过制作、加工、生产，形成实体文化产品，如电影、电视剧、游戏软件等。

3. 文化传播

各种文化产品通过各类媒体渠道传播给广大消费者，如电视、广播、网络、报纸刊物、网络运营商、演出经营场所等。

4. 文化消费

文化消费是文化产业价值链的最终决定环节，可以对整个价值链的情况进行反馈。消费者根据自己的需求购买各类文化产品，实现各种形式的文化消费。

文化产业价值链的增值过程可以用“微笑曲线”① 来描绘，如图 2-4 所示。从图中可以看出，处于上游且附加值较高的是创意策划，它是整个文化产业价值链的核心，创造的利润比较高；制作生产环节创造的附加值相对较低；处于下游的文化传播、文化消费附加值极高，在此基础上可能会出现衍生产品。

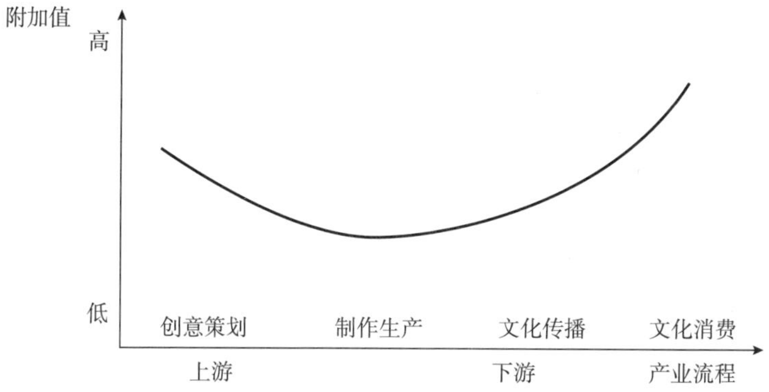

图 2-4 微笑曲线

（五）产业价值链的模块化

亚当·斯密将“模块化”原理应用到制作扣针的过程中，但这是一种古典、原始的模块化，现代意义上的模块化起源于电子计算机制造业。过去计算机是一个不可分割的整体，即使是部件损坏，也很难将其从整机中分解出来。20 世纪 60 年代，IBM 公司建议计算机采用模块化方法，对不同用途、不同规模的计算机设定统一的联系规则，确保计算机各个模块能够互相兼容、共同发挥作用，这

① “微笑曲线”是用一个开口向上的抛物线来描述产业各个环节的附加价值。

一建议迅速引发了计算机产业进行革命的热潮。经过长时间的发展，如今的计算机产业已经可以实现较好的兼容，不同的品牌、型号的鼠标、显示器、应用软件、操作系统等都可以通过共同的协议规则互相联系。

在经济学研究中，模块化是企业生产发展的一种新范式。日本学者青木昌彦认为模块化是对系统的整合和分解，它是新型产业结构发展的内在本质。他还认为可以从两个方面来理解企业生产发展的模块化，一是模块的分解化，即将一个复杂的系统或过程按照一定的联系规则分解为可进行独立设计的半自律性的子系统的行为；二是模块的集中化，即按照某种联系规则将独立设计的子系统（模块）组合起来，构成更加复杂的系统或过程的行为。虽然各个模块在系统中相对独立，功能、特性各不相同，但是通过一定的技术标准可以让不同的模块发生联系、相互作用。

有学者将价值模块与产业融合联系，指出“产业融合其实是传统产业分工发展到一定程度的回归，是一个系统化、模块化的过程，这与原始产业的发展有很大区别。模块化是与分工经济相联系的经济现象，是分工不断深化的结果，它包括系统的分解与集成，是一种追求效率与节约交易费用的分工形式”。

通过前面的分析可知，旅游产业价值链是由多个环节构成的，包括旅游交通、旅游餐饮、旅游景区、宾馆酒店、旅游娱乐、旅行社、旅游商品、旅游者等，这些环节彼此之间存在着横向的组合关系。因此，从模块化角度来看，这些环节可以看作旅游产业价值链在“满足旅游者需求”的指引下，为了实现旅游产业的整体价值，通过横向组织关系互动配合而形成的价值链。

只有旅游产业价值链的各个环节与文化产业价值链的各个环节相对独立，才能实现两者的真正融合。因为只有产业价值链上各个环节互相独立，才能实现本产业环节与系统外的其他价值链环节的整合。同时，一些模块通用性较强，能够削弱甚至消除两个产业资产的专用性，这时模块化就可以成为旅游产业与文化产业融合的基础。

（六）旅游产业价值链与文化产业价值链的解构与重构

从产业价值链的角度看，旅游产业与文化产业融合的过程就是新型产业价值链形成的过程，其实质就是旅游产业价值链与文化产业价值链在模块化基础上的解构与重构过程。

在模块化的基础上，旅游产业价值链与文化产业价值链发生解构和重构是指“对具有可分解性的系统各部件进行创造性的分解和再整合，可以实现复杂系统的创新”。具体来说，是将旅游产业价值链与文化产业价值链分解成一个单独的价值模块，按照一定的联系对模块进行重组与创新，从而完成旅游产业与文化产业的融合，形成新的产业价值链。解构产业价值链的目的是对模块进行重组，更好地重构新的产业价值链，而重构的目的是将产业价值链的各个环节结合成具有互补性的价值增值环节，使旅游产业价值链与文化产业价值链得到有机融合，从而创造更大的融合价值。

旅游产业价值链与文化产业价值链的融合，不仅使原产业价值链得到保留，还使原产业价值链的内涵得到丰富和发展。融合之后的产业价值链不仅更突出产业功能，而且兼具旅游产业和文化产业的优势，具备更强大的产业竞争力。同时，在融合的过程中，随着消费需求的改变，旅游产品与文化产品的特征也发生改变，这又促进了融合之后产业价值链的进一步解构与重构，促进旅游产业与文化产业在更大范围内、更深层次上实现融合。

二、旅游产业与文化产业融合对旅游产业发展的影响

（一）创新旅游产业发展方式

产业融合是“在经济全球化、高新技术迅速发展的社会背景下，为了提高产业生产率和产业竞争力而出现的一种创新型发展模式和产业组织形式”。旅游产业与文化产业的融合是在产业融合发展背景下的必然趋势，它将对旅游产业的发展产生广泛而深远的影响。

1. 产生旅游新业态

旅游产业与文化产业融合的方式主要是通过技术、资源、产品、市场的交叉、渗透进行的，融合之后产生了一系列的新业态，包括会展旅游、影视旅游、体育旅游、旅游演艺、旅游主题系列出版物、旅游游戏软件等。旅游新业态是旅游产业与文化产业融合之后的模态，兼具旅游产业与文化产业的双重属性，突破了传统旅游产业的发展模式，迅速成为增长快、效益好的经济新亮点。

2. 转变旅游经济增长方式

旅游经济增长方式是指“通过旅游生产要素投入的变化，包括生产要素的数量增加、质量改善和组合优化来实现旅游总产出数量增加的方式，强调旅游生产力的提高和发展”。随着现代经济的发展，经济增长方式由粗放型逐渐向集约型转变。同时，随着旅游需求的不断变化、旅游市场竞争的日益激烈，旅游产业也必将走向集约化的发展模式，摆脱只追求数量与规模的粗放型增长模式。

在融合过程中，旅游产业与文化产业的各种资源，如资本、技术、劳动力等可以共享，这样一来，不仅资源流动范围扩大，而且资源配置速率、效率也得到

了提高。此外，文化产业中的诸多软性要素也可以被旅游产业拿来借鉴，如文化资源、文化创意等。在“经济—文化”一体化发展的背景下，“文化”必定成为推动经济发展的重要力量：文化创意中的一些新点子、新想法有利于促进旅游资源、旅游产品的开发，能够将各种自然的、人文的、有形的和无形的资源转化为旅游产业发展的资本，促进不同形式资本的互相转化，从而实现旅游产业更高层次的发展。

（二）全面提升旅游产业竞争力

1. 丰富旅游产业内涵

旅游产业与文化产业融合后所产生的旅游新业态不仅能够提高旅游产品的文化维度，丰富旅游产品的类型，而且还有利于促进旅游产业的转型升级，满足消费者更高层次的文化消费需求。

我国传统旅游景区可以分为两种类型，即原生态自然景观和修缮后的人文古迹。这两种类型的景区多以静态示众，因而对游客来说缺少吸引力。与文化产业融合后，更多的文化元素被注入传统旅游景区，使景区的内涵、文化创意迅速提升。如《印象·刘三姐》《印象·丽江》《印象·西湖》等系列实景演出，就是将旅游景观与文化主题相结合，利用文化创意打造出极具人文风情特色的山水实景旅游演艺产品。这样一来，旅游者既感受到了旅游地的美景，获得审美体验，又能感受到旅游地的文化内涵，获得文化体验。同时，在旅游目的地形象中赋予文化创意元素，开发系列衍生文化产品，还可以解决长期存在的旅游商品趋同、旅游商品缺乏吸引力等问题。需要注意的是，旅游产业与文化产业的融合，只是在原有的基础上拓展了产品的内涵，丰富了产品的功能，并不是完全取代原有的产品和服务，它只是在满足旅游者新需求的基础上，形成与原有产品的互补。

2. 提升旅游产业价值

当今社会，文化已经成为一种资本，一种推动社会进步的生产力。它是“经济—文化”一体化发展的必然结果，因此，在这种大背景下，旅游产业与文化产业融合是旅游产业发展的内在要求，是使文化以资本的形式为旅游产业带来经济利益的重要工具和手段。

目前，我国旅游产业存在的一个重要问题就是产业附加值较低，这就直接导致了旅游产业的收益不高。而与文化产业融合则可以通过文化创意提升旅游产品附加值、丰富旅游产品文化内涵、增强旅游品牌影响力，进而提升旅游产业竞争力。如图 2-5 所示，在旅游产业附加值的曲线图中，附加值最低点位于生产制造环节，附加值较高处则位于研发设计、销售服务环节。也就是说，通过与文化产业融合，旅游产业可以利用文化创意提升研发设计、销售服务等环节的附加值，快速提升旅游产业的附加值，为旅游产业创造灿烂的“微笑曲线”。

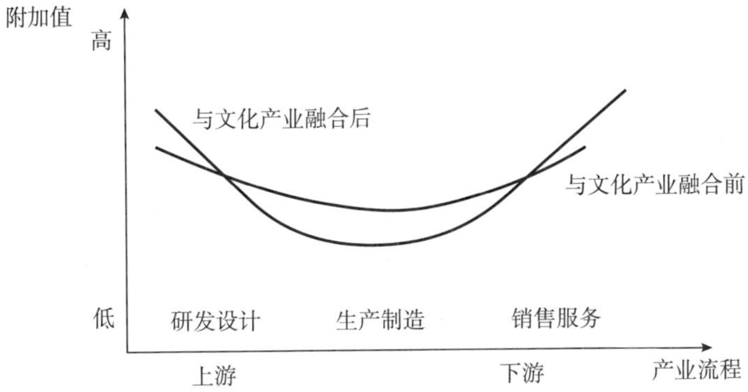

图 2-5　微笑曲线

需要注意的是，“旅游产业价值不仅包括使用价值，还包括观念价值。观念价值因文化渗透而产生，体现的是文化观念，创造的是产品差异化，它有着巨大的利润空间”。也就是说，旅游产业与文化产业的融合，还可以提升消费者旅游的观念价值，促进旅游产业从观光游览层次向文化层次、体验层次的转型升级。

3. 拓展旅游产业发展空间

与文化产业的融合，可以拓展旅游产业的发展空间。它主要是通过范围经济来实现的。范围经济是指一个厂商同时生产多种关联产品的单位成本支出小于分别生产时的单位成本的情形。它可以用一个式子来表达，即 $C(Q_{x'}, Q_{y'}) < C(Q_x)+C(Q_y)$。其中，旅游产业生产单位 x 产品的成本为 $C(Q_x)$，文化产业生产单位 y 产品的成本为 $C(Q_y)$；旅游产业与文化产业融合后的总成本为 $C(Q_{x'}, Q_{y'})$。

旅游产业与文化产业融合，是在原有旅游产品的基础上互相融合和渗透的，它不仅扩展了企业的经营范围，而且还可以实现各种资源的共享，如物资、人力、创意、信息等，使资源得到更加有效的配置，提高了资源的使用效率，从而降低了旅游经济的生产成本，实现了旅游产业的范围经济。

与文化产业融合后形成的旅游新产品和新服务，是通过互补使得融合后的旅游市场规模更大的，而不能认为是完全取代原有的产品和服务。如影视旅游是旅游业与影视业融合的产品。刚开始，喜欢看影视剧的观众并没有强烈的旅游需求，但是随着他们对电视剧的喜爱程度加深，影视剧中的一些外景引起了他们的兴趣，进而激发出他们强烈的旅游消费需求。这样，在打造影视外景地的同时，旅游市场也得到了拓展。

4. 加快旅游企业的发展

在利益的驱使下，越来越多的旅游企业、文化企业步入融合潮流。这样一来，不仅旅游产业的附加值增高，而且旅游产业的结构也得到了调整。

旅游产业与文化产业融合的过程中，旅游企业、文化企业双方的生产、经营界限变得越来越模糊，当企业内部交易成本低于社会交易成本时，企业规模扩大是有效率的。目前，我国旅游企业普遍存在着规模小、实力弱的问题，因此，产业的融合主要是通过并购活动实现的。在并购的过程中，企业各方面的资源得到了整合，整合后的企业通过集团化发展来降低生产成本与交易成本。此外，企业经过产业整合之后，势必提升了自己的竞争能力，但同时市场的竞争力也不断升级，旅游企业要想在激烈的市场竞争中不断发展，就必须在产业整合的基础上，进一步对产品进行开发，增加产品的创意，实行多元化经营，使企业形成规模，发挥规模经济的作用和范围经济的效益，全面提升旅游企业的获利能力，促进旅游企业的稳步发展。

总之，旅游产业与文化产业的融合对旅游产业的发展具有重要的意义。一方面，它拓宽了旅游产业的维度，丰富了旅游产业的内涵，增强了旅游产业的吸引力，极大地促进了旅游产业的规模化发展；另一方面，它并不是两个产业的简单相加，而是在原有基础上的互补和完善，它不仅提高了旅游产业的附加值，拓宽了旅游产业的利润空间，而且还会带动相关产业的发展，增加相关产业的经济效益，充分发挥融合效应。

第三节　旅游产业与文化产业融合发展的保障措施

产业融合已经成为产业发展的主要潮流，加快我国旅游产业与文化产业更好地融合发展是我们当前亟须解决的问题。要保障我国旅游产业和文化产业的融合发展，就要从市场、政府和企业自身等多个角度进行建设。

一、大力培育文化旅游消费市场

20 世纪 70 年代以来，我国城镇居民消费结构发生了由“粗放型”向“集约型”，再向“享乐型”发展的阶段性变化。在基本的物质需求得到满足之后，人们开始有了更高层次的追求，而文化消费正是属于满足人们精神享受和发展的高层次消费形态。近年来，我国城镇居民对旅游、娱乐等文化消费的需求显著增长，并发生了一系列的转变，“‘以实物消费为主’的传统消费模式向‘以实物消费和文化消费并重’的现代消费模式转变，从义务型消费向自主型消费转变，从单一性消费向多元性消费转变，并由此引发了文化消费支出的大幅度增长”①。

文化消费在很大程度上能够反映出一个国家的整体发展水平，“文化消费在消费总支出中所占的比重，是衡量国民生活质量的重要指标；文化消费的水平是衡量一个国家历史文化积淀、社会文化氛围和国民文化素质的重要标志；文化消费的价值指向则是观察人们精神面貌和社会发展变化的晴雨表”。

旅游消费不仅体现为物质消费，从本质上讲更属于文化消费。旅游是满足旅游者精神需求的活动，无论是欣赏自然景观还是人文景观，对于旅游者来说都是一种审美活动、文化体验活动。旅游者在旅游过程中，通过空间位移打破了日常生活的界限，全面体验到旅游地的生活习俗，丰富自己的人生阅历、拓宽自己的视野，进而获得精神上的满足。因此，旅游实质上是一种精神性的文化活动，是一种积极的文化消费活动。《国家“十一五”时期文化发展规划纲要》明确提出“提高国民的阅读意识和文化消费意识，拓展教育培训、健身、旅游、休闲等与文化相结合的服务性消费”，旅游成为人们享用文化产品和服务的重要消费活动。为保证旅游产业和文化产业的融合发展，应大力培育文化旅游市场，主要可从引导文化消费和大力开发文化旅游两方面着手。

（一）引导文化消费

目前，我国的文化消费中仍存在一些重要的问题。从整体上来看，居民文化消费层次偏低，并没有随着经济发展和生活水平的提高而有所提升。与娱乐性消费相比，知识性文化消费所占比重较小，普遍存在着重视模仿而轻视创造、重视流行而轻视个性、重视享乐而轻视发展等一系列不合理的消费结构。这些不合理的文化消费导致了文化生产的短期行为，导致文化市场出现了一系列的负面问题，而现代市场经济的发展，必然是物质文明与精神文明并重的，经济与文化要实现一体化发展。因此，要促进旅游产业与文化产业的融合发展，必须正确地引导人们的文化消费。

相关资料表明，我国城乡居民的文化消费水平并没有随着可支配收入的增加而得到提升，而这主要是由于居民缺乏文化消费意识。在我国，居民文化消费方

① 邱羚．我国文化消费的理论与实证研究［J］．商业时代，2011（36）：22-24.

式以电视广播和网络为主，而观看文艺表演、参观博物馆的居民很少。另外，大多数居民认为文化消费过于昂贵。居民的文化消费水平不仅受到收入的影响，而且与自身的文化素养也有一定的关联性。文化素养高的群体对文化消费有着更高的认识，对文化品位也有着更高的要求，文化消费的能力也更强，能够积极主动地进行文化消费，而且多偏向于知识型和发展型的文化消费。因此，政府在努力提高我国城乡居民收入水平的同时，更要积极引导人民群众认识到精神文化消费的重要性，引导人民群众树立有利于提高自身综合素质、有利于社会文明建设的文化消费观念。同时，倡导居民根据自身实际情况进行文化消费，摒弃不健康、不文明的消费行为，促进文化消费的健康持续发展。

（二）大力开发文化旅游

文化旅游已经成为 21 世纪增长最快的旅游市场。原国家旅游局通过对美、日、英、法、德五国访华游客的旅游动机抽样调查表明，外国旅游者到中国旅游主要是为了了解中国各地民众的生活文化、历史文化；同时，在对我国出境旅游者的调查中发现，大多数旅游者赴欧洲旅游也主要是为了领略欧洲各地的文化风情。

文化旅游市场是以文化为基础的旅游市场，它与一般的旅游市场和一般的文化市场不同，它是文化与旅游相融合的综合性市场，主要包括三个基本方面：一是以文化为主要资源，如游览文物景点；二是以文化为主要目的；三是旅游文化市场，如旅游景点组织商业演出。这三个方面相互联系，共同构成了文化旅游市场。

随着社会的发展和居民文化素质的提升，居民在文化方面的消费需求必将大幅增加，在这种发展形势下，就需要将潜在的文化需求转化为现实的文化旅游市场，将潜在的文化资源转化为文化旅游产品，促进文化旅游市场的发展，这同时也是旅游产业与文化产业相互融合的关键。作为产业价值链的终端环节，应不断创新开发文化旅游产品、培育文化旅游品牌，以此刺激文化旅游消费、拓宽文化旅游市场，进而为旅游产业与文化产业的融合发展提供广阔的空间。

1. 创新开发文化旅游产品

根据马斯洛需求层次理论，随着消费者对高层次需求的追求，文化旅游产品会有越来越广阔的市场。文化旅游产品具有旅游产品和文化产品的双重属性，它是体验经济时代最典型的体验产品。文化旅游产品开发可以从两个方面重点切入：一方面，变换文化旅游的生活场景，使旅游者身临其境地处于某种人文景观中，产生文化上的“换景移情”；另一方面，通过改变旅游者的生活节奏、生活内容组合和形式，消除旅游者日常生活的单调感和乏味感。同时，还可以通过创意策划对文化旅游产品的文化内涵进行挖掘，将不同的历史文化、民族文化开发成不同系列的文化旅游产品，从广度、深度和关联度等方面对文化旅游产品的开发进行深化。

旅游产业的发展正由突出文化旅游资源的经济效益向实现文化资源的精神效益发生转变，旅游产业与文化产业的融合能够促进各类文化资源的开发，因此，积极发挥文化要素的“生产”功能，对文化旅游产品开发模式进行创新，将推进旅游产业与文化产业的深度融合。

2. 培育文化旅游品牌

所谓品牌，“它是一种名称、术语、标记、符号或设计，或是它们的组合运用，其目的是借以辨认某个销售者或某群销售者的产品或服务，并使之与竞争对手的产品或服务区别开来”。品牌以广大消费者对具体产品的认识为基础，是一种对产品影响力的行为认知。

文化旅游品牌是“以高质量和知名度为特征的旅游目的地、企业、产品以及服务为代表的产品系统和认知系统，体现着旅游产品个性及旅游者的高度认同”。文化是旅游品牌的价值基础，文化旅游品牌的核心价值不仅来源于旅游目的地的自然景观，更重要的是旅游目的地的文化特色。同时，文化旅游品牌的培育伴随着资源的全方位整合利用，云南就是在培育香格里拉、石林、云南映象等文化旅游品牌的过程中实现了对旅游资源与文化资源的整合。

通过培育文化旅游品牌，塑造独具特色的旅游目的地形象，进而提升旅游目的地的竞争力，已经成为各地旅游产业发展的主要趋势。实施文化旅游品牌化发展战略，既有利于提升旅游产业的核心竞争力，也有利于实现旅游产业结构的高度优化。同时，在培育文化旅游品牌的过程中，应对文化资源的保护予以高度的重视，使人们认识到应自觉而主动地做好文化的保护和传承工作。需要注意的是，各企业在培育文化旅游品牌时，应避免对“品牌”的无序竞争。

二、合理调整政府规制

为促进旅游产业与文化产业融合发展，除了要进一步深化文化体制改革，还应对政府规制进行合理的调整。规制反映的是政府与企业的关系，日本产业经济学者植草益曾指出，“政府规制是指依据一定的规则对构成特定社会的个人和构成特定经济主体的活动而进行限制的行为”。政府规制主要是为了最大限度地维护公共利益，通过制定公共政策对个人、利益集团的行为进行协调和管制，避免由于个人或利益集团垄断使社会生产效率降低、消费者权益受损等现象发生。主要可以通过三种方式对政府规制进行调整。

（一）加强立法

在对旅游产业与文化产业融合的规制过程中，政府应遵循法治和市场相结合的原则，改变运用行政手段进行资源配置的单一方式，要做到“依据法律法规对产业融合中的文化旅游市场主体、市场运营、交易方式等经济活动进行规制，明确规制内容、规制机构及相关职能、规制范围；营造公平、公正的市场环境，维护文化旅游市场的有序竞争，为旅游产业与文化产业融合创造良好的市场环境”。目前，我国的旅游产业、文化产业在发展过程中会受到政府行政力量的干预，政府规制影响着旅游集团组建的整个过程。政府应该利用政策法规积极地对成熟的旅游企业、文化企业相互合作进行引导，并通过收购、兼并、合资等市场手段组建大型文化旅游集团。

国家可以通过立法创造良好的制度环境，构建具有层次性的法律支持系统：“第一个层次是对旅游产业与文化产业起到原则性、指导性作用的基本法；第二个层次是与基本法相配套的、保证基本法得以实现的相关法律；第三个层次是其他法律中与规制旅游产业与文化产业相关的内容。”通过法律系统的支持，使具有法律、法规效力的规制成为旅游产业与文化产业融合发展的支撑力量。

（二）放松规制

经济管制理论认为，自然垄断产业存在很大的沉淀成本，大规模的重复投资会引起消费性或破坏性竞争，影响资源的有效配置，降低生产效率。随着市场经济的不断发展，应改变政府管制的单一性，而且经济全球化的快速发展也要求政府放松经济性管制。

20 世纪 70 年代以来，我国由计划经济向市场经济转变，文化产业在宽松的环境下得以发展起来。需要注意的是，放松对旅游产业、文化产业的规制，并不意味着任其自由发展，不加管理，而是指“部分地取消规制，即有些方面的限制性规定被取消，原来较为严格、烦琐、苛刻的规则条款变得较为宽松、开明，如在文化产业的进入规制中，由原来的审批制改为备案制”。

放松规制对于旅游产业、文化产业的融合发展具有重要的意义。一方面，有利于降低旅游产业、文化产业的门槛，使一些有实力的中、小型民营企业有机会参与到旅游产业和文化产业的发展中；另一方面，有利于弥补政府在旅游、文化方面公共建设投入的不足。此外，还能为消费者提供种类丰富的旅游产品和文化产品，满足消费者多样化的需求。随着经济的不断发展，越来越多的文化企业参与到旅游市场的竞争中来，同时越来越多的旅游企业参与到文化市场的竞争中来，旅游产业与文化产业竞争力提升的同时，还将为产业间的融合发展创造广阔的空间。

（三）重组规制机构

我国长期以来的计划经济体制，导致对旅游产业、文化产业的规制出现条块分割的现象，相关部门的职权范围发生重叠。就文化产业来看，其分管行政部门众多，条块分割现象严重，导致文化资源开发、文化产品生产、文化传播的分割，不利于文化产业的发展，同时也严重影响了旅游产业与文化产业的融合。

旅游产业与文化产业都具有跨产业、跨部门的特点，在产业融合的背景下，对传统规制进行调整是十分必要的，在组建文化旅游规制机构时应遵循系统、公正、高效的原则。规制是一个系统工程，旅游产业与文化产业的融合需要相关部门相互协调配合，因此应根据两者融合发展的特点，明确旅游、文化主管部门在系统规制中的地位，构建条块结合、辐射联系的统一规制机构。可以对经营性文化产业和公益性文化事业进行区分，也可以成立相关部门，专门负责旅游产业与文化产业的融合问题。通过对规制机构进行重组，有效制定旅游产业与文化产业融合发展的规划目标及策略，进而顺利推进旅游产业与文化产业的融合。

三、完善投融资体系

虽然旅游产业、文化产业的发展备受银行、大集团的青睐，但由于产业本身存在一些问题，导致产业投融资渠道狭窄，影响了企业规模的扩大和发展。为了更好地推动旅游产业与文化产业的融合，各地政府应不断完善旅游产业与文化产业的投融资体系建设，为文化旅游项目的开发建设提供金融政策上的支撑。

（一）建立第三方评估制度

文化资源的价值在文化产品和服务中得以体现，而文化产品的配置和市场交易则主要通过评估反映出其经济价值。建立文化资源评估的第三方制度，有利于促进文化资源向文化产品、文化服务的转化，实现文化的资本化。

文化产品既具有商品属性和意识形态属性，又具有创新性强、附加值高等特点，这决定了需要通过专业评估机构来对文化资产进行评估。我国合法的资产评估机构是指持有国务院或省、自治区、直辖市人民政府国有资产行政管理部门颁发的国有资产评估资格证书的资产评估事务所（公司）、会计师事务所、财务咨询公司等，它们统称资产评估机构。合法的第三方评估机构能够为文化旅游项目提供评估、鉴证、监督等方面的服务，可以辅助解决旅游产业与文化产业融合发展过程中存在的融资问题。

同时，政府应引导和设立政策性担保机构为旅游产业与文化产业的融合发展提供融资担保，通过担保等多种渠道分散银行对旅游产业、文化产业的贷款风险。另外，政府还可以设置产业风险补偿基金，对于投资机构在旅游产业、文化产业融资上的损失，由基金按照一定的比例进行补偿，进而加强和保证金融机构对旅游产业与文化产业融合发展的资金支持。

（二）政府设置专项发展基金

政府应建立旅游产业与文化产业融合发展的专项基金，一方面，以担保基金、贷款风险补偿基金等形式用于项目补贴、支持信用体系建设，支持文化旅游重点项目的开发，扶持重点文化旅游企业，鼓励中小文化旅游企业进行技术创新、开发新产品和新项目，在推进旅游产业与文化产业融合发展的过程中培育具有影响力的文化旅游品牌，提升旅游产业和文化产业的总体竞争力；另一方面，对公益性文化事业、重点文物保护单位注入非营利性文化发展基金，保护文化资源，为旅游产业、文化产业的可持续发展奠定基础。

同时，各地政府可以通过制定文化旅游投资优惠政策，如所得税优惠政策、土地使用优惠政策、就业安置优惠政策等，鼓励企业对文化旅游项目进行投资，吸引更多资金进入旅游产业、文化产业，为产业融合发展提供政策上的支持。

（三）企业融资

旅游企业和文化企业在发展过程中需要根据生产经营的规模，通过一定的渠道与方式进行融资，以获得企业运营过程中所需要的资金，融资是任何企业得以生存和发展的重要条件。融资从不同的角度，可以分为不同的类别。按融资过程中资金的来源分类，可分为内源融资与外源融资；按是否通过金融中介机构分类，可以分为直接融资与间接融资；按融资中形成的产权关系分类，可以分为股权融资与债权融资。

受到门票收入不能计入上市公司主营业务收入的限制，目前资源开发类旅游企业直接上市存在一定的困难，但通过将收入转移到索道等交通工具，以及以宾馆、餐饮等项目包装为基础的企业，仍然可以上市，也可以吸引上市公司作为配股进行投资。目前，我国已有许多大型旅游企业、文化企业在上海、深圳证券交易所上市融资，但与其他类型企业相比，旅游企业、文化企业的融资渠道非常窄，上市运作比较困难，旅游、文化管理部门应组织多方专家对旅游资源、文化资源的价值量化评估标准进行研究，使这些资源作为资本充分发挥融资的作用。此外，旅游目的地还可以借助项目开发公司的品牌和强大的竞争优势，提升旅游目的地的市场吸引力和竞争力。

（四）积极争取政策性贷款

旅游企业和文化企业应充分利用国家的鼓励政策，进行政策支持性信贷融资。例如，申报旅游国债项目、生态保护项目和文物保护项目等，争取世界旅游组织规划支持资金、联合国教科文组织的项目基金及国家及省市旅游产业和文化产业发展专项基金等。随着我国文化旅游的不断发展，各地政府可以积极争取世界银行和亚洲银行的世界文化遗产专项贷款，积极展开与国际金融组织的合作。外来的金融援助是我国文化旅游项目开发的重要资金来源之一，同时也可以对国外文化旅游地的成功发展经验进行借鉴。

在旅游产业与文化产业融合发展的投融资保障体系的构建过程中，应加强金融市场、旅游企业和文化企业的建设，“投融资金融市场要着眼于法律制度的完善、市场秩序的规范、支持体系的健全、体制机制的创新；旅游企业和文化企业则要着力于市场潜力的挖掘、商业模式的构建、核心竞争力的提升以及对自身发展的清晰定位和对金融市场的准确把握”。通过政府、金融机构、旅游企业、文化企业的相互配合、共同努力，为旅游产业与文化产业的融合发展提供良好的金融支持保障，形成多元化的文化旅游投融资体系。

四、培养复合型人才

高素质、高能力的复合型人才在旅游产业与文化产业的融合发展过程中发挥着重要的作用，为产业融合提供了“人力”和“智力”保障。培养复合型人才具有显著的经济效应，能够有效地促进旅游产业与文化产业融合发展实现良性循环。任何产业的发展都需要土地、资本、技术、劳动力等生产要素实现优化组合。然而，在旅游产业、文化产业的发展过程中，复合型人才是最重要的产业要素。在产业的融合发展过程中，从创意、生产到销售、管理，都需要高素质的人才来完成。随着旅游产业与文化产业的融合发展，需要大量文化创意型人才对产业发展模式加以创新，只有复合型的人才才能够对融合型企业进行有效的管理。因此，应采取不同的方式培养具有创新能力的复合型文化旅游人才。

（一）完善高等职业教育

通过高等职业教育体系培养既具有旅游产业知识，又具有文化产业知识的复合型文化旅游人才，是推动旅游产业与文化产业融合发展的重要途径。高等职业教育在发展过程中要做到以下几点：

第一，打破教育条条框框的限制，以提高学生综合素质为出发点，开设兼顾文化学、经济学、管理学、信息技术等学科的综合性课程，使学生的综合知识体系不断得到丰富。

第二，改善教学方法，发展学生的创意思维，提高学生的创造力，提升学生的文化素养，培养具有原创意识和文化精品意识创意的人才。

第三，充分发挥大学的文化辐射作用，加强与国内外高校、文化旅游研究机构的合作与交流，拓宽学生的视野，为学生提供学习交流的平台。

第四，加强与旅游企业、文化企业之间的联系，为大学生创造在企业实习的机会，为大学生提供大量的专业实践平台。同时，高校还可以根据旅游产业与文化产业融合发展的实际需要对课程体系进行及时的调整，主动为旅游企业和文化企业提供相关的咨询服务，通过高校与企业之间的联合与交流，完善复合型文化旅游人才培养体系，培养出一批既具有创新意识，又具有实践能力的综合型人才。

（二）加强职业培训

旅游产业与文化产业的融合发展需要大量的后备人才支撑，对已经具有一定专业知识和技能的旅游从业人员或是文化创意从业人员进行在职培训，是培养复合型文化旅游人才的另一条重要途径。各地劳动主管部门可以根据旅游产业与文化产业融合发展的需要，积极开发复合型人才的能力，针对复合型人才的核心素质要求，有针对性地安排设置培训课程、开展职业实践活动，从理论和实践两方面提升复合型文化旅游人才的职业素养。职业培训既可以在企业内部进行，也可以由政府或企业委托给高等院校开展。

旅游产业与文化产业的融合发展需要大量的复合型、创造型人才提供智力保障，因此，旅游企业和文化企业应通过职业培训避免员工对本产业领域产生依赖性，使员工掌握更加丰富、更加新颖的复合型知识和技能。另外，旅游企业和文化企业还可以根据生产经营活动的特点及需要，对本企业员工进行有针对性、实战性的专业培训，培养一批适应企业发展的人才；企业还应吸取国内外文化旅游企业先进的人才培养经验，探索先进的企业培训模式，进而有效地提升本企业员工的整体综合素质和复合型能力。

高等院校具有丰富的智力资源，能够承担起文化旅游人才培训的任务。政府旅游和文化主管部门、旅游企业、文化企业可以与高等院校之间建立文化旅游职业培训合作机制，政府和企业主要负责制定人员培训目标和培训计划，高等院校充分利用自身的教育资源对培训计划进行具体的实施，以实现政府、企业制定的培训目标。通过政府、企业与高校的这种合作培训机制，一方面可以有效解决旅游产业与文化产业融合发展过程中的人才培养问题，另一方面也为高等院校培养复合型文化旅游人才提供了更多的经验和具体的指导，进而为大规模培养复合型的文化旅游人才奠定了基础。

总而言之，人才资源在旅游产业与文化产业的融合发展中占有不可或缺的地位，人才是产业核心竞争力的主要载体。因此，应积极培养旅游产业与文化产业融合发展需要的创新型、复合型人才，从而加快推进产业之间的融合。

第四节　旅游产业与城市文化的协调发展

文化旅游是一项充满憧憬、创意的文化活动，与城市文化紧密相关。本着可持续发展的理念，要开发城市的文化旅游产业，就必须要和城市文化相互协调、相互呼应，而不能为了发展文化旅游产业而损害了城市本身富有特色的文化，而应该因地制宜，从实际出发，紧密结合城市文化。简而言之，要确立城市中的文化旅游产业地位，就应该将文化旅游的行业发展同城市的文化传承及城市建设完美地结合起来，并根据文化旅游产业的相关理论探讨城市文化旅游产业的发展策略。本节对文化旅游产业与城市文化的协调发展进行探讨。

一、城市文化

（一）城市文化的定义及演化

1. 城市文化的定义

不同的学科领域，不同的认识主体，对于城市文化的定义侧重点各有不同。

（1）地理学家或城市规划学家认为，在城市文明发展史上，城市文化是当中的一个时空截面，是城市文明在进步尺度上的外化，不同地域不同时代，其城市文化千差万别。该定义的侧重点是文化发展的生存空间。

（2）人类学家认为，城市文化是城市人格的表现，是民族、时代与人格光辉的映射，具体表现为宗教、哲学、道德、审美等各种文化。简而言之，城市文化是由人文核心外化构成的文化价值体系，由外到内分为四个层次，如图 2-6 所示。

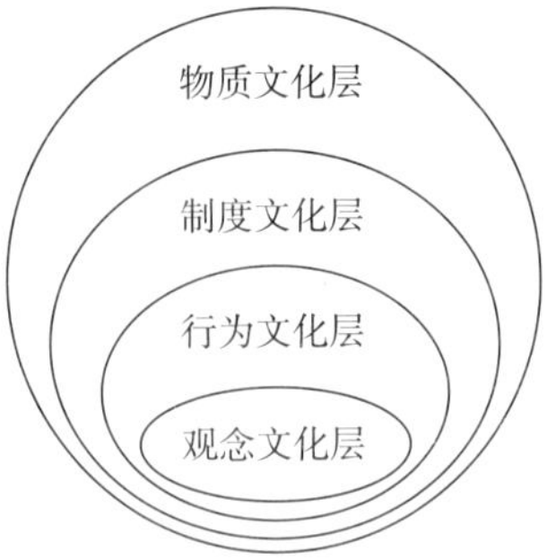

图 2-6　城市文化的层次

（3）社会学家认为，城市文化是城市成员在社会实践中共同创造出来的，如城市生活环境、生活方式和生活习俗等，简而言之就是内在的物质财富和精神财富的总和。该定义的侧重点是城市文化的创造主体。

无论从哪些角度出发，侧重点是什么，所谓城市文化，都是“探讨人作为行为主体在特定的时间与空间条件下所产生的文化行为及其连带后果”。

2. 城市文化的演化

从历史发展的角度来看，不同时期的人需求不同，从而赋予了城市不同的职能，城市职能的发展变化又推动了城市文化的演化历程。乔尔·科特金认为，从古至今，无论城市职能怎么发展变化，其繁盛的原因都源于城市的神圣、安全及繁荣。据此，乔尔·科特金总结出城市发展的一般历程，具体有以下几点：

（1）农耕社会出于安全与贸易的目的形成大规模的集聚。

（2）出于宗教需要形成的以“神庙”为中心构建的早期城市轮廓。

（3）经济、军事的扩张，城市类型开始分化，出现了很多古典城市：帝国城市（如罗马）、宗教城市（如麦加、耶路撒冷）、商业城市（如威尼斯）。

可以说西方国家中世纪及以前的城市文化都是围绕着神明的宗教式文化。随着“自由人”数量的增加，人们对自由的崇尚、追求越来越强烈，启蒙运动的出现更是使人的理性取代了宗教神性，从而成为城市文化的价值核心。自此，城市文化发展成了一种公共性及大众性的价值符号，它注重追求经济利益，是属于理性主义的世俗文化。

（4）工业革命使生产方式产生巨大变革，使城市成为大规模的产品生产车间，在创造巨大社会财富的同时也带来了种种弊端，由此暴露了人类追求理性已走向极端——人性与科学理性的分离。于是，城市文化开始批判人为强制理性，强调人性，注重文化的多元化、差异化、个性化发展。

与乔尔·科特金总结的稍有不同，有学者将城市文化的演化史概括为：传统的神明时代—近代英雄时代—后现代的世俗时代和交往时代。而世界文化重心演变的大体趋势是：宗教—政治—经济。如今文化的经济方面还不能够完全代替政治方面，但其重要性已经越来越明显。

提到城市及城市文化的演变发展，就不得不提刘易斯·芒福德的城市兴衰周期理论。根据他在《城市文化》中的论述，城市兴衰周期分为原始都市（村落）、城邦、大都市、超大都市、暴虐都市和废墟都市六个阶段，各个阶段的城市文化繁荣程度趋势如图2-7所示。

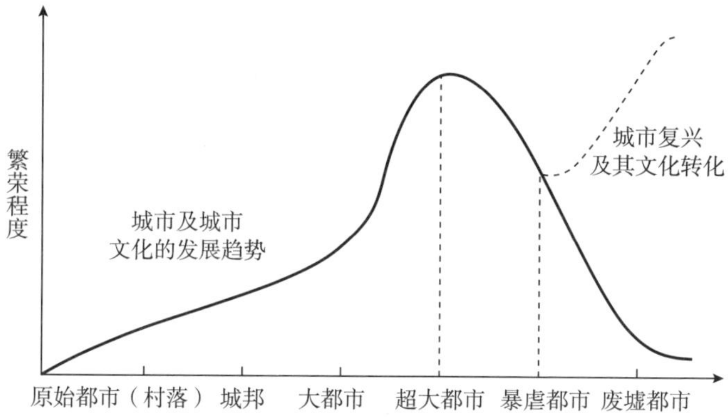

图2-7　各个阶段的城市文化繁荣程度趋势

从原始都市到大都市的发展过程是人类由原始野蛮逐渐走向开化并创造出灿烂人类文明的过程。伴随着工业革命的出现和发展，产生了超大都市，文化变成了没有内涵的、标准化生产的工业产品。随后，城市开始陷入衰落和解体阶段，城市面貌混乱不堪、经济萧条、物资匮乏，变成了暴虐都市。当各行业停滞发展时，艺术和科学也不再有创造性的成果……城市由繁荣逐渐变成一片废墟，也就是所谓的废墟都市。在废墟阶段，城市又吸纳了新的发展动力，从而呈现出新一轮的发展面貌，进入城市的复兴阶段。在此背景下，城市的内部结构发生变化，一些事物的有用性被弱化甚至消失，而其符号性及文化性则逐步加强，从而转化、提升了城市文化。例如，在废墟都市阶段，城市中心的许多工业厂房被废弃，其原有的生产功能不再存在，但是它可以作为工业遗产而被保留下来，加以改造，或者置换功能，开发成城市文化地标，为旅游所用。

（二）城市文化的类型

城市文化的内容十分丰富，根据不同的划分方法可以将之划分出不同的类型。

1. 按存在形态划分

按照事物的存在形态可将城市文化分为物质文化和非物质文化，其具体的表现形式如图 2-8 所示。

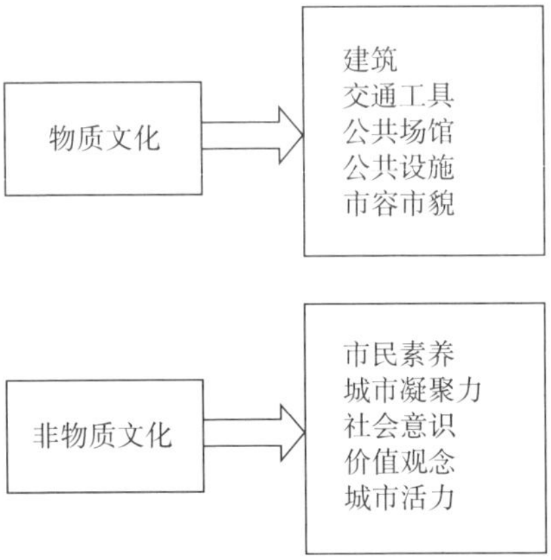

图 2-8　城市文化的具体表现形式

2. 按经济属性划分

按照经济属性的不同，城市文化可以分为文化产品和公共文化，前者强调的是文化的经济价值，后者突出的是文化的公益性。文化产品和公共文化具体的表现形式如图 2-9 所示。

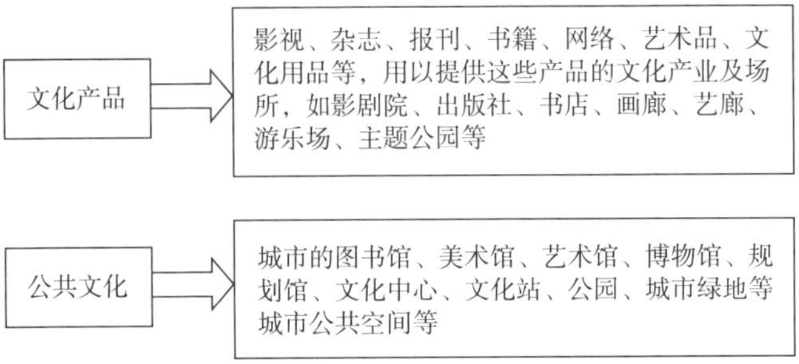

图 2-9　文化产品和公共文化的具体表现形式

3. 按感知主体划分

按照感知主体的不同，城市文化可分为旅游文化、社区文化及行业文化，如图 2-10 所示。

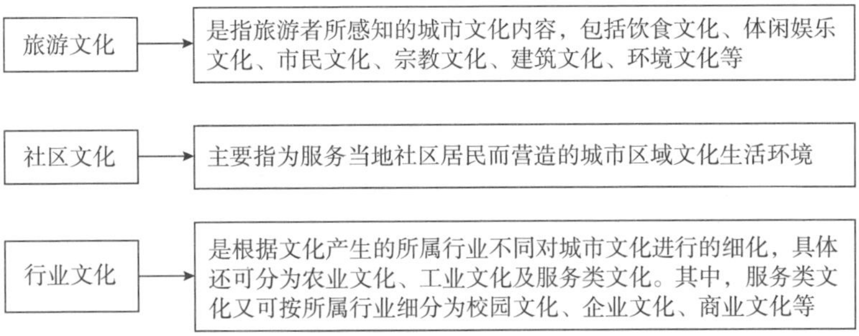

图 2-10 按照感知主体的不同划分城市文化

需要注意的是，在实践中，城市所提供的文化及其配套设施，事先并没有按照预期的感知主体严格拆分城市文化，其面向的主体对象一般是比较广泛的。例如，旅游城市的餐厅服务于旅游者，也服务于普通市民；城市举办的传统文化节事主要以一般市民为目标群体，但也因此而吸引外地旅游者；甚至一些群体专属的校园文化和企业文化，也会成为当地城市旅游的吸引物，很多旅游者出于好奇心而到访，如清华大学、北京大学等的名校游，奶业集团伊利推广的“参观伊利工厂”活动等。

（三）城市文化的特性

城市文化具有地域性、累积性、动态性、开放性、冲突性、多元性。

1. 地域性

城市是人类的聚居地，要以一定的地理环境为存在基础。地域条件的不同，其城市建筑、民俗、语言也表现各异，从而形成具有明显地域特征的城市文化。城市文化经过一定时期的积累、传承，不断加以创新，得到发展，其地域性更加鲜明。例如，北京、西安作为我国具有上千年历史的古都，其宫廷建筑总体特征是雄伟、壮丽、宏大，以彰显都城的皇家气魄；以苏州、杭州为代表的南方城市，其建筑总体特征是粉墙黛瓦，尽显私家园林风范，体现出士人阶层的文雅恬淡。

2. 累积性

城市文化是一定时空条件下的产物，因此其不但表现为横向的地域性，还表现为纵向时间的累积性。正如前面提到的，不同时代的城市，人们的需求不同，城市职能也随之发展变化，其城市文化必然表现出不同的特征。从理论上讲，一个城市的历史越悠久，其文化累积越丰厚。在城市文化当中，建筑最能显现历史文化的堆叠。例如，在巴塞罗那街头就可以见到不同时代的建筑，既有建于13~15世纪的哥特式历史建筑，又有19世纪后期至20世纪初期的欧洲新艺术建筑，还有当代的以高迪为代表的现代主义风格建筑，从而向旅游者展示了巴塞罗那文化的演进与多元；在北京中心，既有几百年历史的故宫，又有建于20世纪50年代的人民大会堂，更有21世纪结合传统与现代、浪漫与现实的国家大剧院。

3. 动态性

从长远的历史角度来看，城市文化具有动态性，也就是说，城市文化并非固定不变的，而是发展变化的，具体表现为继承性和融合互通性。城市文化的发展变化总是在其原有的肌理上不断推陈出新、扬弃、继承。例如，饮食习俗、服饰习俗、婚姻习俗、丧葬习俗等方面的流传，以及东西方的结合。如中国饮食文化中的筷子，已经有了几千年的历史，流传至今，并在材质上推陈出新。中华传统饮食文化的精髓讲究色香味俱全，如今结合现代讲究营养搭配的科学饮食观念，在菜肴的种类及做法上进行改良，或者采用新原料，或者采用新烹饪工艺。

4. 开放性

由于城市本身的发展规律和文化的传播属性，城市文化因此具有开放性特征。城市化进程及由单中心向多中心的发展趋势加强了城市间的交流与合作，既有物的交往，如城市间的贸易、经济往来，又有人的交往，如旅游活动。城市间的交流与合作，使城市间的文化交流成为可能，也必然导致城市文化的兼容并包与多元。在当代的都市里，传统文化与现代文化互相交织，本地文化与外来文化各有千秋，高雅文化与世俗文化共存共生，各种文化都有自己的一席之地，又互通有无、不分彼此均衡发展，这就是城市文化开放性的最好体现。

5. 冲突性

不同群体、不同区域、不同年代的文化汇聚到城市里，难免发生各种矛盾和冲突。这是普遍存在的。

（1）不同利益群体间的文化冲突。由于发达国家城市在经济上占绝对优势，发展中国家的城市通常被称为其文化的“扩散地”，形成所谓的文化殖民。另外，种族宗教信仰及民族文化的差异也可以导致文化冲突现象。

（2）不同区域对于文化的认识不同。这其实就是前面提到的城市文化的地域性。例如，历史上的齐文化和鲁文化因区域的不同而存在差异。相对而言，齐文化尚功利，鲁文化重伦理；齐文化讲求革新，鲁文化尊重传统；中国饮食文化南北不同，岭南偏于清淡，而北方则偏爱咸。

（3）不同年代对于文化的认识不同。正如前面说的，城市文化是时空发展的产物，不同时代产生不同的文化，也就是所谓的流行文化。例如，中国古代唐朝的人以胖为美，当代人则以瘦为美，减肥风潮一直高涨不减。即便生活在同一时代，年龄的不同对于同一文化现象的认识也不会相同。一般而言，年龄较大的人思想比较保守，而年轻人则比较开放，因此他们对待文化也就表现出不同的态度。

城市文化有冲突，也会有融合。不同城市文化碰撞到一起，或者分化，或者整合，或者适应。在此过程中，城市文化内容或增或减，通常会引起城市文化系统结构、模式、风格等的变化，最终融合发展成为新的文化系统。例如，当代人既欢庆传统节日，如春节、元宵节、中秋节等，又欢庆西方的所谓“洋节”，如情人节、感恩节等。

6. 多元性

城市文化的多元性，强调的是其结构构成主体的多元性。这可从以下三个方面进行理解：

（1）就城市内部构成而言，古代城市文化按其性质可分为不同的阶层文化：宫廷文化、文士文化、俚俗文化。其中，宫廷文化更多体现的是权力、威严、富足，文士文化则强调高雅、气质，而俚俗文化体现的是大众性、娱乐性。另外，由于地域、职业、传统习惯、生产、生活方式的不同，都会形成不同的文化需求与文化动机。

（2）就某一地区文化的外部来源来讲，文化的开放性必然会带来多元文化融合的结果。例如，唐朝的长安，作为当时的政治经济文化中心和世界文明中心之一，不但汇集国内不同地区的文化习俗，还通过丝绸之路及各国使节带来了富于异域风情的民族文化。又如，今天的北京作为我国的政治文化中心，吸引了全国各地的人来此旅游、工作，由此带来了各种饮食文化，有新疆的大盘鸡，有兰州拉面，更有麻辣的川菜。再如，美国原本就是一个移民国家，不但有本地的土著人，还有欧洲人、亚洲人等，因此其文化构成必然是多元的，有印第安文化，还有欧洲文化、亚洲文化等，这诸多文化体为美国城市带来了源源不断的城市活力。

（3）在后现代主义中多元与差异观念的影响下，一些城市的文化正朝着多元化的方向发展。于是，一些前卫的城市出现了“解构主义建筑”“新现代主义建筑”。“解构主义建筑”的特点是把整体破碎化（解构），通过非线性或非欧几里得几何的设计，来形成建筑元素之间关系的变形与移位。“新现代主义建筑”以简单和平民化的设计，表达出的实用和廉价也可以满足艺术和精神上的需求。

网络技术的日益发达，使文化构成方式发生了巨大的转变，过去大众传播模式由单一主体控制，如今逐渐被多元主体的网络交流所取代，城市文化正被知识文化所主导。

（四）城市文化结构

这里主要从旅游者感知的角度出发来研究城市的文化构成。根据感知主体范围（即人群数量）的大小、感知的难易程度（直接或间接）将城市文化划分为三大层次，从里到外依次是核心层——城市精神、中间层——群体文化、外围层——感知文化，具体层次关系如图 2-11、图 2-12 所示。

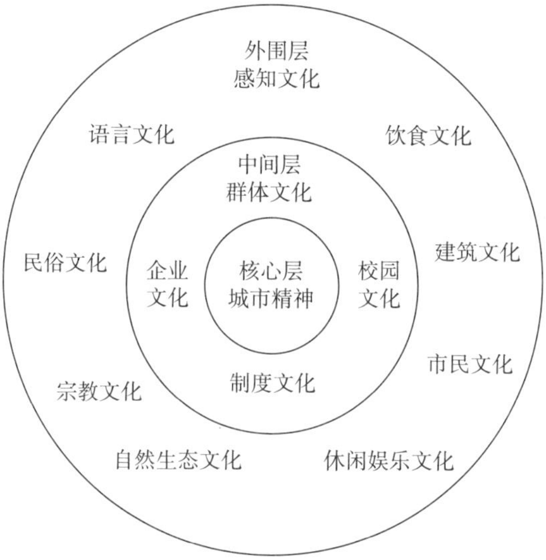

图 2-11　城市文化划分层次①

1. 核心层——城市精神

城市精神高度概括了城市文化，可看作城市形象的灵魂。城市精神一般没有具象的表现，需要借助城市的物质文化或者浅层的精神文化才得以体现，主要蕴含于城市的规章制度、市民素养、城市环境中。例如，北京的“首都文化”、上海的“海派文化”，这都是高度概括了其城市特色的文化。一些市花也是城市文化的具象概括，如北京的市花为月季、菊花，上海的市花为玉兰，重庆的市花为山茶。

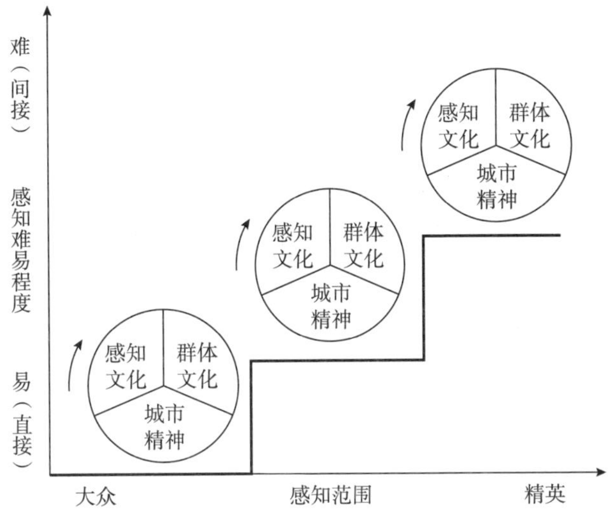

图 2-12　城市文化划分层次②

2. 中间层——群体文化

中间层的感知群体是针对部分细分群体目标的城市亚文化，同时在某一群体文化内部可能有所不同。例如，广西人是岭南文化的针对目标人群；同样身为岭南人的广西人、广东人都具备岭南文化的共性，但是广西人、广东人又会有自己不同的特色（如语言、饮食）。另外，广西的不同区域城市，如北海、桂林的饮食文化也是有所差异的。当然，这两个城市之间的文化差别一般不会被非群体成员直接感知，而是需要通过一定的媒介才能间接感知到这种文化的存在。例如，广西北海饮食文化中的海鲜偏于清淡口味，但是广西桂林的饮食文化则偏重于咸。

3. 外围层——感知文化

城市文化的最外层为感知文化，这一文化层的内容最为广泛、最为丰富，既有物质文化，如建筑文化、饮食文化、自然生态文化等；又有非物质文化，如语言文化、民俗文化等。感知文化较易于被感知主体觉察到，并且不受感知主体的群体限制。例如，城市的饮食文化，无论食物的颜色、味道，还是形状，它们就摆在那里，旅游者通过品尝就可以体验得到，当地居民也是如此。需要注意的是，由于感知主体身份、立场的不同，外围层的文化对于主体的意义也是有差别的。例如，优美的城市环境，体现风土人情的市民文化，对于当地居民来说只是观赏环境的一部分，但对于旅游者而言却是起到该城市旅游吸引物的作用。

（五）城市文化形象

1. 城市文化的表达

城市文化需要借助一定的符号（文化资源）呈现出来才能够被感知，这种感知的符号可以是有形的（如建筑、饮食、文化设施、城市环境等），也可以是无形的（如道德、习俗、社会意识等），即所谓的文化资源。文化资源共同作用于人的感官，被感知主体——人所感知。其中，无形的文化资源或直接作用于感知主体，或通过有形的途径表现出来，如图 2-13 所示。

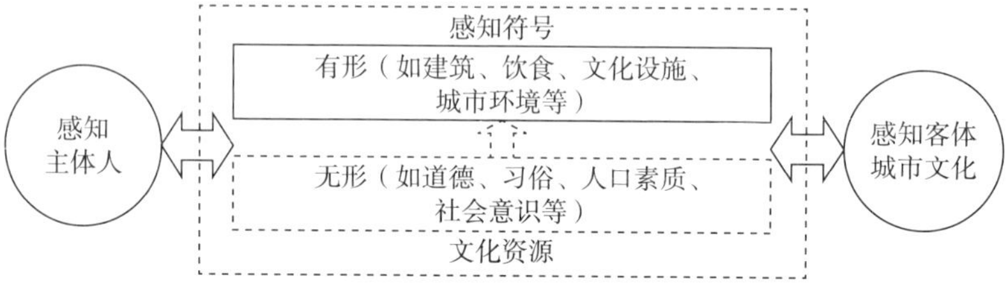

图 2-13　有形和无形的文化资源表现

2. 城市文化形象的塑造

后工业化的全球国际分工，一方面促进全球各地文化的融合，另一方面也带来全球文化的趋同，使得各地文化丧失个性。因此，当今城市文化建设中的差异塑造成为新的研究课题。例如，部分学者从产品的供需角度论述了城市文化形象的塑造问题。

城市人口（包括本地人口、外来人口）出于各种文化动机如学习、商务、休闲、娱乐、观光、美食等而到访城市，并在城市提供的文化产品、服务中得到满足；目的地城市则在日益增长的文化需求中兴建更多的文化设施、文化场馆，提供更加丰富的文化产品、服务，从而对城市人口的文化需求形成了更大的刺激。城市文化需求与供给关系如图 2-14 所示。

当然，目的地城市除了要提供良好的文化资源，还应具备良好的交通条件及优质的生态环境。可见，城市文化建设是一个涉及交通、基础设施、城市形象等的系统建设工程。只有城市整体形象及实力达到一定的高度，城市的文化形象才能优质，才能更吸引外地旅游者。

（六）城市文化的传承与发展路径

在社会学家看来，在社会发展、经济条件、科技水平等外在条件的作用下，城市文化的传承与创新是一个经纵向“濡化”与横向“涵化”的发展过程，这个过程是一种二维渐进循环式，其发展路径作用模式如图 2-15 所示。

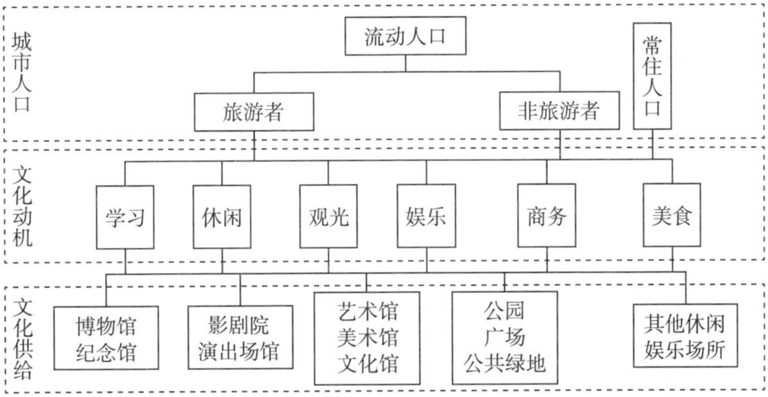

图 2-14　城市文化需求与供给关系

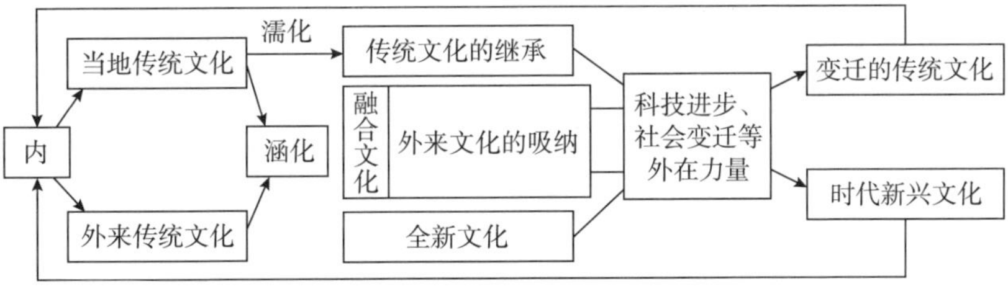

图 2-15　城市文化发展路径

当地的传统文化继承主要是经过纵向“濡化”过程完成的，一般发生于代际之间。从理论的角度来讲，单纯的濡化过程属于一种纵向继承行为，单纯从上一辈人那里直接掌握知识、技能、资本，没有任何改良、创新活动。例如，中国人从家庭或社会固有传统中承袭使用筷子、过节放鞭炮的生活方式、习俗，在两代人甚至几代人中都没有发生实质性的改变。文化的继承既可以通过直接的价值传递形式实现，也可以通过习得支配或使用文化的技能来实现，前者如法定继承字画、书籍、手工艺品等有形资产，后者如弹奏乐器、识字等。

文化继承还表现出横向的“涵化”发展路径。当两个或多个不同的文化族群长期接触、交流、沟通、影响时，通常会产生本地文化与外来文化相互融合的涵化现象，并且可能带来下面三种结果：

第一种：外来文化完全照搬到现有的本土文化体系中。例如，由于中国古代唐朝的繁荣及影响力，当时的政治中心长安城的建制被日本完全仿照，建为奈良古城。

第二种：当地土著文化与外来文化进行有机结合，从而使传统的土著文化发生变异，或进行改良。例如，古代埃及文化与希腊文化关系密切，尤其是在“希腊化”时期，埃及文化几乎被希腊文化同化；中国书法并没有因为西式钢笔的传入、普及而消失，反而形成了硬笔书法。

第三种：在原有文化基础上产生出一种区别于原有母体的全新文化体系内容。例如，墨西哥原属于印第安文明体系，在16世纪西班牙入侵后，西班牙文化随之融入当地的土著文化里，形成了新的文化体系。

涵化与濡化的重要区别在于，后者几乎是完全照搬的，而前者则或多或少会使固有的文化体系发生一定的改变。从这个角度来看，“涵化在本质上是创造性的”，并且还会造成“相互接触的不同文化的相同性日益增强”。尤其是在今天，全球化的趋势越来越强，致使各种文化的同化现象愈发明显。

文化的传承与创新并不是一个理想化的无动力自发系统，它与人们的需求关系密切，总有特定的社会发展背景，并且时时处处都要受到外界环境的干预与影响。这些干扰和影响因素包括科技发展水平、突发事件、战争、宗教等。受外力的作用，传统文化会发生变异，形成变迁后的传统文化，或者在原有文化体系中派生出完全不同于以往的新兴文化。此外，从历史的发展规律来看，无论是经过改良的传统文化还是新兴文化，它们或者继续演变，或者昙花一现，或者被内化到原有传统文化体系中并随着文化的变迁逐渐抽象成具有文明核心代表意义的文化符号。

文化的传承与创新路径近似于螺旋上升的渐进式发展循环。在这种路径模式里，文化不断地经历“传播—接触结合—融合、替代、同化或创新—扬弃、进化”这一过程（见图2-16），从而得以不断向前发展。

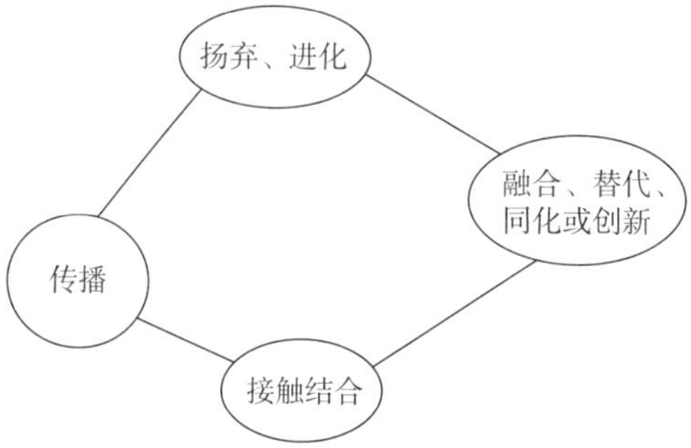

图2-16 文化的传承与创新路径

二、文化旅游与城市文化的传承与创新

（一）文化旅游与城市文化传承与创新的互动影响

文化旅游与城市文化之间的关系是互动的，影响是互动的。一方面，文化旅游中的凭借物和吸引物来自城市文化资源；另一方面，城市文化的传承、保护、活跃及创新则离不开文化旅游活动的刺激。文化旅游以一定的路径影响城市文化传承，城市文化创新为文化旅游提供利用形式。

1. 文化旅游促进城市文化传承

保护有形物质文化，承袭非物质文化遗产，属于城市文化的传承工作，这为文化旅游提供了丰厚的资源。文化传承的动力固然有自发性的原因，但在很大程度上是因为人们文化保护意识的增强，其最直接的表现形式就是文化旅游活动。文化旅游促进城市文化传承的路径主要有实物展示、文化空间的非物质展示及传媒展示。

（1）实物展示。实物展示通常是以静态方式展示，亦即博物馆式的展示。博物馆里常展示的是文物，如古老的具有历史纪念意义的瓷器、钱币、器皿、雕刻、字画、书籍、服饰、家居等，就单件展品而言，其体现的主要是欣赏价值，或者精美绝伦，或者粗犷古朴，而若将这些单类展品按一定的规则加以编排，人们则可以得到较为系统的了解。实物展示通常还会配上简短的文字介绍或者语音解说，这样可以使人们获得更加直观的感受。如果想置身古朴的传统文化中，感受传统文化的古朴氛围，还可以参观、游览古建筑、古城、历史街区，或者游览一些保存较为完好的社区生活空间。这些建筑、生活空间里一般也采取博物馆式的实物展示，如颐和园、苏州园林、故宫、平遥古城等。当然，还有一些保留了原来的实用功能，如西藏布达拉宫、嵩山少林寺、丽江古城等。

（2）文化空间的非物质展示。所谓文化空间，是指“定期举行传统文化活动或集中展现传统文化表现形式的场所”，区别于生活空间，为非物质文化遗产领域的一个特有概念。非物质文化遗产的种类形式有很多，如手工艺、饮食文化、习俗、语言、文学、音乐、舞蹈、传说、神话等。但是，文化旅游活动通常不会单一地利用当中的某一种非物质文化遗产种类，而是利用融会并集中各种表现形式的文化空间。这样的文化空间如传统节日、祭祀活动，或者一些具有民族特色的歌舞表演等。其中，有些传统习俗性活动并不是为了取悦旅游者，而是其本身还具有特定的传统意义，如壮族的三月三歌节、傣族的泼水节、彝族的火把节等。当然，还有些传统习俗性活动的安排、举办则是为了取悦旅游者，以丰富

游览内容，如西安大唐芙蓉园的仿古表演等。

（3）传媒展示。传媒展示即通过媒体展示传统文化，如书籍、画册、音像制品、宣传短片、纪录片、电视节目、影视剧等，其题材内容为建筑、绘画、舞蹈艺术等传统文化。一些观光网站及网络媒体也可以对传统文化进行宣传推广。诚然，网络媒体本身不能直接被文化旅游活动使用，但在宣传推广方面可以起到很大的作用。它一方面刺激人们潜在的旅游动机，另一方面可以挖掘更多文化旅游的潜在客户，让更多的人关注文化遗产，保护文化遗产。

在发展文化旅游产业的过程中，由于文化旅游者的需要，旅游经营者和旅游目的地居民会更加留意挖掘城市文化，挽救原本缺乏生命活力或濒临灭绝的文化遗产，让旅游者重新体验其魅力。诚然，传统文化经过重新包装和处理，相关旅游产品由于脱离存在的社会基础而不得不面临只有空壳没有文化内涵且舞台化的风险。但是，这依然在很大程度上将人们保护与传承传统文化的意识与热情调动了起来，这样还是很有意义的。

2. 城市文化创新为文化旅游提供利用形式

传统文化中规中矩，利用形式有限，而创新文化可以为文化旅游提供的利用形式则多种多样，灵活性较强，归结起来主要有流行文化、大型节事或事件、主题公园和娱乐场馆、空间功能改造及产业或行业聚集地这些方面，如图 2－17 所示。

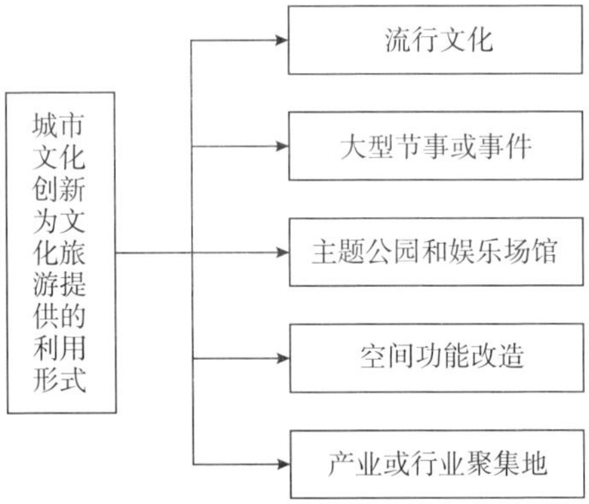

图 2－17　创新文化可以为文化旅游提供的利用形式

（1）流行文化。流行文化这个概念很宽泛、很笼统，它几乎综合了所有按一定节奏、一定周期、一定地区甚至全球，在各个阶层中广泛传播的文化，如时装文化、消费文化、休闲文化、都市文化、大众文化等。在这里，流行文化主要是指“以影视及文学作品为核心的能与文化旅游发生直接或次直接作用的现当代文化现象”。影视及文学作品中出现的建筑、特定的场景空间，随着作品的广泛传播而备受众熟知，由于情节、拍摄技巧等各方面因素的作用，令人产生向往之情。例如，《非诚勿扰 1》《非诚勿扰 2》的热播，使其取景地日本北海道、杭州西溪湿地、海南三亚成为旅游热门；电影《大红灯笼高高挂》和电视剧《乔家大院》的热播，则捧红了乔家大院；《罗马假日》《卡萨布兰卡》《少林寺》《庐山恋》等影视经典作品更是使不少观众向往其中的外景地。类似的还有因真人秀节目《爸爸去哪儿》（第 2 季）、电影《变形金刚 4：绝迹重生》而红火起来的重庆武隆天坑，成为众多观众的旅游首选目的地。影视节目的播放，对当中所涉及的场景地及其传统文化可以起到很好的宣传推广作用（其实就相当于前面提到的传媒展示），同时又通常赋予场景地新的文化内涵，成为新的旅游资源。例如，英国的查茨沃斯庄园因曾作为经典爱情电影《傲慢与偏见》的取景之地增添了浪漫又富有田园风光的气息，庄园府邸内奢华的装饰，恢宏的壁画，数之不尽的艺术品，令人赞叹不已；牛津大学因曾作为电影《哈利·波特》拍摄地点而被赋予了神秘色彩；丹·布朗的小说及同名电影《达·芬奇密码》的传播，使很多旅游者根据故事情节而去欧洲诸多教堂及宗教场所探寻圣杯秘密。金庸武侠小说中各大武林门派的所在地为各种名山大川、岛屿，随着我国旅游市场的日益火热而受到广大金庸迷的追捧。例如，《射雕英雄传》中两次论剑的华山，《笑傲江湖》中的嵩山派、《天龙八部》中少林寺的所在地嵩山，《飞狐外传》《倚天屠龙记》中武当派的所在地武当山，与《射雕英雄传》《神雕侠侣》众多主人公关系密切的舟山本岛附近的桃花岛，都成为热门的旅游打卡地。更有甚者，一部影响深远的成功作品，其杜撰的地点也可以成为旅游者追捧的景点。例如，英国小说家柯南·道尔所塑造的大侦探福尔摩斯，其住所虚构为“伦敦贝克街 221B”，在现实世界中并不存在。但鉴于“福尔摩斯”影响力的广泛性，经营者依照小说的描述，于 1990 年在伦敦贝克街建成了福尔摩斯博物馆，即“伦敦贝克街 221B”，真实地址是介于 237~241 号。此外，出于拍摄影视剧集的需要，其搭建的影视基地还可以成为新的旅游资源。例如，中国的横店影视城，至今已有 500 余部影视作品在此拍摄，有“东方好莱坞”的美誉；上海影视乐园以老上海风情场景著称，琼瑶言情剧《情深深雨蒙蒙》的大部分场景都在此取景拍摄。这些影视基地，每年都会吸引大量的旅游者到访。

此外，流行音乐、民歌或潮流服饰虽然不会直接成为旅游资源，但可以通过潜移默化的方式培养旅游者的好感和向往之情，间接促使旅游动机的形成。例如，当人们谈论时装时，总会联想到巴黎、米兰；当听到《彩云之南》《达坂城的姑娘》《青藏高原》《康定情歌》这些富有民族特色的歌曲时，总会引发对云南、新疆、西藏、四川的无限向往之情。

（2）大型节事或事件。大型节事或事件与城市的文化旅游之间是相互促进、相互作用的关系。一方面，举办节事要综合考虑举办地的经济、文化实力，还有交通的便利程度，通常优先选择的是现代化程度高、综合性强的国际大都市，这些城市承办大型节事活动的等级规格通常也会很高。例如，举办具有国际性的、参与度高的奥运会、世博会的大都为国际大都市，如北京、上海、伦敦、巴塞罗那等。当然，一些知名盛会或重大事件的举办，选择的城市具有很强的针对性，需考虑资源、传统、习惯等，如青岛啤酒节、米兰时装展、达沃斯世界经济论坛等。另一方面，一些城市因举办具有广泛影响力的大型节事或事件而增加了自己的文化吸引力，或者构成新的旅游吸引物和地标，直接成为文化旅游资源，并且将带动效应辐射到其他相关的旅游景点上。

（3）主题公园和娱乐场馆。主题公园及娱乐场馆是人类根据特定主题，采用现代科学技术手段和多层次活动设置方式，建造集娱乐、休闲、服务于一体的接待设施，使其成为旅游目的地。这些场馆或者突出娱乐休闲功能，如大连的发现王国，华侨城集团在各大城市建立的欢乐谷主题公园；或者突出游览、游乐、科普及文化意义功能，如以影视为核心要素的浙江横店，深圳的锦绣中华、世界之窗；或者融合娱乐、餐饮、住宿、购物、参观等功能的综合性经营实体，如全球各大城市的迪士尼乐园、韩国的乐天世界等。建立主题公园对自然、文化环境没有特别要求，因此比较适合传统旅游资源匮乏的地区。但是，建立主题公园也并不是万能的，如果大量重复建设，通常不会带来理想的客流，而且会加重企业、城市的负担。因此，建立主题公园时，一定要结合当地资源及客源市场潜力的实际情况，形成差异化的定位模式，不应盲目照搬、重复投资。

（4）空间功能改造。空间功能改造，一般的做法就是改造、置换市区内一些已经失去活力的工业区、居住区的功能，使其重新焕发生机，成为独具风貌的城市商业、文化及艺术中心。这主要适用于工业遗产、老城区的旅游资源开发，典型的案例如北京的798、什刹海，上海的新天地、田子坊等。另外，美国纽约的苏荷（SOHO）艺术区功能置换、德国的鲁尔工业区改造也是空间功能改造的典型案例，国际知名度非常高。深圳园博园、大沙河公园的前身是个建筑垃圾填埋场，深圳仙桐体育公园的前身则是废弃采石场，通过改造，都成为重要的旅游景区。空间功能改造的意义在于，它可以在最小破坏程度范围内改造城市的原有建筑肌理，完成城市中心区的功能改造工作，从而打造出污染小、可持续性强的城市新空间，最终促进当代城市的发展。

（5）产业或行业聚集地。产业或行业的聚集地与空间功能改造有相互交叉的地方。例如，工业遗产可以改造成文化创意产业园，它可以融汇动漫、影视制作、工业产品等创意设计行业，聚集摄影、绘画艺术、工艺品制作等文化相关产业。文化产业园既可以为文化企业提供办公区域，也可以为其举办各种庆典提供场地空间，如上海 1933 老场坊创意园就是上海创意产业活动周、周年庆典活动的举办地。一些文化创意园区的空间布局还成为城市公共文化空间，集展会、购物、休闲于一体，上海的红坊和田子坊便是适例。纽约的华尔街、百老汇既是金融业的集聚中心，也是美国戏剧和音乐剧的重要发扬地，“百老汇”甚至成为音乐剧的代名词；洛杉矶的好莱坞既是美国电影工业基地，也是相关影视及音乐制作的集中地带。这些产业或行业的聚集地，不但提高了当地的都市文化品位，也为都市提供了不少的旅游景点。

此外，一些农业及工业园区也可以开发成重要的文化旅游资源。例如，市郊可以根据实际情况，将生态农业、观光农业与各种水果蔬菜的采摘节进行有机结合，发展成文化旅游目的地；工业产业园还可以进行工业旅游等。旅游者通过农业旅游产品、工业旅游产品，了解、体验企业文化、产品的生产制作工艺等，从而达到文化旅游的目的。

（二）文化旅游对城市文化发展的意义

对于目的地的社会文化来说，文化旅游对其影响也许会出现“涵化”等问题，但文化旅游活动本身就具有高素养特征，它是建立在保护当地文化资源的基础上进行的；而文化旅游活动的主要目的地——城市，本身又具有很强的包容力，因此，文化旅游的负面影响是很小的，甚至没有负面影响。总体上看，文化旅游对城市文化发展的意义主要体现为三点。

1. 复兴旧城区，保护文化资源

从实践来看，很多城市开展的文化旅游活动多是在原有的历史文化资源基础上进行的，这些文化资源多集中在老城区。因此，文化旅游活动的开展在很大程度上起到了复兴旧城区、保护文化资源的作用。老城区里濒临没落或已经没落的古老建筑、建筑群及历史街区，因为大量旅游者的到访而重新焕发生机和活力。从西方不同时期城市的发展理念来看，人们一开始对城市是大拆大建，后来逐渐转为保护、传承城市旧有文脉及社会氛围；人们“从关注城市效率的物质层面的

更新转向以经济利益为驱动再到综合考虑社会价值、人群利益以及可持续发展”。

关于老城区更新问题，蒂斯戴尔等认为，城区更新不但要更新物质、经济，还应该开展适度的文化旅游活动，以保护、恢复城市旧有肌理，同时为城市发展提供新的经济增长点，创造良好的社会文化氛围，这对当地居民及旅游者都是有益的。随着对旅游经济潜力认识、研究的深入，人们基本上达成了这样一个共识：保护风景和历史遗产可以获得巨大的回报，从而将之视为一种投资行为。文化旅游经营所获得的资金用于维护、保养遗址遗产，同时用于改善社区的社会经济条件。满载历史遗产的文化名城可以直接变成文化旅游资源，因其兴建起的各种文化场馆，不但可以吸引旅游者，还可以丰富当地居民的文化生活内容，成为公共休闲场所。例如，到艺术馆看摄影展、名家画展，到剧院观看戏剧，在文化节里体验各种文化活动等，丰富了人们的业余活动，满足了人们的休闲需求。

需要注意的是，文化旅游虽然可以在很大程度上起到保护城市历史感、保护文物的作用，但从人类学及社会学的角度来看，不同亚文化之间一般存在着矛盾冲突。此时，人们有选择先进文化和现代生活方式的自由。因此，要保证文化旅游得到可持续发展，就要重视协调好各方的利益纠纷。

2. 丰富城市文化，营造良好的社会氛围

卢索的研究表明，吸引旅游者到访目的地的景点并不是单一的，而是整个城市及其独特的氛围。詹森-韦贝克指出，作为文化旅游中的一种吸引要素，历史景观的重要程度远远大于实际可能发生在这种环境中的活动。城市中一些濒临失传或消失的工艺技术、艺术形式，因为文化旅游活动的开展而得到传承发展；各种不同群体的文化因为文化旅游活动的开展而得到交流、融合，从而为城市文化空间及社会环境营造良好的文化氛围。实际上，安定平稳的社会环境维持了文化旅游活动的正常开展。只有具备了安全稳定的社会环境，人们才会出于愉悦身心的目的选择文化旅游活动。可见，文化旅游同社会环境之间的关系是相辅相成、相互推动的。丰富多彩的文化生活可以开阔人们的视野，激发、满足人们的学习欲望，良好的文化氛围也有助于整体提高城市居民的城市自豪感。

3. 拓展城市功能，提升城市形象和竞争力

（1）拓展城市功能。所谓城市功能，是指“城市在经济、政治、文化生活中所承担的职责和起到的作用”。从作用范围、辐射等级来看，城市功能还可分为一般功能和专项功能，前者是指每个城市都具备的、服务于本地居民的职能，后者则指城市在区域或城市间向外提供的突出性职能。城市功能不是各种具体功能的简单相加，而是使城市里的物质流、资金流、信息流、人口流、智力流、能

量流等快速聚集、快速扩散，从而发挥出一个有机整体强大的集聚经济效应和辐射扩散效应。

旅游是城市功能的重要组成部分。金世胜和汪宇明认为，城市旅游功能有广义和狭义之分，“从广义的职能范畴来看，大都市旅游功能是指大都市在全球或区域旅游活动中所承担的任务和所起的作用，以及由此产生的效能；而狭义角度上，大都市旅游功能则是指大都市对外地旅游者的旅游活动中所承担的任务和所起的作用，以及由此产生的效能”。城市旅游活动的开展，调动了交通、商业、文化、服务接待等行业，将之整合成一个系统化的服务体系，从而发挥出综合性服务的功能。从这个角度来看，文化旅游提升了城市功能，也就是说，它使城市的单一功能向多元化发展。对于一般城市而言，兴办文化旅游活动，可以带动各种文化场馆、文化设施的兴建，如博物馆、美术馆、剧院等，由此扩充城市交通、服务、金融等行业的接待能力，从而强化或进一步提升城市在文化、科教、休闲及旅游等方面的功能。对于传统旅游城市而言，兴办文化旅游活动，可以重新激发其原本使用频率低、功效单一的文化设施的活力，增强其吸引力，为旅游所用，丰富城市旅游产品内涵，拓宽旅游市场客源。

（2）提升城市形象。城市形象，其实就是人们对于某一城市的第一感官印象。一个城市如果拥有良好的形象，不但可以增强自己的吸引力，激发外地旅游者对该城市旅游的向往之情，而且可以增强本地居民的市民身份认同感和形成良好的文化归属感。兴办旅游活动，可以美化、宣传推广城市形象，而良好的城市形象则更能吸引旅游者。文化旅游对城市形象的影响表现在三个方面。

①对城市视觉形象的提升。文化旅游活动的开展，使得城市中的很多可视因素如街道、建筑、布局等变得更加统一，更有文化感，与城市特定的文化氛围相协调统一。文化旅游活动的开展，带动城市兴建各种文化场馆、酒店、旅游景区景点，完善城市功能，丰富城市形象内容。文化节事及展览展会等活动的开展，为城市带来了经济效益和社会效益，为外界了解该城市的发展提供了窗口。例如，2010 年的上海世博会，为国内外各界人士了解中国大都市的发展状况，全方位认识上海提供了契机。

②对城市文化品牌的提升。文化旅游不但可以提升有形的城市形象，还可以为城市营造良好的文化氛围，使旅游者体会到城市特有的文化韵味。每个城市因不同的文化要素而形成独有的文化风格，与其他城市有所区别，促成城市间不同文化品牌的形成。例如，一提到北京，人们瞬间想到的就是包含天安门、故宫、颐和园、圆明园、长城等富有历史厚重感建筑的古都形象；说到西安就会想起兵

马俑，秦、西汉、唐时期的陵寝，千年的历史及古都的宏大、庄严、粗犷；说到上海，就会想起百乐门、大三元、旗袍、豫园、外滩老式西洋建筑、玉佛寺、弄堂、沪剧、滑稽戏等，让人不得不追忆20世纪二三十年代的老上海的旧梦；而如果说到香港、深圳、广州，人们马上就能想到摩天大楼、车水马龙、现代、科技、繁华、活力四射、动感十足的国际大都市形象。

③提升城市竞争力。提升城市竞争实力，不但要拉动“硬实力”中的经济、产业门类等，同时也要促进“软实力”如文化等的发展。在科学合理地利用目的地的前提下，城市文化可以转变为文化资本，这种资本清洁环保，可供大量出口，促进跨区域合作，从而有效带动区域经济增长。从这个角度来讲，文化旅游为当地城市经济带来极大的经济利益，并提供大量的就业岗位，同时丰富当地社会环境的文化内涵，增强环境竞争力，树立目的地良好的城市形象。可以说，城市或者区域旅游发展及其竞争力水平正日益成为衡量城市综合竞争力水平的重要组成部分。

回顾国内外旅游竞争研究的主要内容，杨英宝等发现，影响旅游业竞争力的因素主要包括生产要素、旅游需求、旅游环境、旅游业管理和决策能力。李创新和马耀峰综合评价了国内31个省区市的区域旅游竞争力，认为影响旅游竞争力的因素包括旅游服务能力、旅游资源赋存、旅游竞争潜力、旅游企业生存能力、自然资源赋存、生态环境竞争力。汪宇明和何小东在《关于区域旅游障碍的辨析——兼论行政区划对区域旅游发展的影响》中指出，区域旅游发展的影响因素包括基础动力、比较优势和竞争优势三方面。

三、城市文化旅游产业的发展策略

（一）城市文化旅游发展的整体设计

作为一个有机的整体，城市文化对文化旅游甚至是城市旅游总体发展的特点和水平产生深远的影响。因此，在发展城市文化旅游产业过程中，应该考虑城市文化的系统特征，考虑城市文化与文化旅游的相互影响，以整体的角度设计城市文化旅游产业。

1. 建立文化旅游发展模式要从城市文化整体特性出发

城市文化特性是文化旅游发展的基础。因此，要确立城市旅游发展模式，必须从城市文化整体特性出发，必须考虑文化的基础条件、相对优势及发展变化等。在这当中，无论是城市旅游目的地的整体形象、产业结构、管理体制，还是产品体系，都应与城市文化特征相适应。文化旅游发展成功的城市，如悉尼、东京、上海、卡萨布兰卡、西雅图、拉斯维加斯等，其旅游发展模式都是基于城市文化的特性。同时，城市文化本身是不断变化发展的，要在旅游竞争中胜出，城市文化旅游模式的构成要素就要不断创新发展和超越。例如，定位城市旅游形象，就应依据市场需求，以及城市文化的发展和积累等因素的变化而不断推陈出新。

2. 建立旅游发展的完整体系要从城市文化的系统性出发

由于城市文化具有系统性，因此发展文化旅游要从多方面考虑，如产品、产业及政府产业政策和辅助支持等。在产品方面，无论是有形的商品还是无形的服务和体验，都直接面向消费终端。因此，从产品入手，创造顾客价值，满足顾客的需求，使产品效能等于甚至大于顾客期望。

在产业方面，从文化旅游的行业供给者来讲，除文化企业外，城市的公共文化机构也是重要的文化产品供给者，如博物馆、美术馆等，直接为旅游者提供终端文化旅游消费产品。因此，公共文化机构也成为城市文化环境载体的重要组成部分，其文化场馆的多寡及其利用程度可以衡量城市文化发展水平。文化旅游的发展不仅要关注旅游企业的发展能力，更要关注公共文化机构的发展能力及其与城市文化发展的整体配合程度。

政府作为城市管理者，其出台的文化旅游产业政策及相关的辅助支持也很重要。政府部门要做好各相关方的利益协调工作，制定发展政策时要充分考虑城市文化的长远发展。

3. 应注重提升城市文化资本的获取和保障能力

每个城市都有自己的文化特色，这些特色成为文化资本的基础。然而，文化资本本身并不能自动地转化为城市文化旅游的竞争优势，必须要经过人为的开发。要提高文化资本的转化和获取能力，就要从经济上科学、合理、创新地加大对文化资本的开发力度，加大维护的投入。同时，要注意保持文化资本积累的连续性。

4. 处理好文化继承与创新的关系

从历史发展的角度来看，每一种文化都是变化发展着的，因此城市的文化发展既要注意继承，更要注意创新，不能满足于现有的文化资本水平，要从形式和内容上提高文化资本的展示种类与参与形式。另外，从文化资本化的路径角度来讲，不仅要注意开发物化文化产品，更要注意创新、培养无形文化环境，以社会制度和符号化的形式呈现。它虽然不能产生直接的经济效益，却可以对城市整体产生增值作用。

（二）城市文化旅游产品建设

城市文化旅游产品建设，不仅要提高产品的核心价值品质，更要讲求品牌及产品拓展在产品管理中的重要作用。

1. 提升产品品质

（1）文化旅游产品的真实性。文化旅游产品的核心价值在于为旅游者提供一种独特的、真实的体验，这种体验能被游客的各类感官获得，是各类感官综合作用下的一种心灵感受。因此，要提升旅游体验质量，不能简单地只从产品的某一个部分或某几个部分入手，而应在体验活动的全过程中营造一个良好并且与众不同的体验环境，并要提供相关辅助和延伸设施等，从而保证旅游者文化体验的连贯性、完整性。关于体验的真实性问题，旅游活动的展开可以适当地使目的地舞台化。因为所有的文化事物都有其特定的存在背景及用途，要么还发挥着其本职作用，要么作为一种象征意义而存在。虽然文化旅游活动强调的是深入体验目的地的文化社会生活，但比较受时空条件的限制，此时，舞台化的删减和拼凑就很有必要了。只要旅游者认为自己的体验是真实的，也就达到了旅游的预期效果，并且对旅游目的地的舞台化改动并不荒诞，那么，就没有必要深究文化事物的真实性。

（2）文化旅游产品的参与性。如今的旅游越来越大众化，决定旅游发展的成败在于其是否有广泛的参与性。与高雅艺术、小众艺术不同，大众文化注重的是普遍参与性、通俗性、娱乐性，大众的文化事物才被普遍接受。随着工业时代的到来，机器大生产为文化产业化发展提供了便利条件，使其具备了更高的消费性，促使文化标准化、商品化。这不能简单地理解为对文化传统的亵渎，而应该看作在市场经济条件下文化资本转化的有效路径。文化旅游产品的广泛参与性更能促进文化旅游消费。

同样，在发展文化旅游过程中，促进文化旅游消费的重要环节还包括将目的地的文化资本产品化，“对体验做商品化处理会促进安全消费，这样就为旅游业增加了价值，使其产品得以销售。围绕旅游者的需求开发产品使资产管理者能够对体验加以控制，从而更好地传达他们所期望传达的信息”。在旅游活动中，安排盛大的节事活动往往更能扩大旅游产品的参与性。例如，河北省张家口市张北县政府将通过连续举办 10 年的音乐节主题活动，推动张北草原旅游业及相关产业的发展。日本东京每年都举办以节事会展为主要内容的各类动漫活动，如日本动漫节、东京国际动画展、东京玩具节等，以加强对海外特定团体的旅游吸引，同时推动动漫产品交易及其周边商品销售。类似的还有韩国的影视之旅、英国的皇室婚礼、加拿大的枫糖之旅等都是非常热门的旅游卖点。这些节事主题活动都能大大地提高旅游者的参与性，从而推动文化旅游产业的发展。以都灵的案例为例，都灵原本是一个工业城市，但通过开展旅游活动，对都灵的历史、文化、美食、会展等方面的旅游产品进行深入挖掘，使工业城市这个形象得到了转变和丰富，都灵的发展也走向了多元化。中国也有类似的案例，如广东省佛山市顺德区原本只是一个小村子，后来发展成了重要的工业区，近年来也开始打造文化产业，如伦敦678文化创意街。

在旅游过程中，很多吸引物本身是静态的，而融入娱乐性文化参与要素则是有力的补充，使旅游者不再是单纯地观赏，而是通过自己身体力行参与其中，获得了更为深刻的体验。从管理的角度来讲，文化节事活动更容易人为控制，不但可以减轻传统旅游项目的季节性影响，还可以分散和引导旅游客流、缓解核心区旅游压力。

实际上，产品价格和个性化的产品细分才能最根本、最直接、最有效地提高文化旅游者的参与度。很多国家和地区的旅游景点并不收取门票，被视作公共空间开放，或者以相对低廉的门票价格为主，同时交通、必备生活设施的价格也相对低廉，这必然影响旅游收入的增长，但却吸引了大量的旅游者，由此带动了旅游衍生产品的消费，相关产业收入也得到了大幅度提升，如娱乐、餐饮、购物等。这样，旅游者获得了愉快的旅游体验，回游率高，还带动产业链的整体发展。例如，杭州西湖就是“用一张门票带动第三产业”的典型案例。门票免费虽然减少了门票收入，但吸引了大量的旅游者，由此大幅度增加了杭州市餐饮、住宿、购物等行业的营业额，游客综合花销持续增加。虽然从实际情况出发，旅游景区收取门票可以在一定程度上控制旅游客流，但绝不是唯一的调控手段。从长远来看，门票经济也不会成为旅游经济的主要收入来源。杭州西湖免费开放的公共空间模式不一定适合所有景区景点，但在未来无疑是旅游产业的一个发展趋势。

个性化的产品组合也可以有效地提高文化旅游的参与度，中国香港和加拿大便是适例。两者的旅游部门都将旅游景点进行分类管理，以标签的形式建立起一个在线的旅游资源库，便于游客搜索。其中，加拿大的中文旅游网还设有个性的栏目：旅游者性格评价测试，旅游者通过该栏目对自己的性格特点和兴趣目标进行测试，根据结果在线自助制订专属于个人的旅游行程计划。然而，提高旅游目的地的文化资源的使用率，加大其商品化程度，并不是任意的，也不是毫无节制的，而是要以不影响目的地的可持续发展为前提。

（3）文化旅游产品在我国的发展趋势。我国历史悠久，文化底蕴深厚，拥有门类繁多的文化资源类型，既有主流汉文化，又有地方民族文化；既有古代传统文化，又有现代科技文化。我国旅游业正逐步从传统观光转型到包括多种旅游产品在内的多元旅游格局，旅游业接待人数及经济收入水平逐年上升。深度挖掘旅游文化品牌是世界旅游的大趋势，中国也不例外。

从产业效能的角度来看，与传统观光产品相比，文化旅游产品产生的经济效益要高很多。总体而言，国内城镇居民旅游出行以特定文化目的出游的旅游者比例不高，但是文化消费的整体带动力却很高。从国际旅游市场来看，来华旅游者以观光为主。需要注意的是，与发达国家或地区相比，我国旅游业还存在结构性问题，旅游吸引物形式较为单一，旅游产品营销力度分布不均，传统观光的比例偏高，而文化旅游所占的份额则相对较低。国外则是休闲度假比例居高或者吸引物类型多样。因此，我国的文化旅游要“改变以往仅仅局限于文物景点的观念，通过合理调整和优化配置文化旅游资源，逐步构建点、线、面有机结合，静态展示与动态活动相互融合，适应不同旅游消费需求的良性循环的文化旅游格局”。

2. 产品策略要多样化

产品策略要多样化，可从产品管理和营销手段入手。

（1）产品管理的多样化。每一种产品都有自己的生命周期，在生命周期里又可分为不同的阶段，不同的阶段里市场需求不同。对此，产品管理的方式应该是变化、多元的。文化企业可以将全新的旅游产品推向原有的客源市场，或者将原有的旅游产品放到另外的全新的目标市场，甚至可以通过价格杠杆、不同内容的旅游产品组合进行策略上的调整，推向现有目标市场，这些都有可能取得不错的效果。例如，韩国首尔文化旅游产业部门根据旅游者的年龄、收入、性别等差异要素，对不同的目标群体采取了观光、度假、购物等不同的旅游产品组合策略，达到了预期的效果；欧洲 ESPON 项目以供需关系为依据建立的资源空间效益政策分析模型（见图 2-18），这些都是值得我们借鉴的。

从图 2-18 中的资源空间效益政策分析模型来看，应该注意以下几点：

针对一些地区文化资本富集，但客源需求不足的情况，文化旅游企业和当地政府部门则要提升买方市场的购买能力，如加强基础设施和交通设施的建设，以增强旅游接待能力，调整营销策略和价格，加大对旅游目的地的宣传，以提高知名度，吸引更多的旅游者到访。

针对一些地区低需求、低供给的文化能力不足的情况，文化旅游企业和当地政府部门要对旅游目的地文化能力的建设加大力度，如积极建设新的文化设施，对原有文化内涵进行深度挖掘，大力宣传推介，以扩大更广泛的客源市场。

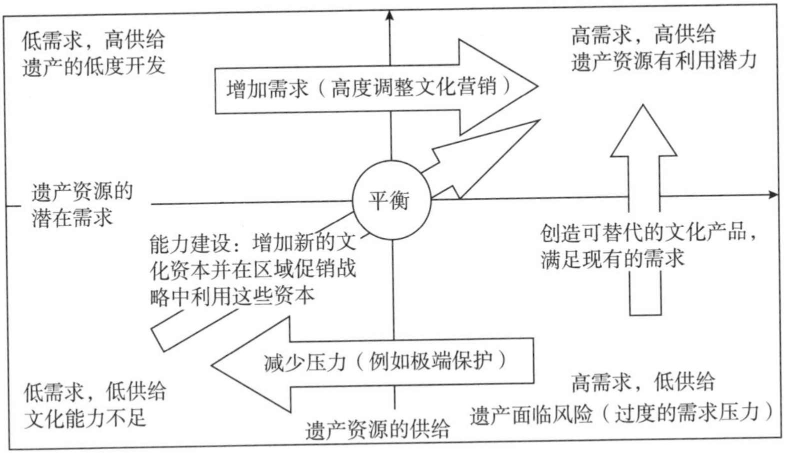

图 2-18 资源空间效益政策分析模型

针对一些地区高需求低供给的情况，文化旅游企业和当地政府部门要通过产品策略、政策策略，分化过度需求，缓解旅游目的地的生活及遗产保护压力，控制旅游客流，提高集散的调控能力，如开发新产品，将过多的旅游客流引导分散到其他非热门旅游区。

建设文化旅游品牌可以产生更高的经济效益。文化旅游的产品品牌不限于单体，如故宫、长城、克里姆林宫、好莱坞等，而是更应该结合城市文化形象品牌甚至国家形象品牌，以扩大知名度，提高美誉度。一些资质特别突出的文化旅游单体品牌还可以成为城市文化形象品牌甚至国家的替代符号。例如，说到摩天大楼就能想到迪拜，看到樱花自然就联想到了日本，一提到长城马上就想到中国，金字塔代表了埃及，等等。然而，一般的文化旅游单体品牌不具备雄厚实力以建立系统的营销推广活动，因此只有政府管理部门、旅游协会才能够承担城市旅游品牌的推广责任，其在资金、沟通渠道及整体性和对外性方面都占绝对优势。例如，韩国的“韩国炫动之旅”是由该国的旅游发展局推动的；新加坡“你的新加坡”旅游目的地品牌是由该国的旅游局推动的；日本政府提出了“观光立国”战略，甚至制定了《观光立国推进基本法》。可见，在旅游发展促进中，政府管理者起到了不可替代的宏观战略作用。

（2）营销手段的多样化。文化旅游产品的核心是体验，需要供应方提供足够的吸引刺激要素引导旅游者消费，具有社会公共物品属性。因此，文化旅游产品的营销策略应包括服务营销、驱动顾客型营销、社会营销等。一方面，文化企业、城市管理部门应不断推出创新旅游产品，以引导旅游行业的发展方向，引导、培养旅游者正面、积极、健康的消费价值观，激发、满足旅游者的潜在消费需求；另一方面，文化企业、城市管理部门也要承担起相应的社会责任，既要考虑经济效益、旅游者的利益，也要注重社会效益，综合考量三者之间的均衡关系，积极与旅游目的地社区保持良性的互动，创造、保护当地文化旅游赖以生存的文化资源社会环境，以促进文化旅游与社会经济、生活的可持续发展。

在选择营销推广媒介方面，既要发挥传统宣传方式的优势，也要综合采用现代网络媒体。传统的旅游宣传方式主要有推介会、报刊、电视，还有直接的面对面宣传等。在互联网技术日益发达的今天，电子商务的作用及辐射半径越来越为人们所重视。国外的旅游城市几乎都拥有自己专属的旅游网站，专门推介本市旅游产品，同时设置多个语言版本，为不同语言的旅游者搜索信息提供便利。另外，一些国外的主要旅游城市，其官方网站还与各知名社交平台如 Twitter、Facebook、博客进行绑定，设置自己的主页，更加方便与目标群体进行实时互动。另外，旅游者还可以通过 YouTube 观看旅游目的地的形象短片，通过各种电子旅游手册、地图软件获取旅游目的地的各种实用信息。以传统媒体投放旅游广告的方式也发生了新的变化。例如，聘请当红明星为旅游目的地做形象宣传推广，彰显旅游目的地的阳光、时尚，产生轰动效应，引来更大的旅游客流量，特别是青少年群体。此外，旅游目的地担当热门影视作品、电视真人秀节目的拍摄外景地，通常都可以收到意外的宣传效果。例如，经典电影《罗马假日》让人们对浪漫的古罗马城更加向往；电影《人再囧途之泰囧》的热映，吸引了大量的中国旅游者去泰国旅游，在很大程度上带动了泰国的旅游业；电视剧《似水年华》的拍摄地是浙江乌镇，一时之间使乌镇火了起来；电影《芙蓉镇》中的芙蓉镇原名王村，是一座土家族人聚居的古镇，因为该电影的火爆而成为热门景点；《山楂树之恋》的上映，备受观众的喜爱，因此也使得该影片的拍摄地宜昌远安"一炮而红"，发展了当地的旅游业；电影《三枪拍案惊奇》中五彩丘陵风光——丹霞地貌，让影迷大赞漂亮，该电影外景地也随即成为热门景点；电影《满城尽带黄金甲》首次揭开了重庆武隆神秘的面纱，作为该影片的唯一外景地，武隆的天生三桥景区立刻打开了知名度；《花儿与少年》、中国版《花样爷爷》相继热播，作为拍摄地的欧洲成为国内众多游客夏天出境游的热门目的地。

（三）城市文化旅游行业建设

1. 注重创新

任何产业想要不断发展，都只有创新才能提供不竭的动力。文化旅游产业牵涉众多相关者，如果不构建完整的创新体系，那是无法有效促进产业创新发展的。以创新体系理论的分析方法、文化旅游产业运作的过程和特点为依据，可设计出如图 2–19 所示的文化旅游产业创新体系基本框架。

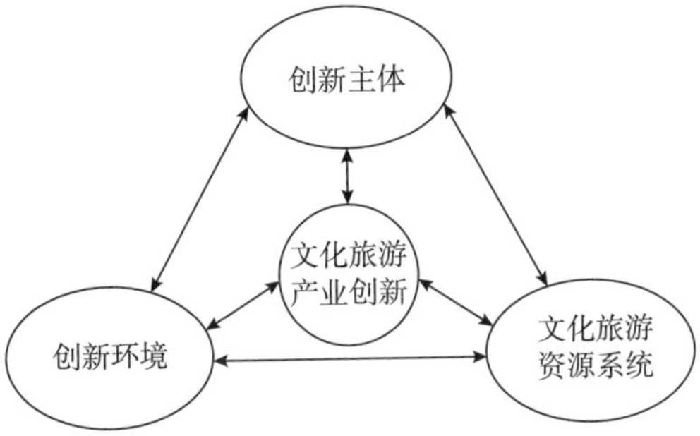

图 2–19　文化旅游产业创新体系基本框架

根据图 2–19 可知，文化旅游产业创新可分为创新主体、创新环境、文化旅游资源系统这三大要素。

文化旅游产业创新的主体一般包括文化旅游企业、政府、旅游学院、科研机构、中介组织、公众，他们具有社会实体结构，能直接承担创新功能。创新主体是文化旅游产业创新体系的核心。

创新环境一般包括信息、人才、技术、知识、资金等具有社会实体结构的硬环境，其能间接促进创新活动。另外，其还包括市场环境、文化氛围、文化活力、政策法规等软环境。硬软环境相互交织、相互作用形成的有机整体，是文化旅游产业创新体系所构成的外在空间，为文化旅游产业创新活动提供各种支持。

文化旅游资源系统在文化旅游创新体系中起基础性作用，一般分为自然旅游资源和人文旅游资源，是文化的载体。文化旅游资源是文化旅游产业创新的对象，但对创新主体的创新活动又具有反作用。

创新主体在创新环境中以文化旅游资源为作用对象生产文化旅游创新产品，从而实现文化旅游创新。三者相互渗透、相互作用、相互影响，构成了文化旅游产业创新体系基本框架。

在文化旅游产业创新体系基本框架中，文化旅游企业是最重要的经济单元，其直接参与创新实现增值，直接参与旅游产品的生产、包装、加工、营销。文化旅游企业包括直接旅游企业，以及与文化旅游相关的行业机构和企业。直接旅游企业以营利为目的，利用历史的、地方的、民间的文化要素为旅游者提供旅游产品、服务，具体的企业实体如旅行社、饭店、餐馆、旅游商店、旅游景点等。与文化旅游相关的行业机构和企业主要是一些文化影视公司、出版单位，以及一些生活服务部门。文化旅游企业创新的不竭动力来源于竞争压力及创新所带来的巨大经济收益、品牌价值、顾客忠诚度、文化价值收益。

创新主体的核心构成要素是人才，人才发挥着最本质的创造作用。文化旅游业作为一种高文化含量的产业，只有具备一支高素质、高水平的从业人员队伍才能推出高质量的文化旅游产品。在这支队伍中，既要有了解国际市场规则的人才，也要有熟悉文化旅游产业经营管理业务的人才。要招揽各种人才，就要突破传统的用人观念，拓展人才渠道，真正做到不拘一格降人才，做到人尽其才，才尽其用。同时，要建立和完善人才激励机制，充分调动人才的创新积极性。

2. 不可忽视文化公共部门的作用

公共部门的作用主要是维护社会秩序，提供公共物品，以实现公共利益最大化，通过行政手段实施集体行为，干预个体行为，以获取个体行动难以达到的合作收益。与文化旅游产业密切相关的公共部门包括公共文化机构、政府机构及其下辖的职能部门。其中，公共文化机构直接提供文化资源，不以盈利为终极目的，服务大众、保护文化、传播文化，如博物馆、科技馆、档案馆、图书馆、艺术中心等。对于文化旅游产业来讲，城市的公共文化机构是除文化企业外的重要文化旅游产品供给者，也是城市文化环境载体的重要组成部分。

（四）城市文化旅游公共管理

1. 城市文化旅游的公共管理者

文化旅游的公共管理者主要包括政府及行业协会，其为文化旅游业的发展提供约束力和促进力，如提供良好的产业政策支撑及必要的行业规范。

政府部门在公共管理中起到核心的作用，通过公共权力对文化旅游产业发展进行宏观调控。在城市文化旅游管理工作中，政府部门制定相关的产业政策、法律、法规，以规范旅游行业的发展，保障旅游者及在旅游目的地生活的居民的合法权益；同时提高文化旅游的行业地位，扩大海外营销力度。在文化旅游产业发展过程中，作为政府职能机构的各级文化和旅游局及其等同机构负责具体的旅游管理事务，如创造合理的制度环境，提供有效的公共服务，具体事务如图 2-20 所示。

在文化旅游产业管理中，各级政府的作用主要是出台相关行政规章，规划产业战略，加强文化旅游基础设施建设，为文化旅游产业创造良好的市场环境及发展环境。在这当中，制定相关的产业规章是政府最常用的管理手段。

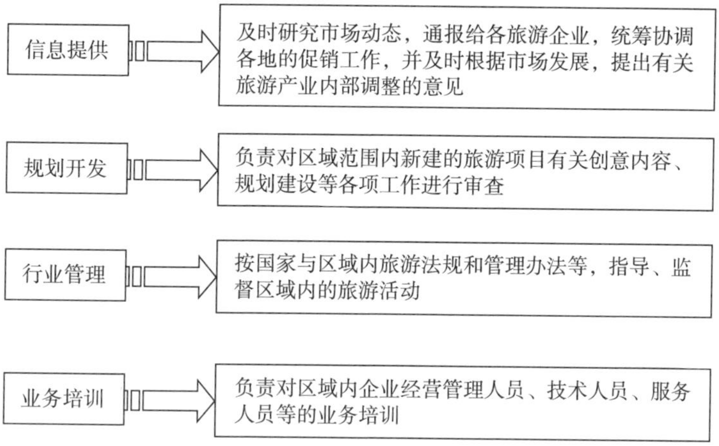

图 2-20　各级文化和旅游局及其等同机构负责具体的旅游管理事务

行业协会代表的是区域或整个行业，具有非官方或半官方性质，在企业和政府之间架设沟通的桥梁，为行业发展提供各种服务，如监督、协调、咨询、统计、营销等，促进行业的自律、规范发展，有力补充了政府触不到的微观调控之处。文化旅游产业相关的非官方组织主要包括旅游行业协会（如旅行社协会、酒店行业协会、旅游协会等）、文化领域协会（如文物保护协会、艺术家协会、文化产业协会等）、商业协会等行业性促进组织。

在文化旅游产业发展中，究竟是非政府组织还是政府部门占主导地位，一般要依据具体的情况而定。一些国家偏重于市场调节和地方力量，实际工作主要由行业协会及地方政府负责；而一些比较依赖旅游行业特别是文化旅游产业的国家，政府部门的投入和关注更大一些。需要指出的是，在文化旅游产业发展中，无论是非政府组织占主导，还是政府部门占主导，都应避免多头管理，要有所为有所不为。

2. 城市文化旅游公共管理的主要形式及其作用

文化旅游公共管理的形式有很多，这里主要分析法律、政策引导、活动引导的形式及其作用。

（1）法律。在众多公共调节手段中，法律的效力无疑是最强的一种。法律为文化资源的保护与利用、文化旅游产业的健康发展提供基本的保障，因此为各国所采用，其形式或直接或间接。为保护文化遗产，许多国家都出台了相应的文化遗产保护法。例如，我国不但出台了《中华人民共和国文物保护法》，还出台了三批 28 部国家历史文化名城的相关保护法规。在众多国家中，法国、英国、日本对文化遗产的保护立法步伐走在前列。

为规范旅游行业的发展，许多国家都有针对旅游行业的规范法规，强化旅游业在本国社会发展中的重要地位。

（2）政策引导。在文化旅游产业发展中，公共管理者出台的相关政策引导，主要是为调动社会各界及普通民众的文化保护意识，提高其参与热情的情感意识，这属于象征性的政策，如20世纪80年代韩国的复兴民族文化运动。另外，一些政策是有具体执行的计划、步骤、方法及考核评估标准的，属于实质性的政策，如20世纪50年代巴黎政府为改善城市风貌而采取的工业分散政策、日本东京的十年都市战略、美国的人文艺术资助计划。

（3）活动引导。与法律、政策相比，活动引导多为旅游主管部门及相关行业协会所采用。这些活动通常设置一定的主题，以增加旅游活动的参与性和吸引力，同时又可以扩大目的地旅游宣传的力度和影响范围。因此，活动引导也被理解为营销手段的一种。

3. 政策管理的利弊

公共政策主要是为了协调各方利益，因此任何一项公共政策的制定都需要经过严格的科学论证，以体现公平性。从实际施行的效果来看，多数政策对改善旅游发展环境质量还是比较有效的。然而，有些政策的实施并不会如预期的那样向好的方向发展。例如，一些政策的限制性太强，以至于使旅游者感到了目的地城市的不友好性，不利于其获得良好的体验。因此，文化旅游政策的制定要围绕着战略的核心目标，以当地的实际情况为根本，既要均衡旅游各相关方的利益需求，又要体现一定的前瞻性、连贯性和可持续性。

第五节　旅游产业与文化产业融合发展策略

对产业融合理论研究的最终目的是指导实践，以推动旅游产业与文化产业的融合发展，取得良好的经济效益和社会效益。通过对文化产业—旅游产业融合的动力机制、融合模式的研究，结合影响融合的关键要素和融合现实，提出文化产业—旅游产业融合发展的对策。

一、建立和完善促进融合的顶层制度设计

文化产业—旅游产业的融合发展离不开文化产业的发展、旅游产业的壮大和

政府部门的支持，因而文化产业—旅游产业融合的相关系数包括文化创新系数、旅游经营系数和政府引导系数，而它们的变化情况总体上都呈现出上下振荡态势，即达到波峰后降到波谷，再达到波峰，如此往复。但是文化创新系数和旅游经营系数的振荡比较稳定，而政府引导系数振荡不稳定，各个波峰的数值相差很大而且没有规律性，由此表明政府对文化产业—旅游产业融合的影响较大。建立和完善产业融合的顶层制度设计是产业互动融合的根本保障。无论是融合发展的趋势，还是建立统一市场体系的要求，都呼唤着传统文化管理体制和旅游管理体制从行政性的“行业分层管理”走向面向统一市场的综合性大部制管理模式。

（一）建立文化产业和旅游产业融合机制

长期以来，文化产业和旅游产业都是在管制规则、法律和政策等制度框架内独立发展，存在行政垄断和部门分割现象，从而产生高度集中的产业壁垒，不仅给文化产业和旅游产业之间的融合渗透造成了极大的难度，而且也加大了两大产业融合的“边际成本”。放宽产业管制，破除产业壁垒，恰恰正是实现产业融合依赖于顶层制度设计的客观需要。文化和旅游管理部门要加强沟通协作，对旅游产业与文化产业的发展规划、投资项目、扶持政策、宣传推广和人才培养等方面要建立起相互支持、互动发展的工作机制，逐步开拓旅游与文化融合发展的工作路径、实际举措和市场空间。为此，可考虑以下几个方面：一是建立一个超于产业成员主体之上的组织如文化旅游产业发展委员会来约束成员主体的行为，制定政策目标，运用政策工具，实现产业竞争力提升的目标；二是要完善约束机制，主要通过一系列法规制度的完善来实现对相关利益主体的行为约束和监督。

（二）转变政府职能

根据经济学的观点，生产能力过低阶段，供给能力决定产出，而在供给超过需求时，则是需求决定产出。前者是短缺经济，供给创造需求，后者是过剩经济，需求创造供给；两个阶段有不同的发展战略和政策需求。我国文化产业和旅游产业都是从计划经济向市场经济转型背景下发展起来的，一开始继承了短缺经济的遗产，消费需求满足程度低，供给不足是主要矛盾，财政支持和政策优惠成为发展的主导因素。但现在情况出现了不同，在供给水平很高的情况下，已经出现了结构性过剩，一般意义上的内容短缺已经不复存在，有效需求已成为产业发展的根本性动力。以有效需求拉动产业发展，关键就要确立市场在资源配置中的决定性作用。对于文化产业和旅游产业的发展，新的政策思维逻辑应该是：要从单纯追求量的增长转变为既要有量的增长，更要关注质的提高，要从主要依靠增加资源的投入和加大政府财政支持力度实现文化产业和旅游产业的发展，转变为依靠企业竞争力提升和产业结构优化，更好满足人们多样化文化旅游需求。那么，政府在转变职能方面，在积极调控市场的同时，重在引导旅游企业、文化企业的生产经营活动。在鼓励支持文化—旅游企业间的合作，共同开发融合型文化旅游产业项目，帮助解决文化旅游融合发展中的具体问题上多下功夫。继续深化文化企业、旅游企业体制改革，建立产权清晰、权责明确、政企分开、管理科学的现代企业制度。

（三）加强区域产业规划整合

坚持“互通有无、互为利用、互相促进、共同繁荣”的原则，研究制定“旅游—文化”一体化发展规划，共同做好文化产业—旅游产业融合发展的空间布局和功能区定位，共同谋划一批带动性强、综合效益明显的文化旅游重点项目，共同打造兼具旅游、文化品位的复合型产品。同时，政府必须从区域产业结构调整、产业结构转型升级及经济社会发展的大局出发，根据文化产业—旅游产业融合实际发展情况，以先进开放的理念，编制科学合理的产业融合规划、制定产业融合标准、引导产业融合的发展，为各产业之间的信息交流与合作构建平台，从而最大限度地促进区域文化产业和旅游产业的融合发展。

（四）制定促进融合产业政策

因为旅游需求具有多样性和动态多变性等特征，所以要在加强对科技进步和需求变化关注的情况下，加强文化产业和旅游产业间的信息沟通和协作，从中寻找融合创新的可能。在引导两大产业融合的探索中，产业之间探索联合出台有助于融合的促进政策是十分必要的。如在农业和旅游业融合发展高科技农业观光旅游和基于农家乐的乡村旅游中，农业农村部与文化和旅游部联合出台鼓励农民发展新型农业旅游的产业政策就是一个很好的探索，相关管理部门完全可以借鉴这种做法。要打破部门分割的思维，以开放的观念寻求产业发展更广阔的空间，要跳出本产业看待产业发展形势，以产业部门的联动政策的出台，促进产业结构的升级换代。另外，要建立有效的激励机制，力求最大限度地平衡各成员主体的利益，可根据需要设立不同内容的专项基金，如“产业融合市场开发基金”“融合型产品营销基金”“创新型文化旅游人才引进基金”“文化旅游环境改善投资基金”等。

二、确立企业的市场主体地位

企业是市场的主体，市场经济活动中如果缺乏企业的参与，市场就成了无源之水、无本之木。同样，文化产业和旅游产业要实现产业的充分融合，没有众多的文化企业、旅游企业的主动参与，产业融合也如同空中楼阁。当然，文化产业和旅游产业的融合需要政府的激励、政策的引导，但采取行政化的手段，依靠“硬拉郎配”式的“被动融合”，其效果必定不佳。最为重要的还是确立企业的市场主体地位。因此，承认、确立和尊重企业的市场主体地位，与发挥政府、政策的导向性作用同等重要。

承认文化企业和旅游企业的市场主体地位，就是要将文化企业和旅游企业置于产业融合的第一线，围绕企业需求和文化旅游者需求，为企业自主发展提供健康的、良好的发展环境，为文化旅游市场配置资源提供持续的、稳定的政策保障措施；尊重企业的市场主体地位，就是要规范政府和行政主管部门的行为，做到在文化产业和旅游产业融合中既不失位也不错位，更不要越位，履职尽责，切实发挥好政府的引导作用，尊重企业的自主发展权，鼓励文化企业和旅游企业通过自主创新，开发具有自主知识产权的文化旅游产品，提高文化旅游企业的核心竞争力。

确立融合过程中的企业的市场主体地位，就是要充分发挥市场对经营性文化旅游资源配置的决定性作用，放手让市场和社会去办经营性的文化旅游产业，同时建立多元化投资机制，引入竞争机制。唯有这样，才能不断提升文化旅游企业在发展全局中的能级，催生出具有强大影响力、竞争力的文化旅游龙头企业，改变区域文化旅游产业格局，才会使“被动喂养型”文化旅游单位减少、“主动觅食型”文化旅游企业增加，才会增强文化旅游产业发展的内生动力，才会提升文化与旅游产业的融合力度和广度。

三、强化知识产权意识，完善文化旅游资本运营

（一）强化知识产权意识

文化旅游产权使产业能够在知识元素中进行文化旅游创造，完成文化旅游创新，从而保证了文化旅游产业能够以创意内容为核心，完成从“先赋资源”到“后赋资源”的转化，实现文化旅游产业资源的规划、交易、服务和内容生产。我国文化旅游产业在研发链与资本链上的脱节，造成投资者驾驭不了研发链的内容生产与创意资本。

以产权为中心的文化产业—旅游产业融合发展，可以将文化旅游产业从过去的产业寻租转到产权寻租的模式，使自身在产业的核心领域与关键部分拥有自己的知识产权。通过自主创新生成自主知识产权，文化旅游资本能够在资源开发、

内容生产、产品交易及传播各产业环节中实现在地产业、在场产业的自由流通和转换，实现产业的规模生产能力。目前，我国对历史传承的传统文化和民族资源缺乏有效保护，导致这些资源有所流失，这无疑又加重了文化产业—旅游产业融合发展的矛盾。将我国文化产业—旅游产业融合运营，提升到文化产权的层面，强化文化产权的意识，以及应用文化产权制度与文化产权的能力，使文化旅游产业中文化旅游资本的再开发与再生产具有法律意义上的保护，使文化旅游产品生产具有自己的技术标准，进而有效防止文化旅游资产流失，使文化旅游产业在国际竞争的环境下形成自身产业健康发展的保障体系。

如深圳华强方特文化科技集团股份有限公司是国内唯一一家业务领域既涵盖影视动漫等内容产业、文化衍生品产业，又包括主题公园的创意设计、研发生产和建设与最终运营的全产业链模式企业，已成功推出未来科幻类主题公园“方特欢乐世界”和中国文化类主题公园“方特梦幻王国”两个完全知识产权的文化科技主题公园品牌。目前该集团不仅在芜湖、泰安、青岛、沈阳、株洲、郑州等地建设了方特欢乐世界和方特梦幻王国大型文化科技主题公园，迅速提升了“方特”品牌价值，还首次将自主品牌“方特”以授权使用方式输出到伊朗，发展了中国文化旅游产业“走出去”的新模式。

（二）完善文化旅游资本运营

由于资本运营可以激活资本要素，提高资源配置效率，因此资本运营是一切产业发展的必由之路，也是实现产业资本增值的必要条件。文化旅游产业资本运营的主要目的是激活资本要素，提高文化产业—旅游产业融合资本的市场价值，形成持久发展动力。文化旅游资本是文化旅游资源进入产业领域后，通过产业思维和创新思维，转变为可操作、可交易、可增值的产业单位后形成的。当文化旅游资本进入内容生产与再生产的环节，就被转化为文化旅游产品，通过产品市场交易并被最终消费者使用而实现产业的经济价值、文化价值与社会价值。

创新和创意是文化旅游资源向文化旅游资本转化的条件，但是我国文化旅游产业创新指数偏低，创新能力不强，而创新能力不强又与文化旅游资本运营的创新机制有很大关系。文化旅游资本的运营决定了文化旅游产业产品生产能力高低、品质优劣及产业可持续发展的前途，它是文化旅游产品内容生产体系的核心要素，也是文化旅游产业形成的基础。可以采用创新和创意内容通过资源规划成为文化旅游资本，并以产权形式在资源配置中实现资产增值和产业增长。

四、借力文化旅游产业园区

根据国家对文化产业和旅游产业的发展方向和政策导向，文化产业—旅游产业融合适应性的文化旅游产业园区应运而生。文化旅游产业园区是指在文化底蕴深厚、创意含量丰富的特定空间内，以文化创意构成旅游吸引物，以满足游客“一站式体验”需求为标准，打造完整的旅游及其相关产业链，从而形成的旅游景区、企业及相关部门的空间集中和功能集聚区。

（一）文化旅游产业园的核心属性、特征和范围

我国各地文化旅游产业园区如雨后春笋般建立起来，如西安临潼、汉魏洛阳故城、隋唐城遗址等，许多城市都提出了建设“文化旅游产业园区”的目标。什么样的园区才算得上是文化旅游产业园区？文化旅游产业园区与我们经常提到的文化产业园区相比有什么特征？如何打造或者创意构建文化旅游产业园区的独特价值？

1. 文化旅游产业园的核心属性和内涵

文化旅游产业园是一个以游客为主要服务对象，以文化观光及游憩体验为核心属性，具有文化休闲与创意、旅游观光和体验、度假疗养、会展科教等多种功能的区域。

文化旅游产业园区的内涵至少应包括以下四方面内容：①以某种历史文化集合和时尚文化资源禀赋为依托，以旅游为主导，以文化旅游产业作为园区的核心和支柱产业，开发相关的系列文化旅游产品；②目的是满足当地居民及外来旅游者特定的文化和休闲需求；③反映的是地域特殊的文化、社会与经济需求；④有其特有的运行机制，园区的组织管理是通过专门的管理协调机构来进行的。

2. 文化旅游产业园特征

文化旅游产业以营造文化氛围、创造文化体验为基础，是标准的融合性产业。在旅游产业集群化发展趋势及旅游产品越来越呈现出文化产业特点的背景下，文化产业与旅游产业的融合产生了文化旅游产业，而文化旅游产业在特定空间的集聚构成了文化旅游产业园区。

通过其定义，不难看出文化旅游产业园区呈现以下三个特征：①创意吸引物是核心。创意是文化旅游创意产业园区形成的基础，“创意火花”为旅游产业与文化产业的融合搭建桥梁，构成园区的核心吸引物。②“一站式体验”是重点。文化旅游产业园区的吸引物或产品较之传统的旅游吸引物，更加注重探究旅游者的深层次需求，园区以创造“体验”来吸引消费者，使游客进入园区后“食、住、行、游、购、娱”所有的需求都能得到满足。③产业链是延伸。文化旅游产业园区不仅涵盖旅游产业中的六大行业要素和核心的文化创新要素，而且带来了旅游地产、艺术创作、建筑设计、文化教育等相关产业的发展，从而促进了旅游

的发展与科技、文化、艺术、生态等多个领域的产业要素有机整合与空间及功能集聚。

3. 文化旅游产业园的产业体系与范围

文化产业和旅游产业相互紧密关联，同时又具备与其他产业的强大的耦合性，文化旅游产业园区就是以某种文化为主线，以文化产业和旅游产业为支柱产业，从产业、商业、旅游、地产、景观等多种维度打造的多功能产业空间。文化旅游产业园从本质上来讲是一种旅游地产在政策导向下的新模式，是“文化+旅游+地产”的三位一体的联动开发模式。文化是统领，是整个园区发展方向的灵魂，旅游是拉动，能够促进产业发展、提升城市形象，实现人气聚集，而地产则是园区开发建设的重要保障。这种“三位一体”的开发模式，实现了产业间的相互补充和支撑。文化旅游产业园内的产业体系要形成以旅游为主导的现代服务业和文化产业结合的泛旅游概念，包括文化主题公园、文化旅游景区、文化旅游创意、文化旅游线路、文化旅游商品或文化旅游纪念品、文化旅游传播、文化旅游开发、文化旅游休闲、文化表演、文化旅游娱乐、文化旅游保护及为文化旅游传播、娱乐配套设备及用品的生产经营等，如图 2-21 所示。

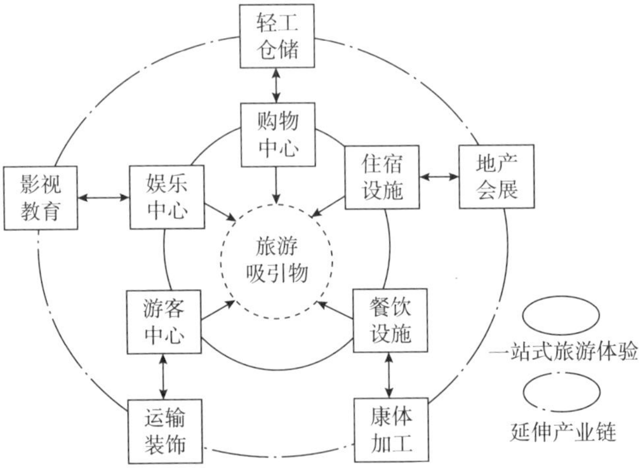

图 2-21　文化旅游产业园区产业体系

（二）文化旅游产业园区的“钻石模型”

使命或目标决定事物的存在，运转良好的文化旅游产业园不在于其外在形式，关键在于其使命或目标是什么。文化旅游产业园的根本使命或目标是推动文化旅游产业的集聚发展，实现文化旅游创意、文化旅游资源等产业要素的附加价值和规模效益。

文化旅游产业园区的核心要素是产业集聚和融合。文化旅游产业园是文化旅游产业集聚和融合的外在形态，是创造文化旅游产业竞争优势的空间载体。如何形成产业集聚和融合，迈克尔·波特认为，产业集聚和融合是多种要素（见图2-22）综合作用的结果，形成要素的“钻石模型”是实现产业集聚和融合的重要前提。他认为，一种产业或一个企业的竞争优势有两种基本形式：一种是成本领先，另一种是差异化。作为高层次的形式，差异化竞争优势需要“钻石模型”中各种要素相互配合才能形成。

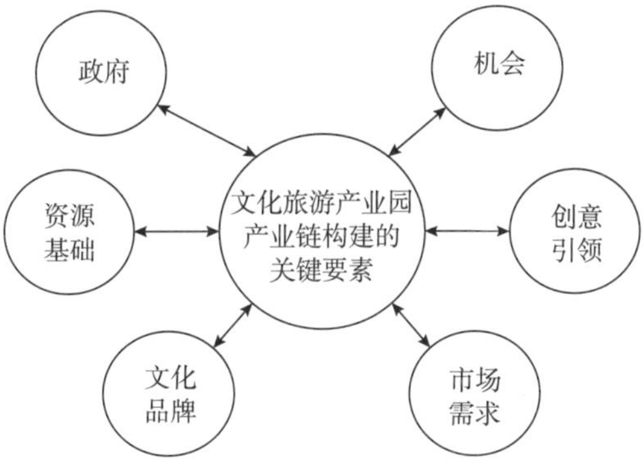

图2-22 文化旅游产业园产业链构建的相关因素

作为文化旅游产业集聚和融合的产物，文化旅游产业园的发展也是多种要素综合作用的结果。由此，要形成好的产业链条，就必须有资源和创意、文化品牌、市场需求等相关要素的支持与配合。

作为文化旅游产业园区，其产业集聚和融合的基本形态是产业链。产业链经营是文化旅游产业园的基本商业模式。文化旅游产业园之间的竞争不是企业与企业之间的竞争，而是产业链与产业链经营之间的竞争。文化旅游产业园的建设要通过构建产业链来实施差异化竞争，提升文化旅游产业园的竞争优势。如何构建产业链，这就需要充分考虑文化旅游产业园产业链构建的相关因素。

（三）文化旅游产业园区发展要素

在泛旅游产业体系的支撑下，文化主题、文化旅游吸引物、文化旅游设施、文化旅游服务、文化旅游开发投资等只要与文化旅游相关的领域都可作为文化旅游产业园的发展要素（见图2-23）。通过以上对文化旅游产业园区内涵的解读，根据对于多个文化旅游产业园区项目的总结，成功构建文化旅游产业园区需要基于七大要素：文化主线的选择与定位；整合资源及塑造园区产业驱动力；文化旅游产业要素体系构建完备；创新文化旅游体验模式；创意文化旅游产品；强化营销策略整合；构建全新管理融资机制。

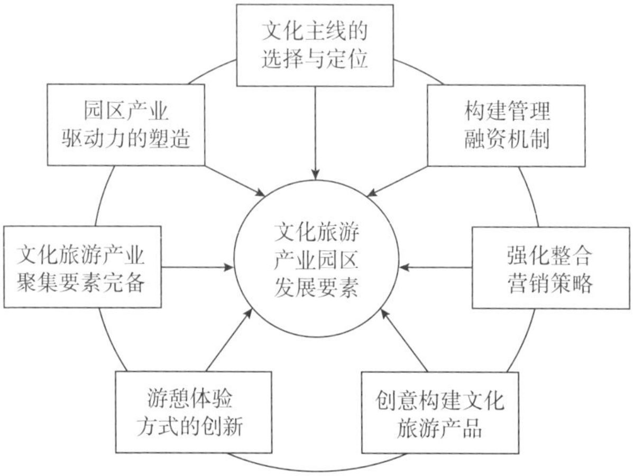

图 2-23　文化旅游产业园区发展要素

1. 文化主线的选择与定位

文化旅游是通过文化内容创新和旅游项目开发来满足消费者“求知、求新、求奇”需求的，因此，特色是文化旅游的灵魂，文化是特色的基础。文化资源是文化旅游产业园区的特色，独特的文化内涵也是吸引游客的核心所在，在构建文化旅游产业园区之前，必须对选址地的历史、旅游资源进行分析，深入挖掘文化资源并对其进行再塑造，利用现代的、创新的、商品化的手法，通过文化主线的选择和定位，确定整个文化旅游产业园区的发展方向。

2. 园区产业驱动力的塑造

在文化旅游产业园区的打造中，一个或两个核心项目难以承担区域产业驱动力的重任，必须要整合区域内资源，在整个园区范围内通过策划创意构筑具备国际性、前瞻性、市场吸引力的 1~2 个具有文化主题的体验项目和吸引社会关注的大型旅游项目，迅速聚集人气，形成市场引爆点，为整个园区的顺利打造创造良好的市场和产品基础。

3. 文化旅游产业聚集要素完备

一系列文化旅游产业要素是文化旅游得以优化和提升的重要基础，在文化旅游产业聚集的打造过程中，要对文化旅游产业链上的每个环节进行整合思考，系统配置各要素节点关系，才能形成完整的产业聚集与社会经济全面发展的解决方案。因此，文化旅游产业园内要素体系的建设应以文化旅游体验为核心，从硬件和软件两个方面完善提升餐饮、住宿、交通、购物、娱乐等设施，拓宽产业要素和配套工程体系，与社会经济文化资源全面结合，形成集“食、住、行、游、购、娱、体、学、疗、悟”于一身的完善的产业要素体系。

在文化旅游产业聚集区的打造中，西安雁塔区无疑具有很强的代表性。通过大雁塔北广场和大唐芙蓉园的建设，推动雁塔区进行文化旅游突破；通过大唐新天地、唐城墙遗址公园、陕西历史博物馆等一系列项目的建设推动影视娱乐文化工程、饮食文化工程、体育休闲文化工程等一系列工程的建设来真正推动文化旅游产业的聚集。

4. 游憩体验方式的创新

文化旅游产业园区快速可持续发展的关键在于，文化旅游产品和项目是否有极具特色的观赏性与旅游体验价值，即如何通过游憩方式的创新，让游客通过视觉、味觉、嗅觉、听觉等全方位地参与或体验，充分理解旅游产品的内涵和特色，满足体验经济时代文化旅游消费的深度需求。如西安曲江新区在建设之初就提出了全方位体验而非局外观赏的原则，在一批重大文化项目的强劲拉动下，形成了集食、住、行、游、购、娱于一体的宏大的游憩体验体系，既有静态观赏，也有参与演艺。消费者得到的是文化信息的吸收、身临其境的游历感，以及一种身处文化氛围之中、直击内心的深层次体验。

5. 创意构建文化旅游产品

中国旅游产业发展正在经历从资源导向到市场导向的转型，现在又被纳入文化创意产业。在这个发展阶段，资源已不再是文化旅游发展的决定性因素。需要用创新思路和理念指导产业开发方向，挖掘、整合和激活资源的“文化之魂”。

文化旅游产业的经济价值取决于资源的文化价值、现代科技和生活时尚，三者缺一不可。文化元素一旦与现代科技和时尚生活相结合，就会产生巨大的社会影响力。文化旅游产业园区内的产品体系是文化创意产业与旅游产业的集合体，而不是通过复古和再造来实现对本地人文历史的重新认知与认同，应符合国家政策，遵循文化产业规划要求，利用旅游产业的集聚性和强带动性，发展和打造文化旅游创意产品。

6. 强化整合营销策略

整合营销传播指除传统的广告媒介传播方式外，任何与品牌形象有关的元素、任何一个与消费者接触的点，都在起着传播的作用。华侨城集团在开发出一系列市场所需的主题产品的同时，积极利用景区舞台、演艺资源来打造演艺精品，组织参加各种形式的推介会，提高市场认知度，开展与社会和媒体的有效合作，使得一些国家级文化活动在华侨城举办等。西安曲江新区也非常重视自身的全面推介和传播，任何一个项目的策划，都力求找到市场的兴奋点，从“2006·盛典西安”、2006年“西安曲江国际唐人文化周”至“曲江论坛”，从《曲江宣言》《曲江事变》《曲江路线》《曲江报告》到《文化曲江》，持续性关注品牌形象的强化，增强曲江新区的影响力。

7. 构建管理融资机制

借鉴成功文化旅游产业园区的范式，运用“管委会+公司”的模式对园区进行管理运营相对比较有效。管理委员会对园区实行封闭式管理，并在城市总体规划框架内，负责园区内土地审批、规划、开发、建设、收益权等。发展文化旅游产业园区，不能单靠政府出资，而是要采用市场化运作方式，组建文化旅游产业投资公司作为平台实施市场运作，在不受行政区域限制的前提下，依托那些具有或经过包装后具有商业开发价值和盈利空间的资源积极策划相关项目、编制局部发展规划、实施产业开发。

投融资机制的创新，需要从文化旅游投融资、经营运作、人力资源建设、市场保障体系建设、资源保障体系五大层面对整个区域的开发给予全面保障，要建立投入机制，制定科学的投融资优惠政策，采取财政投资和筹措资金相结合的方式，加大投入力度，配套完善园区基础设施；包装开发条件相对成熟、市场前景优良的重点项目，吸引企业投资，促进“投资—效益”的良性循环，从而实现对整体区域的有效开发；坚持政府主导下的市场化投融资机制，制定优惠政策，加大招商引资力度，吸引各种外来投资，建设重大文化旅游项目，促进文化旅游产业园区大发展。

（四）文化旅游产业园区开发主流模式

作为一种实践早于理论的新兴文化旅游产品的集聚区，文化旅游产业园区的开发是在各级政府、文化企业、旅游企业、开发商等各方面相互探索的过程中形成的。虽然文化旅游产业园区的构成要素存在相似之处，但在具体的开发模式上却表现出较大的差异性。从“一站式体验”的角度出发，在对典型案例实践进行深入分析的基础上，归纳总结了我国文化旅游产业园区开发现有的五大主流模式，如表2-1所示。

表 2-1 文化旅游产业园区开发主流模式

主流模式	核心吸引物	核心体验	延伸产业链	典型代表
主题公园	欢乐秀、梦工厂	欢乐、冒险、幸福、独特、神奇	旅游地产、旅游商品、传媒、影视	华侨城集团、迪士尼
影视（动漫）基地	影视（动漫）静态资源的活化	剧情角色、场景体验、影视制作	影视娱乐、地产、教育培训	横店影视城、上海动漫基地
艺术园区	LOFT、SOHO 氛围	前卫、艺术、个性	艺术创作、作品展览、主题休闲、地产	北京 798、上海 8 号桥、杭州 LOFT49、成都音乐公园
新兴历史街区	休闲新生活	流行、前卫、休闲	体育运动、艺术设计、旅游地产	北京什刹海、成都宽窄巷子
文化科技	高科技含量文化体验	刺激、新奇、独特	创意设计、数字动漫、影视出品、影视后期、网络游戏、文化消费品、主题演艺	方特欢乐世界

1. 主题公园模式

主题公园作为最先兴起的文化旅游产业，它的开发建设可以看作文化旅游产业园区的早期代表。文化旅游主题公园模式并非指一般意义上的旅游主题公园，而是经过创意整合后，为了满足旅游者一站式、多样化休闲娱乐需求而建造的，具有创意性和策划性活动方式的现代文化旅游目的地。其充分利用主题品牌和环境效益，带动地产、影视、传媒等关联产业的发展，形成非常完善的主题公园产业链。成熟的主题公园模式以迪士尼乐园、华侨城 LOFT 创意园区为代表。

2. 影视（动漫）基地模式

（1）影视基地模式。影视基地模式是指将静态的影视基地旅游资源经过创意活化，让游客体验参与影视角色、影视独立创作（DIY）、影视文化主题教育，形成的影视旅游一站式观光体验活动区。此模式下的建设重点是通过影视主题街区的打造，提供高品位的休闲、娱乐、地产及教育培训服务。在影视基地内不但有游客的影视体验观光，更主要的是带动包括录影带、剧照、影视服装等影视关联商品的销售，融餐饮、住宿、娱乐为一体的影视酒店或影视人休闲俱乐部、特色酒吧、茶座、特色店的发展。国内的横店影视城、中国（怀柔）影视基地、无锡影视基地是此模式的典型代表。

如横店影视城地处黄金旅游线上，距上海 380 千米，距杭州、温州均为 180 千米，距东阳市区 18 千米，距义乌市区 36 千米，是亚洲最大的影视拍摄基地，被评为国家 AAAAA 级旅游区。横店影视城下辖 12 个影视拍摄基地，总计用地

4963 亩，建筑面积 495995 平方米。横店影视城的发展模式除推动了自身的发展外，还直接带动了相关产业的消费，也拉动了横店整体经济的增长。据统计，自 1996 年以来，横店集团累计投入 30 亿元资金兴建横店影视城。目前，横店影视城产业化发展已经形成了一条以影视拍摄基地为依托、以影视文化为内涵、以旅游观光为业态、以休闲娱乐为目的、多行业发展的影视文化旅游产业链。

横店影视城的发展已经摆脱了单纯的影视拍摄的盈利模式，开发出了以影视主题公园带动当地旅游业的发展模式。目前横店影视城共有八大主题公园，分别是秦王宫、屏岩洞府、梦幻谷、广州街香港街、明清宫苑、大智禅寺、清明上河图、宁波凤凰山海港乐园。除了这些可以用于外景拍摄的主题公园，横店影视城还建起了横店集团展览馆等一批文化教育馆及度假村等休闲娱乐场所，其不仅提供拍摄场景这一单一功能，而且将产业链和盈利点从服务领域向内容领域拓展，通过突破产业链界限促进大电影产业集聚，影视基地的盈利能力也大大增强。20 世纪 90 年代横店影视基地也曾经营惨淡，但随着影视制作的日渐市场化，在 2000 年横店集团宣布“免场租”后，众多影视制作企业纷纷涌入横店。

（2）动漫基地发展模式。传统动漫基地，是产、学、研一体化的工业区，整体项目的启动、实施和发展，需要几年的时间，前期投入较大，投资回报期长，“慢热”的发展模式一般会让投资商望而却步。其症结在于：一是就动漫而做动漫，靠政府扶持补贴，在自身没有强大品牌影响力和财力支撑的情况下，无法在短期内形成突破；二是产品单一，多数仅仅依靠研发、加工、培训等业务生存，造成同质低价竞争；三是模式不清，没有清晰的商业模式作为依托，就不能立足市场。如何突破传统动漫园区“慢热”的经营现状和招商效果，进行成功的项目设计和商业模式设计？

①创新“快热”模式。如何缩短投资回报期？如何实现快速人气聚集和盈利支撑点？如何实现前期稳定经营、中期扩大研发、远期可观回报的运作目标？可以采取前期由体验式旅游及产业效应整合形成的快速盈利结构，进而通过品牌的树立和进一步的包装融资，实现园区资金、研发力量、生产技术和创意能力的大幅提升，结合投资主体的自身优势，逐步实现核心产品，如卡通片、动漫读物、影视作品、网络游戏等的直接盈利。这个阶段也是体验式旅游和动漫产业互动的高速发展期，产品的市场效应带来大量玩家和游客，同时带动了相关衍生品的生产和销售，这就是启动、提升和相互提升的“快热启动”动漫园区发展模式。

②跨越动漫，多产业链整合。动漫，在快速的社会形态演化中，已经不再仅

是产品，而是成为拥有聚集能力和社会推动效应的一个催化结构，从动漫爱好者群体，到玩家俱乐部，再到巡回世界的网游竞技高手和专业的 Cosplay 演出团体，它的渗透已经超越了文化产业的范畴。

动漫产业和旅游及泛旅游产业在市场受众、内容表现、产业链接上有一定的重叠，规划设计动漫产业园区，不应只在动漫产业的高度，而应在产业和产业链整合的高度。在此视角下，进行动漫与体验式旅游、泛旅游产业、房地产业等跨行业的整合，即以体验式互动、参与、销售、游乐等为切入点；以节庆、会议会展、特色观光等泛旅游产品为带动，在园区的基础上，可以拓展建立多功能、特色化的动漫社区、动漫小镇及动漫之城，并以此作为动漫研发、教学及生产的重要配套和互动基础，解决了动漫产业园区产品生产周期长、研发成本高、收益期无法预估等多方面的问题。

动漫产业园区的发展，应当整合旅游，特别是结合本地的旅游资源，实现前期动漫旅游客源的基础，并结合产业发展要求，进行会议、会展、节庆等泛旅游产品的开发，实现动漫产业园区的动态均衡发展，降低投资回收风险。

③设计时尚的体验式动漫旅游产品。设计体验式动漫旅游项目，它不同于主题公园，是与动漫产业发展紧密联系，最终服务于其市场的培育、品牌的建设及产品的推广与销售，即旅游项目本身是动漫产业的先期盈利终端。如北京绿维创景规划设计院在桂林接力数码动漫中心的规划设计分区中，除作为重点的动漫产业区外，还特别设置了以提供动漫场景游乐体验为主的动漫游乐区；以演示、销售、服务为主要功能的体验区；为服务于玩家集散、会议节庆活动举办而设置的商务接待区。其形成的主要产品包括 Q 版刘三姐民族风情和山水互动的视觉大餐、动漫水街——玩家 24 小时的休闲天堂、动漫 4S 店——专业动漫迷的大本营、动漫狂欢广场——不夜的秀场、动漫公寓——玩家自由驰骋的阵地等，从而使园区的内容在功能上能够最大限度地满足动漫旅游发展的需求，而这种动漫与旅游结合模式的引入，也有利于人气的聚集和品牌效应的形成。项目以旅游作为导入结构，实现融合模式下的平台整合，能够有效地弥补动漫产业短期盈利不足的缺陷，大大提升其进入市场的速度和力度，在多元化发展结构的推动下形成可操作的运营模式。

④以旅游快速撬动动漫产业园发展。慢热是传统动漫产业园区的共同特点，这种慢热无论对于招商引资，还是市场生存，都是致命的威胁。可以通过整合区域旅游市场资源、环境资源和人文资源，形成以山水景观环境、休闲生活方式、个性品牌销售、超级玩家人气为基础的体验式动漫世界，通过对动漫节庆、行业

商务集会及对外商业配套等产品的开发，推进动漫体验、动漫旅游，以及后续动漫培训、研发、生产等产品之间的良性互动，短期内形成良好的投资环境、竞争力及品牌效应，以此带动新一轮的融资和产业升级。在目前动漫产业发展的热潮下，国内外资金纷纷涌入，可以通过跳出动漫，依靠旅游作为杠杆，撬动与之关联的地产业、泛旅游业及其他商业的发展。

3. 艺术园区模式

艺术园区是指艺术家和商业文化机构规模租用和改造因历史原因留存下来的城市工业空置厂房，使其发展成为集画廊、艺术家工作室、设计公司、餐饮酒吧等于一体的具有一定规模的融入旅游活动的艺术创意集聚区。集聚区内的闲置厂房、废旧设施经改造后，成为新的建筑艺术品，继承了城市的历史文脉，形成了城市发展新的范式，既是实用的体现，又达到了审美的效果。艺术园区内所形成的具有国际化色彩的“SOHO 式艺术方式”和“LOFT 生活方式”成为城市旅游的新兴吸引物。艺术园区模式是当代艺术、建筑空间、文化产业、历史文脉及城市生活环境与城市旅游的有机结合，带动了艺术设计、工业生产、装饰展览、主题地产等相关产业的发展，给城市旅游发展带来新的亮点。北京 798 艺术园区、上海 8 号桥艺术区、杭州 LOFT49 社区是此模式的典型代表。

4. 新兴历史街区模式

新兴历史街区模式是指在旧城改造的过程中，作为文化传承的老建筑、老街区不是被习惯性地拆除，而是以全新的生活体验为旅游创意，使其成为新的街区，焕发新的生命，从而成为吸引游客的新亮点。北京什刹海、上海新天地、重庆黄桷坪涂鸦艺术街、成都宽窄巷子是新兴街区模式的代表。历史街区旅游发展以“主题”作为整个项目的灵魂和主线，开发之初就需要提炼出该街区的主题文化，围绕主题文化开发出系列组合性产品，在经营中形成链条式经营模式。多样化和差异化是文化旅游项目产品设计的关键所在，缺少个性、雷同的历史街区文化旅游项目产品已经不能满足游客各种层次、各个方面的主题体验需求。行、游、住、食、购、娱，旅游的这六个要素都需要围绕街区主题文化展开，让游客各个感官都能体验到街区主题文化。

2003 年，成都市开始启动实施宽窄巷子的保护性改造，宽窄巷子项目在保护老成都原有建筑风貌的基础上，以“成都生活精神”为线索，形成了丰富并具有文化特色的业态组团，汇聚了街面民俗生活体验、公益博物馆、高档餐饮、宅院酒店、娱乐休闲、情景再现等业态，并于 2008 年对外开放。宽窄巷子项目依托宽、窄、井三条巷子，以成都人文精神和生活方式为线索，以“老成都底片，新都市客厅”为总体定位，根据三条巷子的不同特点，分别有不同的定位。宽巷子，老成都的闲生活：希望游客在进入这条巷子中游览时，能走进老成都生活体验馆，通过一些几乎快消失的老成都民俗生活场景来感受成都的风土人情。窄巷子，老成都的慢生活：对窄巷子的打造，以西餐、咖啡、会所、主题文化商业等为主。将最成都的生活以国际化的业态展现，让游客感受到成都休闲文化的精髓（慢）。井巷子，老成都的新生活：在这里设立成都的新生活区域酒吧区。这三大主题联合开发、相辅相成、形成线路，组合在一起是一个综合性的文化旅游产品，吸引了大量游客前来观光体验，在社会上产生了广泛的影响，已经成为成都的城市名片。宽窄巷子成功的经验可以归为以下几点：

（1）整合文化旅游资源，重视文化旅游的创意发展。宽窄巷子项目整合其特有的市井文化、茶馆文化等文化旅游资源，在开发过程中重视保护宽窄巷子的文化传统，并寻求创意化发展的道路。宽窄巷子用文化旅游业来带动传统文化产业的发展，为宽窄巷子的文化创意产业提供了稳定可靠的消费者市场。同时，宽窄巷子用体验市井文化、游览特色历史建筑的方式充分整合利用文化旅游资源，推动了整个项目的成功发展。

（2）专业的运营管理模式。宽窄巷子项目在开发初期就明确定位，在发展过程中执行周密的商业规划和管理方式。通过专业化的管理和运营，充分体现了科学化、精细化的原则。

5. 文化科技模式

文化科技模式是指集文化创意产业与高新科技产业于一体，文化产业与旅游产业相互交融、和谐共存的新型经济园区，它是一种介于政府、市场、企业之间的新型社会经济组织和企业发展平台，通过提供一系列新创企业发展所需的管理支持和资源网络，来帮助初创阶段或刚成立的相对弱小的新创企业，使其能够独立运作并健康成长。园区内聚集了高科技企业、文化企业，园区个性和特色鲜明，创意人群聚集较多，园区利用历史沉淀、建筑外观与内部装饰、企业文化、园区生活形态，形成了综合旅游吸引物。

文化与科技的结合，一方面，提高了文化产业的科技含量，丰富了文化产品的表现形式，从而提高了文化产品的附加价值；另一方面，也提升了科技产品的文化内涵，拓展了市场，从而也降低了发展风险。深圳华强方特文化科技集团股份有限公司充分利用自身的优势和现有基础，开创了一个以文化为核心、以科技为依托的文化旅游产业发展模式，并成为这一模式的典范。

深圳华强方特文化科技集团股份有限公司确立了以未来科幻类主题公园“方

特欢乐世界”、中国文化类主题公园“方特梦幻王国”及中国影视类主题公园“方特影视乐园”为代表的三个主题公园品牌。主题公园完全由深圳华强方特文化科技集团股份有限公司自主创意、自主研发、自主设计、自主建造、自主经营，综合运用声、光、电、数字技术、自动控制、人工智能等高科技手段，并以中国历史与文化为内容和背景，同时以参与和体验为表现形式，让游客可以在虚实结合、亦真亦幻、动感交互的体验项目中感受现代科技与历史文化交融的独特魅力，是第四代主题公园的杰出代表。随着电子商务的发展，为了更好地让人们享受高品质的网上文化娱乐生活，集团倾力打造了集网络游戏、休闲游戏、文化产品商城、动漫点播、在线订票、在线交流于一体的网上商务、休闲娱乐平台“方特网”。方特网为集团的各种业务提供了一个网上的平台，将许多线下的产品在网上展示，使消费者能更方便地了解到集团的产品。同时，网站借助大型文化产业发展，在数码电影、数字动漫、数字游戏、主题公园和文化产品等方面不断注入网站新鲜血液，逐渐打造出一个具有国际影响力，以服务、创新和消费者价值最大化为发展目标，引领高品质时尚生活的综合娱乐平台。

（五）文化旅游产业园区开发对策

1. 当前文化旅游产业园存在的问题

文化旅游产业园是随着文化产业和旅游产业的快速发展而出现的新型事物，兴起和发展的时间较短，在快速崛起的同时也暴露出了种种问题。

（1）盲目建设。在利好政策导向之下，全国各地掀起了一波文化旅游产业园建设热潮。北京、上海、广东、山东、江苏是文化旅游产业园发展最快的省份。其中，北京有150余家，上海有140余家。国家级文化产业示范园区有6家（西安曲江新区、深圳华侨城、山东曲阜、沈阳棋盘山、河南开封宋都古城、上海张江），国家级产业示范基地已达204家，产业增加值达1400亿元。各地建设的文化旅游产业园，许多是规划不够、创意不足，导致园区重复建设严重，造成了资源的浪费和行业的恶性竞争。

（2）圈地现象严重。许多产业园没有构建科学的盈利模式，仅仅是打着文化旅游产业开发的旗号，抢占土地资源，拿到土地后大张旗鼓地开发地产。

（3）产业化水平低下。当前许多文化旅游产业园，其基本特点是以人文遗存和生态文化资源为依托打造旅游景点或景区，但往往文化创意不足，主题庞杂，缺乏层次性，缺乏知名的园区文化品牌及品牌拉动效应，产业收入单一。一些产业园没有构建良性的产业体系，产出效益很低，仅仅依靠政府扶持，很难形成可持续发展的局面。

总体来看，当前文化旅游产业园还处于起步阶段，其突出问题就是创意不足、市场运作不成熟、产业化程度较低，因而实际上还不是真正意义上的文化旅游产业园，只能称为“准”文化旅游产业园。

2. 文化旅游产业园发展对策

文化旅游产业因其强大的生命力、良好的市场前景而发展迅速，但也不能忽视诸如一拥而上、盲目跟风，缺乏规划、仓促上马，旅游圈地、监督缺位，地产众多、园区城市化等问题。文化旅游产业园区的开发必须摒弃传统产业园区建设的思路。

（1）以创意为核心、体验为理念。创意是文化旅游产业园区形成的基础，旅游核心吸引物是文化旅游产业园生命力所在。文化旅游产业园需整合具有鲜明地方特色的历史文化资源，运用新思维、新主题、新体验，围绕文化主线打造创意性旅游项目，为既定的资源或艺术形式注入生机与活力，实现文化体验与旅游资源的完美结合；要以创意而非现存的景观为基础，旅游活动经营者要以主动创设的某种观赏对象和娱乐样式为先导，借助文化旅游新业态载体向消费者提供服务。

（2）构建大产业体系。以旅游产业、文化产业作为主导，复合其他相关产业，旅游产业和文化产业之间相互转换、相互影响、相互驱动，最终相互融合。在产业融合作用下形成多种新的业态、新的产品，既能够带动旅游的综合消费，又能提升文化产业的附加值、延伸产业链条、拓展产业空间，真正实现产业之间的互融与共荣。锁定产业需具有关联性、互补性、共生性，既要符合文化旅游市场需求特征，又要立足产业发展趋势，具有前瞻性，各产业相互链接并促进整个园区良性发展。

（3）创立多元盈利模式。文化旅游产业管理和运营具有一定的公益性，其产品化、消费化的过程也是文化产业化的过程。盈利模式的设计是项目开发的重要环节。构建文化旅游经营项目盈利、项目品牌盈利、项目价值盈利的三大盈利模式，不仅确保了项目快速回流资金、降低项目的投资风险，也保障了项目长期、持续的现金流及无形资产和有形资产的升值。三种盈利模式相互影响和优化，实现项目整体的盈利最大化。

（4）要素全面发展，打造文化旅游目的地。文化旅游产业园区开发建设的最终目的并非促进接待人数和旅游收入的增长，而是要通过发展文化旅游产业，带动社会、经济、文化的全面发展，建设一个成熟的、一流的文化旅游目的地。文化旅游产业园区应从以下几个方面来提升整体素质：首先，旅游六要素全面发展，规避旅游“木桶定律”，全面满足游客需求；其次，园区要形成成熟的文化旅游创意产业链，不但要有旅游企业与文化企业的空间集聚，更要有产业的高度融合；再次，园区的选址要注重发挥区位优势，包括对外交通、与目标市场客源地距离、区域基础设施状况等；最后，园区要有良好的社会经济大环境，包括市场开放、法律政策、政府扶持、社区参与等。唯有如此，文化旅游产业园区才能成为地区的名片、产业发展的引擎、社会的凝聚剂和文化的升华剂。

五、探索旅游演艺新模式

事实证明，旅游演艺已经成为文化产业与旅游产业融合发展的最佳结合点。旅游演出在国外已有了较成熟的发展。国外比较成熟的演艺文化功能区，通过演出门票和因演出带动的其他相关收入之比可以达到 1∶7 甚至 1∶10。在法国巴黎，享誉世界的娱乐歌舞剧《红磨坊》以奇妙的构思、动感华丽的舞蹈节奏、充满魔力的欧洲经典音乐每年吸引着全世界数万人涌入法国。在英国伦敦，西区不足 3 平方千米的土地聚集了 40 多家经营性剧院。根据伦敦旅游局统计：2000 年以后，每年有 1200 万以上的观众涌入伦敦西区，有 3/4 的海外游客将观赏演出列为伦敦旅游的重要项目。在美国纽约，观赏百老汇演出成为来纽约市访问、旅游的人不可或缺的活动，每年百老汇剧院仅门票收入就可达 5 亿美元，旅游演出已成为推动当地旅游业发展的主要支撑。目前，我国绝大多数省份都有了自己的旅游演艺项目，旅游市场越发达的地区，旅游演艺的发展就越成熟，出现了很多旅游演艺的知名品牌。演艺内容主要涉及地方的民俗风土人情，演出形式按演出地点主要分为主题公园演出、山水实景演出、剧场巡演类演出，制作手段多以传统演出表现形式与现代多媒体电子手段相结合，给观众造成如梦如幻的视觉冲击。

（一）旅游演艺模式构成要素

从商业模式的角度来讲，旅游演艺与传统演出最大的不同就是能够吸引旅游者，延长其逗留时间，从而产生溢出效益，带来商业利益。旅游演艺相对于其他自然景观项目具有更大的挖掘和提升空间，因而旅游地每推出一项新的演艺产品，就有可能成为景区新的经济增长点。

1. 价值主张

旅游演艺的价值主张可以是某种文化旅游资源，可以是某种艺术理念，也可以是某种表演艺术形式。相比较传统演出，旅游演艺的价值主张创造性地将演出资源与旅游资源相结合，为演出提供了丰富的主题与内涵，旅游目的地的自然、人文资源是演出创作取之不尽的源泉。《印象·刘三姐》创造了“山水实景演出”的全新概念；《云南映象》是一部既有传统之美，又有现代之力的大型原生态歌舞剧；《功夫传奇》是对中国古老的武术形式极具诗意与创造力的一次再现；《时空之旅》是一档大型超级多媒体梦幻剧娱乐秀。

这些依据地方文化特色、民俗资源和市场需求而形成的旅游演艺具有独特的价值主张，突出文化性、娱乐性及时尚性，与传统相结合的特征使其更具市场召唤力，能够很好地满足游客求新、求异的消费需求。相对于传统旅游项目，它是对文化旅游资源的深度挖掘，是一种创新的旅游产品形式；相对于传统演出项目，传统文化的沉淀和国际化的时尚元素是其发展的生命力，产品特性符合新时期市场需求的特点和发展趋势。在演出产品同质化日趋严重的今天，这种独特的价值主张有助于演出企业有效抓住消费者目标群体。

2. 消费者目标群体

旅游演艺客源主要有三类：一是本地居民，因为是多次消费，他们关注更多的是演出中的娱乐成分，获得精神上的愉悦与放松是他们选择旅游演艺而非其他传统演出的主要原因；二是商务散客，这一部分游客行动自由，有一定的消费能力，他们在旅游消费项目的选择上也具有更多的自主性与多元性，因此独特的价值主张对于他们来说是最重要的；三是旅游团队，这部分游客往往时间仓促，而且一般观看旅游演艺往往都是导游推荐或者是旅游项目中的其中一项，因此要把握住这一部分游客。

旅游演艺的消费者目标群体还是以游客为主。这种独特的目标群体能够为旅游演艺带来源源不断的客源，这也是旅游演艺能够得以天天上演的一个重要因素，从而延长了演出产品的生命周期。这部分人求新、求异，随着大众旅游的普及，以及人们休闲娱乐意识的增强，很多游客不再满足于观静态景点的旅游方式，希望获得更丰富的文化体验。旅游演艺作为专门为旅游者提供的休闲娱乐产品，在保证艺术性的同时，更注重娱乐，让游客得到精神上的放松，达到愉悦身心的目的。

3. 分销渠道与合作伙伴网络

从各地旅游演艺的发展情况看，旅行社、旅游演艺制作单位、地方政府已经建立起了比较稳固的合作伙伴关系。传统的演出企业的合作伙伴网络主要由演员、舞美、灯光、音响、导演、作词、作曲、舞台监督等构成。较之传统演出，旅游演艺无疑拥有广泛的分销渠道与合作关系网络，这也是商业模式优势的综合体现。从旅行社角度来讲，旅游演艺是展示、演绎旅游地文化最生动的形式，更能吸引游客前往。同时，由于旅游演艺与旅游地点较近，不需要更多复杂的路线设计与安排，而票务的团购又能享受若干折扣，旅行社从中也有利润可得，对于旅行社也是创收的好机会。从旅游演艺制作单位角度来讲，它能够提供源源不断的观众，延长产品的生命周期，延伸产品的价值链。从地方政府的角度来讲，一场富有地方特色的旅游演艺，在文化层面上有利于地方文化资源的深挖及地方文化的弘扬，扩大地方的知名度；在经济层面上有利于增加当地的旅游收入，完善产品结构，拉动相关产业的发展，促进整体经济的发展。

4. 价值配置与核心能力

从旅游演艺的角度来看，价值配置与核心能力主要是对文化资源、旅游资源、演出资源、人才资源、资本资源的整合能力。较之传统演出，旅游演艺可掌控的资源越多，就意味着旅游演艺的生产销售流程越复杂。因此，如何将地方的文化旅游资源融入演出节目中、如何建立一个高效率运作的旅游演艺的投融资体系、如何协调与合作伙伴的战略关系、如何在旅游产业链上占有重要一环等，都要求企业具备一定的价值配置与核心能力。目前，国内一些成功的旅游演艺项目无疑都在这方面有着不可超越的独特优势，并且能够带动旅游目的地相关产业的发展，获得较好的经济效益。

（二）典型的旅游演艺商业模式

旅游演艺商业模式的建立表明旅游演艺要进入市场，必须有一套适应市场特点的商业模式。有了与市场接轨的商业模式，就能提高旅游文化产品的市场竞争力，实现演出资源、资本和人力资源的优化配置，将资源优势转化为产业优势和经济优势，实现良好的经济效益和社会效益。基于国内一些发展比较成熟的旅游演艺经验，可以尝试一些探索。

1. 基于蓝海战略的商业模式

蓝海战略是2005年由勒妮·莫博涅在《蓝海战略》一书中提出的。其认为市场可分为红海和蓝海。红海代表已知的市场空间，蓝海则意味着未开垦的市场空间、需求的创造以及利润高速增长的机会。价值创新是蓝海战略的基石。企业如果要赢得明天，不是以在红海领域中击败竞争者为目的，而是拓展新的非竞争性的市场空间。与已有的、通常呈收缩趋势的竞争市场需求不同，蓝海战略考虑的是如何创造需求，突破竞争。

张艺谋“印象系列”已经成为旅游演艺发展的特殊现象。2004年，《印象·刘三姐》开创了中国“山水实景演出”的先河，公演至今已经成为广西旅游业和文化产业的重要品牌，在国内外产生了巨大的影响。继《印象·刘三姐》之后，《印象·丽江》《印象·西湖》《印象·海南岛》等一系列山水实景演出接踵而至。横空而起的剧场、非专业的演员、强大的导演阵容、奇思妙想的艺术创作与自然文化景观的完美结合，已然让《印象·刘三姐》成为一个舞台传奇。《印象·刘三姐》在开发过程中，以“超越竞争”为目标，通过对资源的创新整合，带动相关产业的开发、升值，形成“印象经济”效应。

“印象系列”最具开创性的贡献是使真实山水成为舞台表演的载体，突破了传统剧场的概念，直接把剧场建在桂林山水之间，以江面为舞台，以12座山峰和天空为背景。这种超越人们习惯性思维的实景性的剧场设计，具有巨大的颠覆意义。这样的演出理念和价值主张，首先，增强了观众体验。让观众置身于山与水的剧场中，产生亦真亦幻的感觉，满足了旅游者体验的需求。其次，形成了主题的差异化。不同地域的山与水具有明显的地域性差异，而地域的唯一性便形成了演出鲜明的主题，避免了产品同质性引发的市场竞争。最后，淡化了旅游的季节性。作为一种人文旅游产品，其本身就较少受到季节的影响，而山水实景演出更能利用季节的差异性营造不同的舞台效果，增强了演出的舞台表现力。

《印象·刘三姐》的出现，改变了桂林的旅游格局，形成了“票房销售—带动旅游—房地产增值—商贸服务—拉动就业—品牌效应—吸引投资—股份升值”的产业链条，推动了当地效益的综合发展。正是这种基于蓝海战略的商业模式吸引着更多的地区邀请张艺谋继续打造印象系列。

2. 基于连锁经营的商业模式

连锁经营一般是快餐和零售业的商业模式，即在不同区域进行“复制”，如连锁超市、快餐店等。所谓连锁经营是公司采取纵深式的管理方式，直接经营、投资、管理各个零售点的经营形态。连锁经营在本质上处于同一流通阶段，经营同类商品和提供相同服务，并在同一经营资本及同一总部集权性管理机构统一领导下进行共同经营活动。连锁经营的优势在渠道，也就是通过渠道的拓展扩大市场占有份额。这样的商业模式具有“统一资本、集中管理、分散销售”的特点。

连锁经营的主要优势就是“渠道经营”，杭州金海岸文化发展股份有限公司创造性地把连锁经营引入文化市场，形成连锁化、专业化、规模化的商业模式，以规范化的管理、标准化的服务基本解决了文化艺术产品难以标准化和流程化的问题，也使得文化艺术产品连锁经营成为可能。杭州金海岸文化发展股份有限公司是以旅游演艺产业为主导，以连锁经营模式扩展市场。公司现在拥有杭州《西湖之夜》等旅游演艺品牌，拥有金海岸杭州大舞台、济南金海岸顺风大剧院和上海金海岸大舞台等多家娱乐连锁演艺剧场，是国内首家创立演艺娱乐连锁经营模式的企业。

杭州金海岸文化发展股份有限公司的价值主张是通过打造娱乐性的旅游演艺产品，开创“大众娱乐消费”的新时代。正是基于这样的价值定位，杭州金海岸文化发展股份有限公司在节目设计上力求集艺术、娱乐、休闲等功能于一体，在场馆设计上介于传统剧场与歌舞娱乐场所之间，根据不同地域的文化特色，结合游客观赏休闲的需求打造旅游演艺品牌项目。

早在2002年，杭州金海岸文化发展股份有限公司就凭借敏锐的嗅觉发现了文化旅游市场的巨大需求和发展空间，确定了面向全国走连锁经营之路发展的战略。于是，杭州金海岸文化发展股份有限公司在商业演出、旅游演艺和娱乐演出三大文化演艺产品的基础上，以杭州本土为重点，先后开设了天水桥、红磨坊、东坡3家演艺大舞台，随后在浙江义乌、诸暨、金华、湖州、台州，江苏常州、镇江，山东济南等地开设金海岸演艺大舞台，拉开连锁经营的大网。连锁经营的商业模式是杭州金海岸文化发展股份有限公司的核心竞争力，对于未来的发展，杭州金海岸文化发展股份有限公司认为要“进一步打造特色品牌，保持连锁模式发展，争取在全国各大省级城市建立连锁大舞台，成为全国有影响力的文化创意企业”。同时，杭州金海岸文化发展股份有限公司还组建文化产业基地，建立艺术培训中心、艺术创作中心、全国连锁大舞台配送中心。通过三大中心的建设，不断地培养演艺人才、创作精品艺术，研究和开发国际先进艺术管理、舞台科技、演出设施等，保持娱乐演艺事业软硬件两方面的高水平，为金海岸不断壮大和拓展输送一流的资源提供最佳的保障。

3. 基于规模经济的商业模式

规模经济是大规模生产导致的经济效益的简称，是在一定产量范围内，假设固定成本不变，那么新增的产品就可以分担更多的固定成本，从而使总成本下降。规模经济是通过扩大规模来表现的，通过对企业规模的分析，确定它的最佳经济规模，按照这个经济规模组织生产经营活动，以使企业获得最高经济效益。当经济效益达到最佳状态时所对应的经济规模就是规模经济。

旅游演艺是华侨城发展文化旅游产业过程中的重要产品创新形式，1991年成功推出第一台旅游晚会《艺术大游行》，此后《创世纪》《跨世纪》《中华百艺盛会》《龙凤舞中华》《千古风流》《欢乐无极》《E秀》《金面王朝》《天禅》等项目接踵而至，形成了形式多样的表演体系。目前，华侨城各景区累计上演大型演出近30台，华侨城旗下各景区共拥有专业的演职人员2000余人。随着华侨城全国战略布局的推进，每天都有十多台大型的文化演出在华侨城各景区和艺术中心上演，还有近百场次的小型景点、村寨式表演与之相配套。旅游演艺的引入使得华侨城的主题公园从静态观赏变成了动态观赏，形成了集娱乐、演艺、观赏于一体的体验性景区，游客参与方式由被动转向主动，从吸收信息到情景融入，获得了丰富的旅游体验。

“景区+演艺”模式：旅游演艺是华侨城主题公园在开展差异化竞争过程中探索出的创新产品形式，华侨城更是创造性地把这种形式转化为“小型村寨景点表演”“大型广场艺术”“区域性大型节庆活动狂欢节”等多种形式的产品。旅游演艺丰富了旅游者的旅游体验，在景区内静态、动态景观相辅相成，增加了对游客的吸引力，更树立起了华侨城的核心竞争力。

“酒店+演艺”模式：2004 年，华侨城斥资 6000 万元改造华夏艺术中心，并与华侨城旗下酒店组合，打造全新的“拉斯维加斯模式”，即“酒店+演艺”模式。《E 秀》作为一场纯粹的“拉斯维加斯大型表演秀”，常年在华夏艺术中心驻场演出，既增强了酒店的核心竞争力，又保证了艺术中心的客源。

“影视+演艺”模式：华侨城于 2001 年成立了深圳华侨城国际传媒有限公司，拍摄了《绝对权力》《搭错车》《七剑下天山》《垂直打击》《光荣岁月》等影视剧。华侨城将旅游文化的产业链延伸到了影视，实现了“影视+演艺”的组合模式。

4. 基于资源整合的商业模式

任何外部资源转化为竞争优势，都要经历选择、吸收、内化和外化的过程，在这个过程中整合能力起决定作用，既决定资源配置的效率，又决定资源利用的效率；内部整合通过提供必要的产品、服务和技术支持提升竞争优势。资源整合的商业模式意味着改变既有竞争规则，改变企业价值链构成，往往也能够为企业赢得发展的空间与时间。

2002 年 5 月，由云南丽水金沙演艺公司投资制作的大型旅游演艺项目《丽水金沙》成为国内文化与旅游有机结合，企事业单位资源整合的成功案例。《丽水金沙》用实践探索出了一条国有艺术院团改革的成功之路。《丽水金沙》的价值定位是一台旅游歌舞晚会，属于文化欣赏类节目，集歌舞、服装展示于一体。在演出内容上，突出展示丽江及云南其他少数民族地区多姿多彩的民族文化，满足外地游客全方位、多层次了解七彩云南的需求。在表现形式上，注重现代科技与民族传统的有机结合，将各民族丰富深厚的传统文化，通过灯光、舞美、服装等外部要素进行包装、烘托，从而强化了舞蹈的表现力，给观众带来一种全新、欢愉、震撼的视觉及心理感受。得益于准确的市场定位，《丽水金沙》一经推出便得到了市场认可，创造了国内同一节目在一定时期演出场次最多的纪录，获得了较好的社会效益和经济效益。

外部资源整合：转制以前，丽江市民族歌舞团面临着严峻的挑战，全团一年的演出仅有 10 多场，并且集中在“文化下乡”期间，演员每月工资仅有数百元。丽江市委、市政府经过充分调研，决定以歌舞团为试点，把经营性的文化事业单位推向市场，由深圳市能量实业发展有限公司与丽江市民族歌舞团共同组建“丽江丽水金沙演艺有限责任公司”，建立符合市场规律的现代企业管理制度，从策划、创作到营销，实行一整套行之有效的市场化运作方式。当地政府把丽江国际民族文化交流中心租借给演出团作为演出场地，深圳市能量实业发展有限公司投入 800 万元进行演出场地改造，舞美、灯光、布景及节目排练。

内部资源整合：对于资源的整合，不仅要政府“输血”，还要自身“造血”，《丽水金沙》转企改制后要对人员、资产进行分类整合。原丽江市民族歌舞团的员工有的成为演艺公司的职工和股东或者自谋职业，有的被安排从事相关文化工作，有的达到条件可以按优惠政策提前退休。《丽水金沙》还建立了一套公平的竞争管理机制，所有人员按照技能高低录用，演员的收入实行多劳多得。

《丽水金沙》通过资源整合，把资源优势转化为市场优势，实现了体制机制创新，培育出了新的市场主体。今天的《丽水金沙》已经开始着眼于品牌化的发展战略，不断完善文化产业链，进行业务拓展，加强与旅游业的联动对接，有效拓展文化产业的市场空间，实现文化与旅游的相互促进、协调发展。

5. 节庆演出基地商业模式

节庆演出基地模式是指在传统的旅游节庆活动策划中加入创意元素，通过改变场地、变换活动形式、重组和完善活动内容及创新宣传等方式，从而扩大节庆演出活动对游客的吸引力。如华侨城通过创意造节，形成了“月月有节过”的欢乐场面，民俗村的傣族泼水节、世界之窗的国际啤酒节、欢乐谷的国际魔术节、玛雅狂欢节，已成为华侨城文化旅游的经典品牌。

六、由“城市综合体”向“文化旅游城”转变

（一）文化旅游城内涵

文化旅游城是基于一定的文化旅游创意与土地基础，以文化旅游休闲和游憩为导向进行土地综合开发而形成的，以互动发展的度假酒店集群、综合休闲游乐项目、休闲地产社区为核心功能构架，整体服务品质较高的文化旅游休闲聚集

区。文化旅游城是旅游综合体和城市综合体的升级与扩展，融合了城市综合体和旅游综合体的功能。

旅游综合体的概念起源于城市综合体，而城市综合体的概念来自建筑综合体。建筑综合体是指由多个使用功能不同的空间组合而成的一种综合建筑，与传统功能单一的建筑物相比较，建筑综合体是在建筑体内将城市活动涉及的办公、住宿、餐饮、商业等多种功能进行有机融合，形成的一个分工合理又联系紧密的多功能大型综合建筑单体。城市综合体是指都市中融合了商业、住宿、办公、娱乐等多种复合功能的街区群体，是城市发展与城市功能高度聚集的产物。与城市综合体和旅游综合体的区别是，文化旅游城是一个扩展和集聚城市功能的休闲游憩地带。无论是基于哪种原因形成的文化旅游城，其功能都有鲜明的倾向性，将文化旅游休闲活动作为核心吸引物，将餐饮、住宿、购物、运动、娱乐、游览等多种功能集聚到一起的多元空间复合产物，即形成以文化旅游功能为主导的休闲游憩地带。文化旅游城由于区位及功能定位的不同，打破传统旅游吸引物的概念，以区域内完备的文化旅游产业链及多样化的服务设施为主要文化旅游吸引物，不仅局限于吸引度假者或观光游客，同时融入当地居民的生活，成为当地居民日常休闲娱乐的理想去处。

（二）文化旅游城目标——“一站式体验”

“一站式”服务理念是在20世纪中后期，发达国家为了满足社会公众日益增长的公共服务需求，在展开的声势浩大的公共服务改革运动中提出的。“一站式”（One-Stop）服务是指：在“一站式”范式之下，一个顾客所有的业务都能够在一个单一的接触中完成。旅游产品是旅游经营者向游客提供服务的过程，旅游产品的“一站式”服务要求游客的所有需求能够在设施相对集中的特定区域内得到配套满足。“一站式体验”是以产业聚落理论为基础，以“一站式”服务理念为背景，在旅游体验经济发展的实践过程中发展形成的。产业聚落理论强调同一产业地理集中可以导致集聚溢出效应或区位适宜。具体到文化旅游产业，游览体验对象、管理部门、服务企业、开发商等的集聚能够产生规模效应形成园区；园区产业链的本土化导致了产业配套，形成了旅游景区聚落。

综合产业聚落、体验经济和“一站式”服务理念，对文化旅游城的“一站式体验”作如下界定：文化旅游城在提供文化旅游服务的过程中，以游客为中心、以体验塑造为理念，通过区域内旅游景区、管理部门、相关企业、开发商等的高效合作，为游客提供全方位、无缝隙的“一站式”服务的过程。文化旅游城是集生活和工作、文化产品生产和消费于一体的场所，有多样化的宽松环境，能给城市带来新意的地方。正是通过其创新性，为原有的城市景观增添了新的内涵。

（三）文化旅游城特征

文化旅游城的出现是“文化旅游消费模式升级、文化旅游景区发展模式升级、地产开发模式升级”三大升级共同作用的结果，也将成为推动我国文化旅游产业再次升级的重要模式，它的核心特征有六点。

1. 文化旅游创意以土地为基础

这是文化旅游城打造的前提所在，特别应当注意的是，文化旅游创意是文化旅游城的发展关键，如何将区域自然资源或人文资源转化成具有独特吸引力的文化旅游产品是其核心指向。土地资源取决于运作方的土地获取能力、资金实力等，最终土地资源的多少直接决定了文化旅游城的规模大小、产品配比结构。

2. 以旅游休闲游憩功能为主导

以休闲游憩功能为主导是文化旅游城的核心特征，在文化旅游产业综合发展框架下，游乐、康体、度假、购物、会议、观光等多种功能，在具体的项目开发中，各种功能不能仅是简单的堆砌和杂糅，而是根据具体情况，侧重打造其中某一项或几项功能。

3. 以土地综合开发为手段

文化旅游城本质上就是以文化旅游产业为导向的土地综合开发利用的一种手段，其目标是通过综合开发，进行多功能、多业态的集聚，以文化旅游发展提升土地价值、推动衍生产业发展、多元文化互动，最终实现开发回报的最优化。

4. 以休闲地产产品为配套

休闲地产产品除包含度假酒店地产、休闲商业地产、休闲住宅地产三大核心类别之外，还包括其他诸如创意地产、养老地产、学区地产等的特色主题地产。这一部分是文化旅游城项目开发中的利润供给点、重要的资金平衡点。

5. 以较高品质服务为保障

作为文化旅游开发的升级模式，文化旅游城必须拥有超越一般景区的较高品质的服务作为保障，这样才能够实现良好的运营，才能有效发挥产业聚集效应。

6. 以高风险高收益性为特点

文化旅游城项目一般规模较大，其建设资金、运营资金、品牌发展资金等需求大，投资商投资回收周期长，受周边经济环境、交通、人流乃至政府政策的影响，因此文化旅游城经营的风险相当大。但是，随着传统大众观光旅游向大众休闲度假旅游过渡，文化旅游城开发投资中又蕴含着巨大商机。

（四）文化旅游城开发模式

1. 以综合打造为指引

综合打造的导向既是文化旅游城的核心特征，也是打造文化旅游城的第一要领。实际上有四大含义：①土地的综合开发。旅游休闲导向型的土地综合开发，是文化旅游城打造的本质所在，所谓“复合型资源、综合型利用”的思想，具体指对当地的自然、历史、文化、生态、物产等各个方面进行开发，整合出独特的资源魅力，在此基础上开发休闲、度假、娱乐、运动、体验等多种功能，针对不同的市场体现不同主体功能。②产业的综合发展。文化旅游城，是从单个旅游项目到综合旅游聚集区的转变，囊括了地产、贸易、会展、创意、体育、文化等在内的泛旅游产业的综合发展架构，不同的文化旅游城产业侧重有所不同。③功能的综合配置。文化旅游城，区别于传统旅游景区的特色之一就是聚集了多种旅游功能，实现了多种功能的复合与有效配比。④目标的综合打造。一个成功的文化旅游城，实际上完全有可能发展成为“城市特色功能区、旅游休闲新地标、城市文化新名片”，这是一个综合目标的构架，已经超越了一般文化旅游园区的层面。

2. 以定位突破为先导

众多旅游投资企业逐步涉足文化旅游城开发，势必导致未来竞争的激烈性，所以文化旅游城开发需要定位的突破，主要包括两个方面：①区域功能定位。在区域旅游一体化的结构中，发挥自身的比较优势，明确自身在区域发展格局中的定位，这是文化旅游城融进大区域旅游发展的必要条件。②开发主题定位。要面向市场需求创造差异化的吸引力与感召力，整合自然旅游资源、文化旅游资源和社会旅游资源，凸显比较优势，形成一个独特的主题，要找到“文化旅游城”打造的灵魂，这个灵魂将指导文化旅游城个性文化与特色意境的构建，是非常重要也极具难度的环节。

3. 以功能构架为核心

功能构架的确立，是文化旅游城打造的核心所在。文化旅游城在功能构架上，不是各种功能的简单堆砌和罗列，而是要充分研究其主要作用、内在关系和互动模式。实践证明任何一个成功的文化旅游城，在功能构架上无一不是由“核心吸引中心、休闲聚集中心和延伸发展中心”三大部分构成。开发文化旅游城，实际上就是要“打造核心吸引中心、构造休闲聚集中心、创造延伸发展中心”。

（1）打造核心吸引中心。打造核心吸引中心，是面向市场需求，创新整合开发核心资源，创造一个或多个独特的核心吸引物，这是创造核心吸引力的基石所在，可以是一个或多个核心旅游休闲项目，如观光景区、主题公园、温泉养生中心、赛马场、影视城、特色街区、高尔夫球场、特色酒店等。核心吸引中心的打造是吸引人流、提升土地价值的关键所在。这是文化旅游城打造的关键，必须对旅游产品有着深入研究与创新才能实现。

（2）构造休闲聚集中心。构造休闲聚集中心是为满足由核心吸引物带来的客源的各种休闲需求而创造的综合休闲产品体系，是在泛旅游产业构架下各种休闲业态的聚集，包括主题酒店群、特色商业街、主题演艺、高尔夫球场、水上游乐项目、滑雪场、马球场、温泉 SPA 等。核心吸引中心把人流吸引进来，形成了最初的消费，但要留住人流并扩大其消费，就需要创造更多的休闲产品，激发并满足人流的休闲消费需要，让其成为旅游休闲目的地，即构造休闲聚集中心。总之，休闲聚集中心是文化旅游城的主体功能部分。

（3）创造延伸发展中心。创造延伸发展中心主要是延伸发展地产业、泛旅游产业、现代服务业等相关产业。对于文化旅游城，要真正获得土地开发上的巨大回报，必须进行延伸发展，主要是休闲地产社区、会议会展和文化创意产业的开发，以及现代农业、现代服务业的开发等，最终形成一个泛旅游产业的发展构架。在没有更好的商业模式的情况下，地产是弥补旅游微利状态的较好抓手，尤其休闲地产，是最重要的延伸发展中心，包括高端居住小镇、度假公寓、养生社区、研发区、文化创意产业园区、企业总部基地等多种形态。

4. 以操纵运营为支撑

鉴于文化旅游城开发的复杂性，其对运营的要求也极高，具有相当的难度。在开发文化旅游城时，投资方应注意两个问题。

（1）寻求专业化、落地化的高水平智力支持。文化旅游投资市场由于激烈的竞争，从前期拿地到实际开发，都需要高水平的开发方案，这决定了开发企业必须十分重视文化旅游城开发方案的编制，即从策划、规划、设计到运营咨询，在实际操作中要靠高水平的智力支持来实现。对于复杂的文化旅游城开发所聘请的高水平智力支持应当具备两项能力：一是具备多专业配合的团队构架，即熟悉文化旅游产业的团队，特别是拥有文化旅游产品、度假酒店、休闲地产、投资运营和土地综合开发经验的专业人才。二是具备全程化咨询的服务能力。专业人才要具备从创意策划到落地运营的综合能力，因为一个成功的文化旅游城开发方案必须有灵魂、有骨架、有血肉、能长大，缺一不可。“策划找灵魂、规划搭骨架、设计长血肉、运营促长大”各有不同，因而能够落地的规划设计机构必须是策划、规划、设计、运营咨询一体化的构架。

（2）选择特色化、创新化的高水准运营模式。真正的文化旅游城对文化旅游综合运营的要求非常高，要体现全局性、长期性、品质性，在实际的操作中有两条途径能实现：一是独立开发独立运营的模式。在全国能够这样做的企业寥寥无几，主要是大型文化旅游企业或已经转型文化旅游领域多年的大型地产企业，如华侨城、港中旅、长隆、方特、万达等。二是统筹开发合作运营的模式。这里就会形成一个新的运营主体——文化旅游城运营商，类似于城市运营商、区域运营商。文化旅游城运营商不仅主导地块的规划与开发，其还是一个招商平台、融资平台、营销平台，即开发并独立运营自身比较擅长的项目，除此之外的其他项目通过战略合作方式来落实运营，如酒店、商业街、娱乐项目等。

七、推进文化旅游产业集团化建设

文化产业—旅游产业融合的最终结果就是通过产业融合，产生一大批具有更强产业竞争力的文化旅游产业集团。这种大型产业集团集文化创意、产品开发、产品销售、旅游服务及文化之间的交流于一体，在国内外塑造品牌优势。与国外大型的文化旅游产业集团相比，我国的文化旅游集团规模相对较小，并且业务相对单一，抗风险能力有待提升，文化旅游产业融合整体效应没有很好地发挥出来。为更好地实现文化产业—旅游产业融合发展，应积极推进文化企业、旅游企业的制度创新，推动文化企业、旅游企业间重组，确保大型文化旅游产业集团的形成，并从事多元化的文化旅游产业经营，以便更好地发挥文化产业和旅游产业间的协同效应。

（一）文化旅游产业集团化的界定

文化旅游产业集团化是指以核心文化旅游资源为主体，通过资本纽带或者协作经营关系等方式，从事文化旅游服务经营活动的各种组织的结合体。旅游集团作为一种产业组织形式，相对于单一的旅游企业，规模更大、竞争力更强。

狭义的文化旅游产业集团化是指由众多文化旅游企业共同组成的文化旅游集团公司。这种形式的集团化，可以使文化旅游企业集团拥有雄厚的资金，在贷款、融资方面具有明显优势。广义的文化旅游产业集团化还包括基于某一核心文化资源，引导文化产业、旅游产业和相关产业及配套设施与服务，按照专业化分工和协作关系，共同形成的互相联动的复杂系统。这种形式的集团化，可以帮助文化旅游企业共享服务资源，提升区域文化旅游吸引力，促进各种资源的优化配置，从而增强区域文化旅游产业的竞争力。

（二）文化旅游产业集团化的分类

为了更明确地认识文化旅游集团的内涵，可以从不同角度来分析文化旅游集团化的类型。

1. 政府主导型文化旅游集团和市场推动型文化旅游集团

文化旅游产业的集团化是为了推动文化旅游产业组织结构优化发展的必要手段。因此，按照推动文化旅游产业组织结构优化发展的主体不同，可以分为政府主导型文化旅游集团和市场推动型文化旅游集团。

政府主导型文化旅游集团是基于文化旅游产业发展的要求，政府主动出面参与或指导组建的文化旅游集团。一般包括两种形式：一种是政府通过对国有文化企业、旅游企业的改造，通过全资注入、兼并改造和特许经营等方式在短时间内实现文化旅游企业的集团化；另一种是政府出面调和与组织当地文化企业、旅游企业通过契约关系组建文化旅游企业战略联盟组织。

市场推动型文化旅游集团是文化产业、旅游产业发展到一定阶段，完善的市场体制已经建立起来，由产业发展的内在规律引起的文化旅游资源和要素向规模大、效益好的大型企业集中融合的过程中形成的文化旅游集团。一方面，文化企业、旅游企业通过自身的发展，规模不断扩大，通过兼并、投资入股等方式成立文化旅游企业集团；另一方面，文化企业、旅游企业面对市场激烈的竞争，自发地兼并或者联合组建文化旅游集团。

2. 资本运作型旅游集团、资产管理型旅游集团和战略合作型旅游集团

按照文化旅游集团的组建方式，可将文化旅游集团分为资本运作型、资产管理型和战略合作型文化旅游集团。

（1）资本运作型文化旅游集团是文化企业、旅游企业凭借自身的经营优势和经济实力，在资本市场和其他产权交易平台上，通过发行股票、兼并收购、交叉持股、资产重组等方式建立的以资产关系为纽带的文化旅游集团。

（2）资产管理型文化旅游集团是文化旅游企业通过自身的经营积累缓慢发展的传统模式。企业通过自身的积累，在各地建立分支机构和营销点，按照统一的经营管理模式实现的具有产权隶属关系的文化旅游集团。

（3）战略合作型文化旅游集团是企业为了实现自己的战略目标，与其他企业建立起优势互补、利益共享的松散联盟，企业之间可以通过合资或者契约形式缔结合作关系。它是文化旅游集团化发展的一种补充形式。

3. 横向一体化旅游集团和纵向一体化旅游集团

按照文化旅游集团发展的目的不同，可以分为横向一体化文化旅游集团和纵向一体化文化旅游集团。

（1）横向一体化文化旅游集团是指以文化企业（旅游企业）为核心，通过

兼并、对外投资等方式同旅游企业（文化企业）建立的文化旅游集团。这种形式的文化旅游集团一般是通过产业投资来实现分散风险的目的。

（2）纵向一体化文化旅游集团是指把文化—旅游业务经营的各项要素结合起来进行融合经营和管理的一种集团经营方式，是对文化旅游活动多个流程阶段的重新组合。建立纵向一体化集团是文化旅游企业面对市场激烈的竞争，所采取的扩大文化旅游集团规模的一种有效措施。其可以分为前向一体化和后向一体化两种类型。

（三）文化旅游产业集团化发展路径选择

1. 加强政府引导，整合国有文化旅游企业，组建文化旅游集团

文化旅游产业集团化发展是文化旅游市场发展的必然趋势，是企业之间通过控股、互相持股、契约或者战略联盟等市场行为组成的利益共同体。但是，我国整体上仍处在文化旅游市场发展的初期，市场机制发育不完善，政府引导组建文化旅游企业集团是最简便快捷的方式。政府通过对国有文化旅游企业的股份制改造，通过全资注入、兼并改造和委托经营等方式可以在短时间内对文化企业、旅游企业进行管理。加强政府引导的优势在于可以克服在产业形成初期，企业所有制结构不合理、资本积累时间短的障碍，可以在短时间内实现产业的集团化发展。其缺点是容易造成核心企业的经营风险加大和产权不清的情况出现。因此，这种模式成功的关键在于当集团形成后，政府主导应当退出，让位于市场机制，政府通过经济、法律手段对文化旅游集团进行宏观调控。

2. 整合同类文化旅游资源，构建大型文化旅游集团

文化企业和旅游企业是文化旅游产业融合的主体，企业实力的大小和创新能力的高低对能否实现融合起着关键的制约作用。各地现有的靠行政力量捏合形成的文化旅游集团，尚缺乏真正的集合力和竞争力。培育文化旅游集团一方面靠政府扶持，另一方面也是更重要的方面，是在市场竞争中经受磨炼而自然成长，这样的集团才真正具有创新能力和竞争能力。

同类文化旅游资源的整合不仅可以提升文化旅游资源的文化内涵，还能够实现在资源整合驱动下的文化旅游产业集团化发展。文化旅游资源整合的核心就是形成文化旅游资源的产业化整合。就企业而言，这种文化旅游资源的整合并不是简单地将单个文化旅游资源集中起来，转为文化旅游资源集群区域，而是根据文化旅游资源和市场情况，继续扩大资源优势，提高文化旅游产品的竞争力，深入挖掘文化内涵，做大做强文化旅游产业。与此同时，抓住市场机遇，培育文化旅游企业主体，实现由单一的文化旅游资源展示向文化内涵丰富的多元化产业集团

发展。文化旅游产业的集团化发展，应当结合区域内文化资源的分布特征。

3. 整合互补文化旅游企业，构建多元化发展的文化旅游集团

多元化发展的概念是由著名企业战略理论家伊戈尔·安索夫首次提出的。他总结出企业成长的基本方向有四种，即现有市场内增长、开发新市场、开发新产品及多元化。实施多元化的主要动机一般有两种：一种是将产业延伸到新的领域寻求更大的利润，另一种是将部分资源配置到不同的领域规避风险。文化旅游集团的多元化发展是指以具有核心竞争力的文化企业或旅游企业为基础，为了充分发挥核心产业的竞争力，尽可能地把核心竞争力延伸到对方的新产品开发或者进入新的市场。

文化旅游产业发展的核心是对文化内涵的深入挖掘，形成具有较高审美价值和较强文化认同的文化产业—旅游产业的融合发展。因此，文化旅游集团化发展应当更加注重对文化创意、文化表现、文化传播等各个方面的深入拓展，形成以文化旅游为主，多元化发展的文化旅游集团。例如，文化旅游集团可以借助城市周边文化旅游基础建设条件好的区域，承办一些规模大、专业性强、有影响力的大型商务会议、文艺会演、体育赛事、专业论坛等，丰富文化旅游产业新业态的发展。

4. 整合相关辅助企业，构建纵向一体化文化旅游集团

文化旅游的纵向一体化是文化旅游企业之间为克服市场失灵和组织效率下降的一种制度安排，既能够发挥专业分工带来的报酬递增，同时又能够节约由于交易范围扩大而带来的交易费用，使一体化内的企业获得相对其他单个企业的竞争优势。纵向一体化的发展是将既有的产业部门通过某种合作方式串联起来，并尽可能地向上下游产业延伸，实现不同产业的企业之间联合发展。通过延伸产业链构建纵向一体化文化旅游集团将有利于改善文化旅游市场高交易成本的状况。

文化旅游产业是一个综合性的产业，它不仅涉及餐饮住宿、旅游交通、风景观光、购物、娱乐等方面，还涉及文艺表演、文化创意产业等诸多领域，因此文化旅游产业的纵向集团化应当加强对与文化旅游产业相关的各个辅助产业的整合。可以借助一些具有国际影响力的文化旅游景点，加快构建纵向一体化文化旅游集团。

5. 加强跨区域合作，构建跨区域文化旅游集团

文化旅游集团应当是一个开放的系统，文化旅游企业不仅要保持其在集团中的独立位置，而且应当凭借其自身的特点，加强区域文化旅游企业之间及跨区域的文化旅游集团之间进行交流合作，通过合资、委托和契约等方式，制定共同的

发展战略，从而促进整个文化旅游产业的发展。

在大力发展旅游企业集团的同时，应当从战略高度提倡和推动文化旅游企业之间的联合发展，形成具有地方特色的大型文化旅游集团组织，促进旅游企业之间的专业化分工和协作，防止文化旅游企业的过度竞争和自我封闭。提倡文化旅游企业之间进行资源共享、风险共担，利用各自企业的专业特点进行业务整合，形成具有竞争力的文化旅游产业集团组织。通过企业之间构建的合作组织，可以实现规模扩大，提高协同效应，降低成本，实现企业的长远发展。通过跨区域建立文化旅游集团之间的战略合作关系，可以促进文化旅游集团快速占领区域外的文化旅游市场，提高自身的经营管理水平，增强集团的产业规模。战略合作的文化旅游集团之间在资源占有上是具有互补性的，通过战略合作可以促使彼此之间的优势互补，将业务延伸到战略合作伙伴的市场当中，从而降低交易成本。战略合作集团同样可以产生协同效应，在管理、技术等之间进行优势互补，使集团企业之间分散的优势组合形成综合优势。

6. 文化旅游产业集团化发展政策建议

大型文化旅游产业集团的发展是文化旅游产业根本转变的关键。这就要求为文化旅游集团发展创造一个相对宽松和规范化的宏观环境。在统一的组织和规划下，加强行业管理体制建设、投融资体制改革和旅游企事业单位的股份制改革，使各项改革和发展政策协调一致，加快组建战略性文化旅游集团，推进文化旅游产业的健康发展。

7. 创新文化与旅游管理体制改革

文化旅游产业集团化发展应当解决政府管理体制不畅、管理手段单一的问题。我国经过市场经济的改造，实行“事业单位转企”的管理体制。虽然这种管理体制在一定程度上促进了文化和旅游产业的发展，但是随着两大产业的融合发展不断加深、市场化进程不断加快，原有的管理体制已经成为限制文化旅游产业发展与繁荣的障碍。因此，文化旅游产业的发展要进一步深化管理体制改革，进行管理创新。实现政企分开，履行好政府的宏观调控职能，丰富文化旅游产业的管理手段，加快经济调节、市场监管和法律手段的体制完善，提高行政管理效率。

（1）深化行政管理体制改革。要加快政府职能转变，推进政企分开，破除文化旅游产业的多头管理。进一步缩小政府承担的事物范围，约束政府部门对文化旅游企业和市场中介组织的直接干预，解决好政府部门对文化旅游企业生产、投资、人事安排等方面的直接干预，进一步推进政资分开，打破政府与企业直接的资产纽带关系。进一步采取管理创新机制，加强文化旅游资源的统筹管理，各个管理部门要主动配合、密切协调，形成管理职能互补，避免造成过度管理和管理缺失的现象。

（2）转变政府职能，构建公共服务型政府。政府在实行主导策略时，是通过提供优惠政策促进某一地区和某一行业发展起来的。但是政府政策的实施往往会带来“挤出效应”，即限制了某一地区或者某一行业自身发展水平的提高。政府的投入始终是有限的，政府推动的文化旅游产业集团化发展毕竟只能形成个别几个旅游集团企业，并不能形成区域文化旅游产业向规模化、集约化发展的必然趋势。因此，政策推动的产业集团化应当是争取政策的公平。

8. 完善文化旅游产业投融资体制

我国的文化旅游企业普遍存在着规模小、利润率低、经济基础薄弱和内部管理差的问题，通过股票上市、发行债券的方式进入资本市场还存在许多困难，再加上现行体制的约束造成文化旅游资源不能作为抵押物从银行借款，使得现有企业因为资金不足难以在短期内通过对产业内其他企业的兼并收购、控股和参股等方式实现规模扩大。适合文化旅游企业的产权交易体系尚没有建立，造成文化旅游企业直接通过产权交易实现规模化发展的成本太高。现有的企业集团大多是通过企业内部积累来完成，造成市场化运作的集团化发展缓慢。

因此，应该积极创建与文化旅游产业集团化发展相适应的金融格局。鼓励和支持大型国有银行服务文化旅游产业，打破银行服务于文化旅游产业的融资障碍。文化旅游产业应当进一步加强与金融机构的战略合作，创新文化旅游资源的商业性信用担保体系。加大文化旅游企业通过多种途径实现上市的扶持力度，鼓励企业进行各种形式的债券融资，加快文化旅游资源的资产化运作。建立适合文化旅游产权交易的地区性交易平台，促进文化旅游企业的兼并重组实现集团化发展，真正提高文化旅游产业集团化资本运作效率。

（1）加大资源整合力度。我国许多地区文化旅游资源丰富，具有明显的资源优势，而资源优势的实现取决于在文化旅游资源产品化过程中，对文化旅游资源的整合和提升。文化旅游资源丰富与产品开发滞后的矛盾是文化旅游产业发展的重要制约因素。加快资源优势向产业优势转变，必须突出对资源的整合和提升，形成具有特色的精品文化旅游资源的集聚，从而打造出精品的文化旅游产品。这种发展趋势符合现代产业集团化发展的要求，就是建立以核心文化旅游企业为主体，各种旅游资源企业分工合作，实现区域产业的集团化发展。

（2）规范市场秩序，完善知识产权保护。文化旅游企业集团创新能力不足有实力不够的问题，也有市场秩序不完善和知识产权保护不力的问题，因此培育企业集团更重要的是培育集团成长的融合市场环境、融合机制和融合制度，而其中重要的是完善法制法规建设，保护企业的融合创新行为和融合创新利益。同时，要用激励政策如建立产业融合创新奖励制度，鼓励倡导企业不断学习融合创新的行为。当然，产业融合具有阶段性，在不同阶段政府和市场应发挥不同的作用，待文化旅游产业度过融合发展的幼稚期后，政府应该及时从微观推动者向宏观管理者转变，任由融合形成的文化旅游产业在市场经济规律作用下竞争、成长、提升和壮大。

（3）多元化规模经营模式。文化旅游产业所涵盖的子行业相当广泛，不同子行业间相互关联，但又具有各自独立性。文化旅游集团的发展模式即可采用多元化规模经营。如深圳华强集团有限公司首先通过开发硬件“环幕立体电影”系统，进入制作影片出租，然后逐步地进入其他一些相关业务领域，形成了一个多元化的产业结构。文化旅游集团充分利用其产业结构多元化优势，将创意与创作、特种电影、动漫制作、数字游戏、软件设计、设备制造、主题公园、衍生产品、投资经营及人才培养等多个领域整合在一起，形成了以市场为目标的多元化产业链。深圳华强集团有限公司“多元化”战略的核心理念就是靠出售硬件来拉动软件，创造市场需求来推动生产。例如，一座主题公园除了规模宏大的基础设施和硬件设备的建设，还需要大量的文化产品如动漫、电影、游戏、文化衍生品等与之配套。其实文化旅游产业的各个链条是相互关联、互相支撑、互为上下游的。动漫的一个形象，可以把它放在主题公园里作为一个主题项目，进一步提升动漫产业的附加价值。同时，主题公园里的主题项目，也可以衍生成动画片，动画片的播出会进一步宣传主题公园，为主题公园增加价值。特种电影本身就构成了主题公园里的一个核心项目，主题公园也为特种电影提供了一个展示的场所，同时特种电影又可以单独销售与租赁。还有很多包括游戏产业、文化产业在内的衍生品都是这样关联起来的，文化衍生品的原型基本上都来源于主题公园，如动漫产业的卡通形象等。其实不光是它们和主题公园之间相关联，它们各自之间也会相互关联，在文化旅游集团的产业链当中，所有的这些产业领域都是互相支撑、互为上下游的。这样从单一化向多元化的发展，其实是拉长了产业链，更好地利用了产业链的整体优势，能够做到资源信息共享，从而提升产业的抗风险能力。

第三章　现代影视文化与旅游产业的融合发展

影视产业与旅游产业的融合，对于旅游业和影视业都是一个重要的创新。通过影视作品与旅游景点的结合，可以吸引更多的观众和游客，为两个产业带来更多的经济利益。同时，这种融合也能够提升旅游景点的知名度和影响力，增强其在旅游市场上的竞争力。在融合模式中，影视产业可以通过拍摄电影、电视剧等作品来宣传旅游景点，提高其知名度和形象。

第一节　现代影视文化与旅游产业发展的联系

“影视文化”这一概念的界定，包括内涵与外延两个方面，即作为一种客观存在形态的“影视”和作为一种影响人类生活的“影视文化”的界定。什么是电影？什么是电视？什么是影视？随着影视业的发展壮大和影视理论研究的不断深入，以上问题似乎无须赘述，但作为影视理论研究，这依然是一个基本命题；作为影视文化研究，这依然是一个不可回避的首要问题。

一、影视文化的界定

关于“电影”的界定，有很多不同的表述，但对其基本的客观存在形态的认识是一致的。《电影艺术词典》中关于电影是这样表述的：根据“视觉暂留”原理，运用照相（以及录音）手段，把外界事物的影像（以及声音）摄录在胶片上，通过放映（以及还音），在银幕上生成活动影像（以及声音），以表现一定内容的技术。电影是科学技术经过长时间的发展达到一定阶段的产物。这一表述对目前电影基本的客观存在形态做了较为准确的把握，同时也对“电影”存在形态的历史沿革进行了详尽的阐释，如“视觉暂留”现象及理论的发现、照相技术的研发、胶卷的发明、“活动电影视镜”的发明、彩色电影与有声电影的创造等。

关于“电视”的界定也是众说纷纭。尽管从客观存在形态看，电视未必比电影更复杂，但构成电视的元素、要素同样是丰富的。《中国广播电视百科全书》对“电视”做了这样的表述：“使用电子技术手段传输图像和声音的现代化传播媒介。它通过光电变换系统使图像（含屏幕文字）、声音和色彩即时重现在覆盖范围内的接收机荧屏上。”这一表述进一步阐述了电视传播的全过程：

第一，电视台运用电视摄像管和话筒摄取景物图像及伴音，然后按一定的构思和顺序加以编辑组合，制作成各类电视节目。

第二，把电视节目的视频信号用电子扫描方式进行光电分解，即由发送端的摄像管把节目的图像、声音和色彩转变为脉冲信号，再通过电缆和天线发送出去。

第三，由接收端的显像管把接收到的脉冲信号转换为光影图像声音和色彩，在荧屏上还原为完整的节目。这一表述也注意到了电视吸收各种传统艺术样式及其他媒体样式的因素而呈现出的“综合性”特征。

“影视”的界定可以在上述电影、电视界定的基础上进行。从客观存在形态看，为什么将“影”“视”放在一起进行表述？自然是因为电影、电视的相近性、共性的存在，而它们最集中、最突出、最直观的相近性或共性便是“有声有画的活动影像”。尽管电影、电视的技术特征、艺术特征、传播特征各不相同，但在“有声有画的活动影像”这一形态特征上是一致的。这是“影”“视”并提的重要基础。尽管电影、电视各有其特定的规定性，但广义的“影视”概念包括电影、电视生产与传播的全部。

二、影视文化的内涵

影视的审美文化分析是要探寻影视艺术与人的生存的关联，对人的理想生命状态的揭示和回应。这种关联是双向的，一方面要探讨社会因素对影视艺术的影响，另一方面要寻觅影视艺术在社会中是如何贯彻和实现审美原则的，或者说是如何成为审美文化现象的。

相应地，审美文化就是人类审美活动的物化产品、观念体系和行为方式的总和。审美物化产品即艺术品和具有审美属性的人工制品（工艺品）；审美观念体系主要是指审美意识，如审美趣味、审美理想、审美价值标准等；审美行为方式主要是指狭义的审美活动——审美创造和欣赏。

展开来说，影视艺术的观念体系指电影艺术家的电影观、艺术观、审美观及相应的审美趣味、审美理想、审美价值标准等；行为方式则指狭义的影视审美活动，主要含影视艺术创造和影视艺术接受两种行为；物化产品对影视艺术来说当然是指影视作品。三者中影视艺术活动或行为方式无疑处于枢纽地位，它使影视艺术观念和电影作品连接起来，影视观念、影视艺术活动和影视作品形成了一个有机整体。对影视的审美文化分析也应从这三个层面进行。换句话说，影视的审美文化分析就是在审美原则的指导下，探讨物质文化、制度文化和精神文化对影视的渗透和影响，以及影视是如何反映和展示物质文化、制度文化和精神文化的审美精神的。[①] 而且影视作为人类的一种精神产品，其审美文化分析应以制度文化和精神文化的分析为主。这样，我们的影视审美文化分析实际上就主要涉及影视与社会主题和社会价值观念的互动。它们最终都归结到对人生意义的探索。伟大的艺术作品都代表对人生意义的探索，它们提出的都是关于真、善、美和假、恶、丑的价值标准问题，其意义并不在于对这些问题的回答，而在于它们的提出。伟大的作品在更广阔的背景下探讨个人和社会的问题，使我们更好地理解自己和他人，激励我们“去改变我们的生活”，迫使我们审视自己并对自己做出判断。

因此，影视的审美文化分析实际上处在一个大的文化系统中，这一大文化系统基本上由三个层次组成。

首先是社会文化系统。它是具体文化研究的大背景和普遍规律，一切文化研究都必须在一定社会文化系统内进行。这一文化系统包括一定社会的政治、经济等组织制度和思想意识形态、民族特征和民族传统，基本内容也就是我们所说的一定社会的经济基础和上层建筑。其次是审美文化系统。影视艺术属于社会的审美文化，或者说它是整体社会审美文化系统的子系统，因而电影审美文化分析也要受审美文化的制约，而且这种制约往往是直接的。最后是具体的影视文化研究。它是整个社会文化系统及审美系统的组成部分；同时，电影审美文化分析又有其特殊的研究方法和途径，它的研究成果反过来也影响社会文化系统及审美系统。

以社会对影视的影响来说，至少有以下几个方面是应该提到的：一是原始文化母题对影视的影响，即影视表现人类某些文化经验和文化原型，基本上有成

---

① 张慧瑜．风吹影动：中国影视文化评论［M］．北京：中国言实出版社，2016.

长、寻找、俄狄浦斯情结、爱和死亡等。如《红高粱》中，三个线索都引向“觉醒”或“成长”的母题：①“我爷爷” “我奶奶”、伙计们的群体的觉醒——受不得欺负；②“我爷爷”“我奶奶”表现的生命力的觉醒——痛快地爱和恨；③“我”的成长。而“我奶奶”的死，则是一个象征，就如影片结尾雕塑般的父子的镜头——母亲死了，失去庇护的我们将“在路上”。《莫斯科不相信眼泪》最后有一句话：“我找了你好久了”，其中“找”的绝不仅是一个具体的人，而是某种人生的意义和生活的命题。二是意识形态对影视的影响。意识形态的最基本含义是指支配个人心理及社会集团心理的，反映某一个阶级或社会集团的思想体系。例如，《阿甘正传》则是一个彻头彻尾的“美国梦”或美国人的缩影。三是商业化和艺术化与影视艺术的关系。影视是与商业联系最紧密的艺术种类，建立在现代科技和工业的基础上，直接原因是它的生存和发展需要雄厚的经济力量作为保证，它需要市场回报，无此则没有影视。电影在美国是第三大产业。《侏罗纪公园》投资 7500 万美元，收入 8 亿多美元；《泰坦尼克号》投资 2 亿美元，收入 10 亿多美元。电视也是如此，广告是其生产的基础，所以难免商业化。商业化的直接结果就是影视的商品属性与艺术属性的矛盾，如何解决这一矛盾，是影视艺术生存与发展的一大课题。四是民族性和世界性与影视艺术的关系。影视艺术一方面要成为民族文化的载体，有民族文化的烙印；另一方面又必须表达共性的东西。仅从技术的角度说，如日本电影的摄影机几乎不动、画面稳定，动作幅度不大、节奏缓慢、远景镜头多、少用特写镜头等，都是与日本人的生活习惯、身高特点及语言特点相联系的。

三、影视文化与旅游产业发展的基本关系

全域旅游的核心和关键就是立足于区域文化资源和旅游资源，以旅游业为引擎，推进文化旅游融合发展，推动区域经济社会发展进步。影视传播业本身就属于文化产业，同时影视传播与文化旅游融合也是推动旅游业发展的重要措施。因此，在全域旅游背景下，影视传播与文化旅游融合发展的关系就显得特别重要。著名经济学家于光远在《旅游与文化》一文中提出：旅游是经济生活的同时也是一种文化生活。当下，旅游业正处于一个大变革时期，文化和旅游的关系变得越来越紧密。随着人们旅游动机的不断变化，旅游与文化深度融合已成为旅游地提升吸引力、拓宽旅游市场的重要推动力，同时也成为发展特色旅游和提升经济效益的重要支撑点。旅游与文化深度融合、一体化发展是社会经济发展到一定阶段必然要经历的过程，更是时代和社会进步的一个重要标志。因此，文化与旅游

是不可分割的关系，是融合发展的关系。

（一）影视文化是文化产业的重要组成部分

文化产业划分为三大类：一是生产和销售环节是相对独立的行业，如报刊、影视、音像制品业；二是带有劳务性质的文化服务行业，如体育、娱乐、策划、经纪业都属于其范畴；三是为其他商品和行业提供文化附加值的行业，如装潢、装饰、形象设计、文化旅游等。《文化及相关产业分类》明确指出：电影、电视作品和节目的制作、传播、服务都是文化产业。由此可以看出，影视与旅游同属于文化产业，两者具有天生的契合性。

影视传播包括电影、电视两种传播媒介。影视传播学对影视传播的内容进行了界定，主要是三个方面，即新闻资讯、社教和服务、文化娱乐。笔者认为，还应增加一个方面，即宣传与广告，包括典型宣传、广告宣传等。电视传播形态主要分为三种：一是新闻类节目形态。其包括消息类新闻节目、专题类新闻节目、评论类新闻节目。其中专题类新闻节目又分为专题报道、专题调查、专题新闻、专题访问、专题系列跟踪等。二是社教类节目形态。一般以纪录片、谈话节目、杂志型节目的样式出现。如中央电视台科教频道的《探索·发现》和《社会经纬》就是以纪录片形态进行传播的。三是电视文艺类节目形态。其分为电视艺术片、风光风情艺术片、音乐歌舞艺术片。电视艺术片是有“故事”情节的电视剧，如《血色湘西》《雍正王朝》等；风光风情艺术片是展示自然风光和人文风情的纪录片，如《西藏的诱惑》《长白山四季》等；音乐歌舞艺术片是以音乐和歌舞的方式表现的纪录片，如介绍恩施土家族苗族自治州自然风光的《四季清江》。因此，各种旅游资源、旅游产品、旅游活动都能够以电影、电视的形态进行宣传营销，可以开发创作为电影形态的故事片、美术片、科教片、纪录片，在影剧院进行放映；也可以开发创作为电视形态的电视剧、风光风情艺术片和音乐歌舞艺术片，在电视台进行播放。

在文化产业相当发达的美国，其文化方面的产值就占到 GDP 的 20%左右，因而美国在文化方面的总体竞争力常年居世界首位。其中影视业占有重要位置，美国更是控制了世界 75%的电视节目的生产和制作，占世界电影市场份额的 90%以上，其科幻巨制《星球大战》系列电影在全球一共斩获了 18 亿美元的票房收入，实力可见一斑。

（二）影视传播是旅游产业跨越式发展的助推器

影视本身就是文化，而且是一种层次较高的文化。影视创作中所包含的题材有历史事件、民间习俗、生态环境等诸多类型，而这些题材又是旅游产业发展的吸引力和核心竞争力重要构成因素。因此，影视和旅游有着相互匹配的内核结合点。影视传播作为一种文化产业，对旅游业的影响和推动作用是很大的。影视作品中所呈现的自然风景、人文风貌被观众了解的同时，旅游目的地也随之被人们所知晓。在旅游景点拍摄影视作品，既可以看作一种旅游营销手段，同时拍摄所在地自身对大众也具有一定的吸引力。在影视作品推广的推动下，观众会进行“重新认知—转变态度—表现出游意愿”等一系列复杂的心理活动。在这一系列心理活动中，观众在影视作品中所接收的所有信息都会对出游决定产生影响。云南省委、省政府出台的《关于建设民族文化强省的实施意见》中，把“广播影视业”确定为全省十大文化主导产业。自此意见出台后的 10 年，拍摄了《千里走单骑》《山间铃响马帮来》等 10 多部云南题材的影视剧，播出后产生了广泛的社会影响，扩大了云南的知名度和美誉度，形成了云南影视创作高潮，建成了大理天龙八部影视城、丽江束河茶马古道影视城等 8 个影视拍摄基地，每年吸引近百个影视剧组到云南拍摄外景，既繁荣了文化产业，也带动了云南旅游业的突破性发展。

影视作品是各门艺术种类和艺术元素的综合，它作为一种新型传播媒介，有着特有的艺术特性，最突出和最明显的是逼真性、可视性。具体而言，它可以真实地记录和复现客观世界，从山川河流到声音色彩再到人物面部表情，都可以被真实地记录下来。也就是说，影视传播始终是运动的，它在时间的变迁和事物运动的过程中进行叙事、展开情节、塑造形象、表达思想情感，受众会不由自主地产生一种身临其境的感受。同时，影视画面是对现实时空的再现，具有较好的可视性。著名电影理论家巴赞说：影视作品不仅具有再现空间的功能，还可以同时记录时间，其真实性包括视听的“真实”和时空的“真实”。影视传播的逼真性、可视性和直接性、直观性特点，可以使受众从影像中吸取信息，强化记忆，还可以有意无意地对画面中的场景进行推广，刺激观众到相关拍摄地进行体验。例如，介绍恩施土家族苗族自治州自然风光的音乐纪录片《四季清江》在中央电视台播出后，引起了全国各地许多人士对土家族母亲河——清江的向往。重庆市黔江区邀请中央电视台 4 套、7 套、8 套和 10 套节目组，到黔江板夹溪摄制“板夹溪十三寨”民俗文化节目，该节目在央视播出后产生了较大的广告效应，极大地促进了板夹溪十三寨乡村民俗的整体保护与旅游传承。

（三）影视旅游是文化与旅游产业融合发展的重要途径

影视传播承载的影视文化作为文化产业与旅游产业相结合后催生出了一种新的复合式事物——影视旅游。显然，影视旅游是文化与旅游产业融合发展的重要途径。

当旅游产业发展到一定阶段时，旅游业与影视产业有机结合产生了一个专项旅游形式，即影视旅游。20 世纪 30 年代影视旅游最早在美国出现，而后发展到世界各地。目前，影视旅游主要有五种形式：一是通过影视作品的传播宣传，推介旅游专题，开发旅游市场的影视旅游；二是依托影视基地（影视城）建立旅游景区的影视旅游；三是主办影视会展、创造旅游活动的影视旅游；四是开放拍摄场景、扩大游客需求的影视旅游；五是景区播放影视作品，延伸旅游内容的影视旅游。影视旅游的灵魂是文化，即影视作品。在影视旅游发展过程中，影视作品发挥的作用有：

第一，可以提升旅游目的地的知名度。影视作品对旅游目的地的宣传推广起着巨大的作用。影视作品充当了旅游地和旅游者之间的“中间人”，在“中间人”的影响下，旅游地对旅游者有着更大的魅力和吸引力。从影视作品开拍造势的宣传起对旅游地的促销推广就已然开始了，一部高质量、口碑好、热度高的影视作品能够轻而易举地让一个旅游地“火”起来。影视作品还能够对旅游地进行长时间的展现，不仅可以增强自然景观的吸引力，而且影视作品的内涵、引人入胜的故事情节、参演的明星艺术家等也会引起人们的好奇心，从而产生旅游的冲动和欲望。

第二，可以引导影视旅游资源的开发。想要制作出一部成熟优质的影视作品，必然需要有一个符合剧情的完美拍摄外景，而这样的拍摄外景往往能吸引人们的目光，进而激发人们对这一处景物的向往之情。为了满足旅游者的需求，旅游行业和其他行业将会进行无缝对接，开发各种旅游要素，延长和壮大旅游产业链条。

第三，可以扩展影视旅游资源的范畴。一方面，一部影视作品拍摄制作的动态过程就是旅游资源；另一方面，拍摄作品的场景，尤其是为了服务作品拍摄而产生的影视基地，可以被开发成固定的主题旅游景点，是很重要的旅游资源。例如，大家所熟知的电视剧《西游记》的剧组，为了放置拍摄电视剧中所使用的道具、服装和相关设备设施，修建了西游记艺术宫，初衷是用来存放物品以备日后使用。出人意料的是，艺术宫在对外开放之后，竟然一跃成为无锡城中的一大旅游热门景点，当时门票定价为 1 元，每天的门票收入就突破了万元，仅用了一年时间就收回了成本。无锡影视基地正式营业后，《唐明皇》剧组来到这里拍摄，并新建了“唐城”，后来在中央电视台火爆播出的电视剧《杨贵妃》和《武则天》也都选择了无锡影视基地为取景地。受到这些热播大剧的影响，前来

“印证”的游客数量大增，据统计，该影视基地一天接待游客最多达 5 万人次。有了之前的成功经验，为了拍摄《三国演义》又新建了“三国城”，接着凭借“唐城”和“三国城”的旅游收入又开始了“水浒城”的建设。高水准电视剧在播出之后果然起到了令人满意的旅游推广作用，国内外游客络绎不绝。无锡影视基地一边进行影视拍摄，一边发展影视旅游，这一创新模式在对地方经济做出巨大贡献的同时，也赋予了无锡这座江南名城更多的文化内涵。同样，在影视城旅游领域取得成功的还有横店影视城，这座坐落在浙江中部东阳市的影视城于 1996 年建成，接着就拍摄了历史巨制《鸦片战争》。横店影视城在多年的发展中不断摸索，逐渐形成了从剧本的创作到影视作品的制作和发行的一整套成熟的产业链。在影视产业的推动下，横店影视城在旅游业方面也有了突飞猛进的发展，更是申请成为国家 AAAAA 级旅游区，每年接待国内外游客超过 1000 万人次。无锡影视基地和横店影视城是影视文化和文化旅游融合发展的成功案例，为其他地方的影视文化与文化旅游产业融合发展提供了非常宝贵的经验。

第二节　现代影视剧与旅游目的地文化传播

关于文化的定义古今中外都有不同的理解。在我国，“文化”一词古已有之，《周易》中就有“观乎天文，以察时变；观乎人文，以化成天下”的说法。其意为治国者须观察天道自然的运行规律，以明耕作渔猎之时序；必须把握现实社会中的人伦秩序，以明各种人际伦理关系，使人们均能遵从文明礼仪，并由此达到大化，推及天下。在这里，“人文”与“化成天下”紧密联系，说明“以文教化”的思想已十分明确。

一、影视旅游与文化传播

据不完全统计，学术界对文化的定义已达数百种，其中，英国人类学家泰勒在《原始文化》一书中提出对“文化”较为权威且具有代表性的定义：文化是包含知识、信仰、艺术、道德、法律、习俗和任何人作为一名社会成员而获得的能力和习惯在内的复杂整体。文化又有狭义与广义之分，泰勒即是偏向对狭义文化概念的概括。广义的文化泛指人类创造活动的总和，恰如人类学家赫斯科维茨所说的，文化包括显性的人类可直接感知的“外在文化”和较为隐性的通过行为、态度、认识、观念等呈现的“内在文化”。简单来说，文化就是人类环境的人为制造部分，是相对于自然而存在的。所谓“人化自然”就是文化的结果。狭义的文化则是指在物质生活生产资料基础上产生的一切社会物质、精神生活的整体。它并非与自然相对应，而是相对于广义文化的精神面而存在的。意识形态可作为一种狭义的文化。

总体来说，文化是一个广泛的概念。广义的文化是指人类创造的一切物质产品和精神产品的总和；狭义的文化专指包含历史、语言、文学、艺术、风土人情、价值观念等一切意识形态在内的精神产品。旅游中的文化研究主要基于文化的广义定义。文化传播是指从一个社会向另一个社会、从一地向另一地传承传播一个国家或地区的包含历史、语言、文学、风土人情、价值观念等在内的物质产品和精神产品的过程。如17世纪意大利传教士对中国当时园林建筑艺术和宗教文化特征起到了一定程度的刺激传播作用。

李笑一认为：“旅游，作为一种活动，具有社会性，同时有着个性化的特征，其本身有着深层次的丰富的文化内涵，是文化传播的有效方式和表现形式。旅游活动是文化内涵和文化传播方式的统一，在文化传播机制中有着独特的意义和作用。”其主要从文化的广义角度来论述影视文化对旅游活动在文化传播上的作用和影响。“文化是旅游的灵魂”这一观念早已被不少学者和业界人士认可，早在1990年，北京旅游学会先后组织过两次旅游文化的专题讨论，后在《旅游学刊》上明确提出，文化是旅游的基础，是旅游的内容；旅游是传播、宣传文化的载体和媒介。此外，“2010博鳌国际旅游论坛”提出“文化是旅游的灵魂，旅游是文化的载体”，一语道破文化与旅游之间的密切关系。如果说文化是旅游的灵魂，那么传播就是旅游灵魂的文化的表达方式。因为没有不传播的文化，也没有无文化的传播，即文化与传播不可分离。在旅游的活动过程中，不管是旅游目的地及其风俗文化，还是旅游行业及其从业人员，或是旅游客源地及其旅游文化，都不知不觉地在旅游过程中得以传播。

影视旅游作为一种结合影视文化与旅游文化的复合式旅游产品，逐渐发展成“以影视基地（影视城）为依托、以影视文化为内涵、以旅游观光为业态、以休闲娱乐为目的”的具有独特运营模式、完整上下游产业链的跨行业、复合型的新兴产业。影视文化就是影视旅游产品中最主要的文化内涵，因此要通过挖掘影视作品中所包含的文化内涵来探讨影视文化营销中的文化传播。旅游活动作为文化传播的载体，对文化有着传播、储存和反馈的多种作用。而影视作品作为文化传播的媒介，具备受众庞大、社会效应高、时效性长等特点，已成为人们娱乐生活中不可或缺的一部分。因此，影视作品中出现的自然风光、人文资源被观众接收的同时，旅游目的地极具吸引力的文化内涵也被广泛传播。

二、影视旅游与历史文化传播

随着张艺谋导演拍摄的“中国电影第一巨制”——《英雄》的上映，其主要拍摄地点浙江横店影视城“秦王宫”和内蒙古自治区阿拉善盟额济纳旗成为热门的旅游景点。在气势恢宏的“秦王宫”前感受万人阅兵的威严，在电闪雷鸣的“漏顶棋馆”听雨下棋，在“书艺馆”以树枝为笔以朱砂为纸书写“剑”字，在“藏书阁”嗅着竹简的清香感受武侠片中的刀光剑影；额济纳旗胡杨怪树林因身穿一袭红衣的张曼玉和章子怡的一场树林决战而名扬天下；巍巍楼宇、漫漫黄沙、青山碧水、红墙绿瓦，无一不令人心生向往。众多游客涌入《英雄》的拍摄地和收官地，感受明星们演绎的英雄风采，释放心中的英雄情结。电影《英雄》获得了空前的票房成绩（缔造了当时中国电影界最高票房纪录），浙江横店影视城借此东风，在实景拍摄地“秦王宫”内恢复了《英雄》中的“漏顶棋馆”“书艺馆”“藏书阁”等经典拍摄场景，同时以电影声效、光影手法在现场真实再现了影片中的精彩片段，并在2003年农历新年的第一天正式对外开放。此项合作缘于2001年4月，张艺谋将《英雄》的绝大部分拍摄场景选择在“秦王宫”景区，并签下合约，郑重承诺待《英雄》公映后，所有拍摄场景全部按原样恢复，并向广大观众和游客开放，以此答谢各界对《英雄》的巨大支持。这可谓是中国电影史上可圈可点的旅游景点与电影联合营销的成功案例。

作为一部历史题材的影片，电影《英雄》的叙事背景来自中国历史长河中耳熟能详的“荆轲刺秦”的故事，由于导演的独具匠心，在叙事手法上借鉴了日本电影《罗生门》，但不同于《罗生门》的写实主义和对社会现实的讽刺，《英雄》通过几千年前的历史故事讲述了君臣之道及“英雄”情结。自《史记》以来，“荆轲刺秦”的故事一直被国人称颂，但在国际舞台上宣扬这种我国独有的武侠精神、以独立个体抵抗强权的英雄主义则是前所未有的。美国《华尔街日报》认为：“《英雄》真正拉开了中国大片时代的帷幕。”

《英雄》在国外受到了广泛好评并登顶首周票房冠军，但由于语言和文化的差异（在国外上映的《英雄》为汉语发音，外文字幕），电影本身的故事情节对于西方人来说比较复杂。尽管西方观众对电影所表达的内涵和精神实质感到困惑，但仍旧为电影的图像美感叹为观止，此片对中国历史、武侠文化的普及与传播都发挥了巨大的推动作用。

三、影视旅游与民俗文化传播

民俗文化作为民族文化的基础和重要组成部分，广义来说就是民间的风俗习惯，是一个国家或民族中广大民众所创造、享用和传承的生活文化，是普遍存在于社会生活中的一种文化现象。民俗文化在历史传承、生活文明建设上的作用都是举足轻重的。民俗文化作为一种民间文化，对旅游活动的发展和传播都具有极其重要的作用。由于我国幅员辽阔、地广人多，即使同一地区的民俗文化也可能由于民族的不同而存在较大差异。有研究表明，文化的差异性会成为旅游活动关键的吸引因素，因此，民俗文化成为旅游目的地和旅游业主争相打造的“亮点”和文化营销“利器”。实际上，这种文化现象对旅游业的发展确实有利，不仅可以丰富旅游资源（特别是具有“土、俗、野、古”特色的旅游资源），还能增长旅游知识（包括休闲、探索、求知、审美）和弘扬传播民族文化[①]。

我国的广西桂林是一座具有两千多年历史的古城，拥有丰富而多元的民俗文化内涵。在这个古老而美丽的土地上，孕育着壮、瑶、苗等 20 多个少数民族，“丰富多彩的民族风情、浑然天成的自然风光、质朴醇厚的历史文化”使桂林享有“桂林山水甲天下”的至高盛誉。美国前总统克林顿曾携夫人及女儿于 1998 年 7 月 2 日来到他们向往已久的桂林，一睹漓江绝美风光和独具特色的风土人情。

谈到桂林，就不得不提到壮族文化的“代言人”——歌仙刘三姐，这个来自民间传说的传奇女子也因为长春电影制片厂在 1960 年摄制的故事片《刘三姐》而闻名遐迩。尽管这部影片距今已有半个多世纪，但 1960 年经典版《刘三姐》是我国电影史上留给世人最深刻、最难忘、最优秀记忆的巅峰之作，刘三姐勤劳、勇敢、美丽的壮族姑娘形象给所有中国人留下了难忘的回忆。

影片《刘三姐》取景于风景如画的桂林，讲述了刘三姐反抗地主莫怀仁，与李示田对歌十天十夜后化作黄莺飞去的故事。作为我国第一部音乐风光故事片，片中悦耳动听的歌声与美丽的桂林山水完美融合在一起，为影片增添了独特的艺术魅力。影片将故事情节与桂林的山水、文化特色紧密相连，既凸显了桂林以民俗特色为灵魂的文化内涵，又形象地展示了“桂林山水甲天下”的灵秀风范。同时，城市旅游形象广告和民俗文化的有效传播给旅游产品带来了新的生机和活力。

时隔 40 多年，世界上最大的、最具魅力的山水实景剧《印象 · 刘三姐》在

① 刘英．创意旅游：文化建设与旅游产业的融合［M］．沈阳：辽宁大学出版社，2022.

桂林阳朔开演。《印象·刘三姐》由我国著名导演张艺谋执导，是全世界首部集山水景观、音乐剧、舞蹈艺术、民族文化于一体的“山水实景演出”。笔者有幸亲眼观赏了这场在全世界史无前例的大型演出。《印象·刘三姐》的演出舞台位于桂林阳朔县的漓江山水剧场，是一处在漓江下游地段天然形成的平静水域地形，此地也是电影《刘三姐》的拍摄场景之一，《印象·刘三姐》以《刘三姐》为主要故事背景，从始至终贯穿着电影《刘三姐》中的经典山歌，以民族舞蹈的形式演绎了“刘三姐”和壮族人民的繁衍生息并与恶势力勇敢斗争的民间传说，并加以烟火、灯光等舞台特效，创造了一个美轮美奂的山水世界。演出融山水、人文于一体，完美诠释了人与自然和谐相处的生动画卷，让自然景观与人文情怀交相辉映。同时，桂林独有的音乐舞蹈艺术、自然生态资源和民俗风情都呈现在演出中，让人们看到的不仅是桂林山水，还有桂林的风土人情。

《印象·刘三姐》至今已演出1500多场，观众达270万人次，为主办方赢得了近1亿元收入。此外，演出不仅使演出的主办单位、投资方获益，还带动了当地的旅游、交通、酒店及零售业的发展。仅以阳朔县为例，在《印象·刘三姐》公映的两年时间内，阳朔县的旅游总收入增加了5亿多元。《印象·刘三姐》作为影视剧、民间传说的衍生品，它最大的成就不在于所创造的社会经济效益和旅游营销的神话，而在于其整合了广西的民族文化资源，并赋予其时代内涵，用现代化的艺术包装和营销手段，在原生态的自然环境中使更多年轻人了解到广西的民俗文化，对广西少数民族传统文化的传播、创新发挥了重要作用。联合国世界旅游组织官员做出如是评价：“这是全世界看不到的演出，从地球上任何地方买张机票飞来看了再飞回去都值得！”

四、影视旅游与红色文化传播

红色文化是指在中国共产党的领导下，中国人民在实现中华民族的解放、自由与伟大复兴的历史过程中所形成的一系列文化现象的总和。红色文化包括井冈山精神、长征精神和延安精神等，它们是中国先进文化的组成部分。红色文化的核心既是对马克思列宁主义创造性的延伸，又是毛泽东思想的精髓和中国革命实践相结合的产物，在中国新民主主义革命的历史进程中具有极其重要的地位。

主旋律文化相比红色文化的范围更加宽泛，它指代的是符合“双百”和“二为”方针，能够以科学的理论知识武装人、以正确的舆论引导人、以高尚的精神塑造人、以优秀的作品鼓舞人的文化圈。主旋律文化不只包含红色文化中所宣扬的“井冈山精神”“长征精神”等，世界各民族的优秀文化、被赋予时代精神的传统文化精华、西方文明中的科学文化等只要能被我们吸收、学习并升华的都被称为主旋律文化。

与过去类似《林海雪原》《小兵张嘎》《七七事变》《红色娘子军》等历史、抗战主题、伟人传记式的红色文化电影不同，在20世纪80年代后，出现了弘扬“红色文化”与“爱国主义文化”的主旋律电影，其较为轻松、没有说教气息且融入艺术的形式更能引发民众广泛的讨论和共鸣。例如，载入吉尼斯世界纪录的《庐山恋》，迄今还在庐山电影院放映，是全世界放映场次最多、单片放映时间最长、拷贝数最多的电影。

在电影之外，《庐山恋》不仅影响了整整一代中国人，还直接推动了庐山旅游业的发展。电影上映之后，四面八方的游客慕名而来，影片中出现过的场景都成为人们争相游览的“宝地”。庐山不再仅仅是“飞流直下三千尺，疑是银河落九天”的代言地，而成为一处标志着浪漫旷世爱情的圣地。例如，影片中周筠教耿桦说英语的小树林骤然间变得闻名遐迩，许多观众纷纷到此留影。

2006年上映的新型主旋律电影《云水谣》亦是在爱情主题上宣扬红色文化、爱国主义的成功案例。故事发生于20世纪40年代，台湾青年陈秋水与王家千金王碧云一见钟情，两人很快坠入爱河并私订终身。但适逢台湾地区局势动荡，作为左翼人士的陈秋水为躲避迫害从台湾辗转来到大陆，两人被分隔两岸。此时朝鲜战争爆发，陈秋水作为军医奔赴朝鲜战场，一边怀着保卫家国的热血豪情，一边默默思念着海岸对面的亲人。战地护士王金娣爱上了陈秋水，并在战争结束后一直追随他到了西藏。由于海峡两岸的分隔，陈秋水几度寻找王碧云无果，在绝望中，王金娣的真情如同一道曙光照亮了陈秋水，陈秋水最终与她结婚了。而身在台湾的王碧云，终身未嫁，一生都在等待陈秋水。

电影集结众多影星，横跨台湾、西藏、福建、辽宁、上海五地拍摄，片中除了刻骨铭心的爱情令人动容，也带领观众置身于小资气息的台北、世外桃源般的苗栗和震撼人心的西藏雪山。《云水谣》还出现在了央视《新闻联播》的报道中，《新闻联播》对该片所蕴含的对两岸统一的殷切期望表示肯定。影片通过在特殊历史背景中发生的两段爱情故事来表现那个年代除却忠贞爱情以外更为深刻的中华传统文化和美好品质——爱国主义和坚贞勇敢。在电影之外，除了20世纪40年代台湾的精致风韵和西藏的苍凉绝美令人难忘，电影中陈秋水家乡的拍摄地“云水谣古镇”也成为热门旅游地。“云水谣古镇”原名长教村，拥有古老而优美的山水风光与人文古道，承载着百年历史的老榕树和神奇土楼都是闽南一绝。在电影《云水谣》上映之后，游客们纷纷慕名而来，感受这悠长古道和青山绿水，以及浓浓的闽南风情。当地政府更是借势把村中一条长达十余千米的古道命名为“云水谣古栈道”。“云水谣”古镇也因此而得名。

电影《云水谣》中陈秋水和王金娣的解放军身份和为救人而殉难、在藏区庆典上大家合唱经典红歌《洗衣歌》的片段都无不传递着红色及主旋律文化。同样，电视连续剧《井冈山》反映了中国共产党在革命初期那段艰苦奋斗的岁月和战争年代视死如归、大无畏的红军精神。此外，中国第一部以红色文化为主题的大型实景演出《井冈山》也在拿山红军剧场开演。由600多名专业演员和红军后代倾情演绎的激情岁月在倾力打造的10万平方米全景舞台上震撼上演，无论是熟悉的红旗、镰刀、斧头还是残酷的牢狱、刑场，都重现了那段永不磨灭的峥嵘岁月，让观众在观看演出的同时回顾往昔并真切地感受到今日的和平来之不易，不仅发挥了红色文化的普及和教育作用，还吸引了更多旅游者来到红色文化旅游景区缅怀先烈、主动接受爱国主义熏陶。红色文化传播的价值不仅在于影视作品本身，更在于它能够提升红色旅游文化的知名度，发挥出更有效的作用。

五、影视旅游与自然生态文化传播

自然生态是指各种生物及生物与大自然之间互相作用、互为依存、相互影响的动态关联和生存状态，有着自给自足的内在发展规律。生态文化就是从人统治自然的文化过渡到人与自然和谐的文化，这是人的价值观的根本转变，这种转变使人类中心主义的价值取向过渡到人与自然和谐的价值取向。

由导演詹姆斯·卡梅隆指导的长达2小时40分钟的科幻电影《阿凡达》上映第九天便在中国市场创造了6.8亿元的票房奇迹。然而，影片《阿凡达》引爆的不只是3D电影的视觉狂欢、蓝色风暴，它更大的成就无疑是对生态问题深刻、独到的思考，以及极具创造力的艺术表达。《阿凡达》并不仅是被人们所戏称的“开发商”与“钉子户”的故事，它实际表现的是人类中心主义与生态主义的斗争。潘多拉星球实际是地球的一面镜子，纳威人则是人类的影子。那些人造的巨型机器助纣为虐，曾经美丽的潘多拉星球——一个完美的世界在丑陋的人类机器面前被毁灭，这一切都不禁引发我们对生态文化的深刻解读和思考。

在我国，“天人合一”的思想早已流淌在中国古代文明的血液中，早已融入流经千年的传统艺术长河中。我国的影视创作者早已将生态文化作为艺术创作的对象。因此，如何继承我国数千年来流传的与自然和谐的理念、以人为本的核心价值观，让当代的影视作品体现生态文化的内涵，承担生态教育的职责，把视听娱乐和生态传播有机结合起来，让每一位观众通过镜头感受生态之美，唤醒大家对自然生态发自肺腑的热爱，从而从根本上改善人与自然之间的矛盾已成为当务之急。

由陆川执导的电影《可可西里》讲述了记者尕玉和可可西里巡山队员为了追捕藏羚羊盗猎分子，保护藏羚羊和生态环境，顽强抗争甚至不惜放弃生命的经历。《可可西里》作为一部反映生命历险的故事片，通过猎杀藏羚羊和阻止猎杀藏羚羊这两个载体，讲述了人在绝境中的生存挣扎和人与自然的相互抗争。它不仅是一部信仰与生命的电影，也让人类与生态环境成为舆论焦点，极大地引发了人类对藏羚羊的生存问题、可可西里这个人类生存“禁区”的关注。

无独有偶，由冯小刚执导的贺岁片《私人订制》也在电影最后一章谈到生态问题，并让四位演员面对雾霾、污染、林毁、地陷等环境问题，分别向大自然郑重道歉。尽管这个略显社会责任感的“道歉环节”被不少影评人评价“生硬”“做作”，但影片所引发的对生态文化的关注是不容小觑的。

影视剧已成为生态文化传播的天然载体，是我们今后亟须开拓的课题。面对越来越多的环境恶化问题，通过电影作品让人们自我警醒、重视生态文明，激发人们的环境保护意识，重新唤起人们对大自然的热爱，由被动到主动保护环境，从而做到在影视作品中响应现实。

六、影视旅游与消费文化传播

消费文化是指消费者在消费行为中，除了消费产品，还要消费由这些产品所带来的象征意义及该产品所代表的阶层、调性、品质和心情，是消费行为中所包含的深层含义。在影视植入式旅游广告的策划和制作中，策划者要注意将这些内涵意义巧妙地融合在影视剧情之中，使广告的痕迹更加隐形。而消费者购买的不仅是旅游这一活动本身，而是旅游文化、历史文化、饮食文化及旅游给消费者带来的愉悦、趣味和享受。

消费文化包括物质消费文化、精神消费文化和生态消费文化，是社会文化的重要组成部分，是人们在物质、精神生活中所创造出来的，是社会文明建设的关键因素。一个社会或国家的经济、政治制度、生活水平、价值观念、风俗习惯和公民素质、法律制度等都会对消费文化造成影响。消费文化不等同于消费主义。消费主义是一种宣扬极端物质主义、追求无节制享乐、具有虚荣炫耀性的消费观念，是西方国家曾出现过的一种消费思潮。它与消费文化所追求的积极生活态度是完全相反的。这里主要论述消费文化中的饮食文化在影视剧中的运用和传播。饮食文化在我国具有社交、亲和、宣传、养生四大功用，对我国文化具有根深蒂固的影响。古有云“饮食男女，人之大欲存焉”，常言道“民以食为天”，都道出了中华文化重饮食的倾向和文化习俗。“吃”对我们的文化心理结构有深刻影响，存在于每个中国人的潜意识中。

华语电影有很多反映中国饮食文化的，其中著名的有《饮食男女》《食神》《满汉全席》等。中央电视台出品的纪录片《舌尖上的中国》火爆荧屏，也让全国观众对着荧屏垂涎欲滴、赞不绝口。有学者认为，这部纪录片之所以火爆，原因在于：首先，其选题具有广泛的群众基础。所谓“食色，性也”，不论年龄、不论民族、不论阶层的人们都离不开饮食。其次，其在素材的编排与剪辑中无处不流露人文情怀。《舌尖上的中国》不同于一般的美食节目仅仅对食物的烹调、色香味进行形象的描述和捕捉，它更多的是把食物背后的历史、传承和地域的变迁融入更深层次的文化中并传递给观众。正如其解说词中所表达的，“这是山的味道、风的味道、阳光的味道，也是时间的味道、人情的味道”。

《舌尖上的中国》传播的不只是饮食文化，还有难以割舍的乡愁、记忆和人文情怀。《饮食男女》是奥斯卡最佳导演奖得主李安早期的华语影片，它从中国传统饮食入手，表现了一个单亲家庭父女四人的情感生活，父亲曾是中国台湾圆山大饭店的主厨，声名远扬，晚年竟然失去了味觉，母亲早逝，父亲一人照料着三个女儿的饮食起居。“饮食男女，人之大欲存焉”这句至理名言通过父亲之口，道出了全剧的核心思想。片中频频出镜的圆山大饭店，看似不经意却引起许多大陆观众的好奇心和想一探究竟的冲动。

“好雨知时节，当春乃发生。随风潜入夜，润物细无声。”杜甫的这首关于春雨的诗在一千多年后的今天化为一部浪漫唯美的爱情电影——《好雨时节》。尽管这部由韩国导演许秦豪执导，却是中国第一部城市营销电影《成都，我爱你》的上集，独立成章，在成都拍摄完成。影片中韩国男子朴东河（郑宇成饰）因工作来到成都，在杜甫草堂偶遇在美国留学时的大学同学 May（高圆圆饰），两人上演了一段城市浪漫爱情故事。影片借由高圆圆演的导游角色将成都的美景、美食、美雨娓娓呈现在故事中。喧闹的武侯祠，静雅的杜甫草堂，竹林雨后品茶，小河竹筏鲜鱼……有影评人形容该片是“一切润物，都在无声之中，而无声，确只在这个时节”。《好雨时节》中有一场女主角 May 带男主角吃肥肠粉的戏，肥肠粉不同于韩国泡菜的辣味儿，朴东河吃第一口就被呛到了，但他还是忍住大口吃了下去，只因为 May 说她喜欢爱吃肥肠粉的男人。其浪漫又不乏幽默的情节恰如其分。与《好雨时节》有异曲同工之妙的传播旅游目的地饮食文化的还有电影《家有喜事》，片中角色小敏用赞美的语调推荐：“千岛湖风景优美，水产丰富，那里的水煮鱼头特别好吃。”影片以此直接拉开了发生在千岛湖的剧情。除此以外，电影《小小得月楼》通过一家知名饭店里的生动故事及鲜活的人物形象，活灵活现地将苏州的餐饮文化和普通市民的精神风貌呈现出来。再如电影《美食家》也通过精彩的人情故事，展示了苏州人的真实生活，强化了观众对苏州和苏州人的多层次理解。

第四章　旅游产业融合发展的创新探析

在大数据时代背景下，信息技术的良好发展是服务业进行创新的发展动力。在大数据时代的旅游业的发展过程中，游客流量、旅游就业、旅游经济效应的增长等已经成为人们关注的重点。首先，旅游企业充分利用信息技术快速发展带来的机遇，对自身的传统技术不断进行改革创新，使其发展方式发生改变，不断寻找新的发展生机；其次，尽管在大数据时代下存在许多对企业发展不利的信息，但同样也存在大量有价值的信息，这些有价值的信息被旅游企业提取出来，并对整个旅游业的发展起着十分重要的作用，这也导致了旅游业和其他产业的“跨界”融合发展现象越来越多；最后，由于互联网这个技术手段在当今社会的发展中有着举足轻重的地位，其对旅游业的影响也是十分巨大的，它使得旅游企业之间的竞争方式也在不断发生改变，旅游企业的战略决策也在不断做出调整，以便能够更好地迎接挑战，使得旅游业的各个企业在当今越来越激烈的社会竞争中同样能够适应市场的变化与发展。

为了更好地发展经济建设，我国提出将经济发展的思路进行创新的战略，其中便包括进一步促进工业、农业、信息技术、文化等各个相关产业和行业与旅游业的融合与创新，使旅游的供给发生改革，通过旅游产业和其他产业的不断融合，使旅游业能够具备更好的供给质量，提高旅游整体的经济效益。在大数据时代背景下对旅游企业的融合创新进行研究不仅是为了使旅游业能够适应时代的发展和社会的需求，其目的更是为旅游企业的可持续创新发展寻求合适的发展路径。

第一节　大数据时代旅游企业融合创新机制与路径

在现阶段，学者们主要的研究重点便是各个创新要素之间的关系及产业融合与创新之间的关系这两个方面。对于旅游企业来说，在当今大数据时代的背景下进行融合创新时必须以融合创新相关理论为指导。旅游企业的融合创新不仅是旅游企业内部中各个要素的融合创新，还是旅游企业之间、旅游企业与其他企业之间的融合创新，从而使整个产业的融合创新都得到发展。

一、大数据时代旅游企业融合创新机遇

旅游企业是旅游产业不断进行演化的微观层面上的主体，因此，对于旅游企业而言，大型的旅游企业集团更是旅游业态进行创新的主体。大型或特大型的旅游企业集团的良好发展有利于旅游产业集中度提高，并且可以改变市场中“小而全”的生产方式，使旅游产业内部的各个企业之间的竞争变得井然有序，市场变得更加和谐。而这些大型旅游集团也很自然地成为旅游业态创新过程中的核心层面，即旅游产业整体发展的领导者。此外，中小型旅游企业也需要与大型旅游集团保持紧密的分工合作关系，围绕大型旅游集团这一核心层面，向着“小而精、小而专”的方向不断发展。通过这种大中小企业的多样化产业组织形式，市场能够更加有效地提供差异化的旅游产品，各个企业之间的竞争方式也逐渐由原本的价格竞争走向品牌、质量、规模、设计等非价格层面的竞争，企业的营销行为、创新行为和组织协调行为等规划管理方式被放在旅游业经济发展的突出位置。因此，旅游业态的创新便是旅游企业（特别是大型旅游企业集团）通过市场创新、技术创新、生产经营方式创新、组织管理创新、供应流通渠道创新、制度创新等多种创新方式来实现的。自 2012 年以来，“大数据”这个新兴的概念便越来越频繁地出现在人们的视野当中。所谓的大数据，是指在信息爆炸时代，人们在日常生活中产生的海量信息数据。大数据具体包含的范围十分广泛，其涵盖了资源、技术、应用、产业和思维等多个方面的内容信息数据。当前大数据的发展主要以应用为主，其在如今社会中的应用领域几乎渗透到了我国国民经济中的所有部门，旅游业自然也不例外。尤其是随着社会的发展，各种理论技术变得更加成熟，大数据在经济预警、医疗健康、舆情分析、智慧交通等领域也获得了良好的应用，甚至在一些领域内具有一定的引领作用。在企业精准营销、电子商务、互联网金融、社交娱乐等多个行业中，大数据更是出现了规模化的应用。基于这些现象，我们可以很肯定地预测，大数据在旅游企业中的应用也将随着大数据的研究变得更加成熟，从而带动旅游业整体的发展。

在大数据时代，最先获益的产业便是本身就以信息为核心的互联网行业及信息技术行业，这两者跨越式的发展深深地吸引了人们的目光，在追求进步的本能

驱使下，人们越来越关注大数据时代引领下的各行各业的发展，尤其是计算机、云计算、互联网和通信技术等行业的飞速发展已经给人们的学习、生活及工作等方面带来了十分巨大的影响。大数据时代，是一场生活、工作与思维的大变革。大数据的功能不仅能促进企业在技术层面上进行创新，还能促使企业在其商业模式上进行改革创新。随着大数据时代的到来，在国家层面上也不断出台了多项专门政策来支持大数据产业的发展。作为国民经济支柱产业的旅游业想要得到更好的发展，就必须将目光放在大数据上，契合国家制定的大数据产业政策，合理地进行旅游企业的融合创新发展。

（一）旅游市场机遇

随着大数据时代的到来，我国的旅游市场需求变得十分强烈，进而导致了旅游市场的规模不断扩大，人们对于旅游消费需求的档次也开始升级，因此在旅游市场的发展中，量和质都得到了同步提高。大数据时代的发展同样促进了旅游企业的发展，这具体表现在旅游企业的市场范围得到了巨大的扩展。因此，旅游企业应该及时抓住这次发展的机遇，充分利用大数据的海量资源，对数据进行再利用、重组和创新，挖掘出数据背后所隐藏的市场信息和商业价值，通过这些数据对旅游市场的规模、需求变化、空间分布、消费者的偏好等方面进行分析预测，使企业能够提前掌握消费者消费的心理和市场变化的趋势，使企业的发展能够适应市场的变化，进而创新其旅游产品和服务。

（二）产业政策机遇

旅游业在发展过程中一直受到国家层面的高度重视，近年来更是成为我国国民经济的支柱之一，而旅游业取得的这些成绩离不开国家产业政策的支持。在旅游业发展的长期过程中，我国都会根据其发展的需求制定相应的政策。就近些年的政策来看，首先，国家明确指出要将旅游业作为国家经济发展的支柱产业来发展；其次，国家提出完善旅游基础设施和服务建设，大力发展全域旅游，积极推进“旅游+”的产业融合发展模式；最后，国务院印发了《促进大数据发展行动纲要》，使旅游企业能够在发展中更好更充分地利用大数据。2017 年，国家工业和信息化部出台了《大数据产业发展规划（2016—2020 年）》，进一步使得旅游业能够在这个政策的指导下借助大数据来实现其发展。

国家一直以来高度重视旅游业的发展状况，对于旅游业的相关产业政策也在不断完善和改进，并给旅游企业的融合创新提供强有力的政策支持，从而促进旅游业的快速稳定发展。

（三）技术发展机遇

我国明确提出了要强化大数据技术产品研发，培养专业技术高端人才的战略方针，这给旅游企业带来技术层面融合创新的发展机遇。大数据下的海量数据具有十分明显的复杂性，这使得旅游企业急需云计算、物联网等先进技术来支持这些数据的处理。为此，各个旅游企业都建立了相关的技术平台，为其对数据进行收集、存储、处理、分析和可视化等操作提供了方便。技术不断的发展使大数据的分析处理流程变得更加简便，使人们对当今社会海量数据的掌控能力得到了极大的提升。随着大数据时代的到来，旅游企业融合创新的相关技术也得到了更好的发展机会。同时，这些技术的不断进步促进了旅游企业的融合创新，从而对于旅游大数据的应用有了更好的发展，两者之间是一种互惠互利的共同发展关系。所以，要尽快建立一个数据统一化的标准，以此促进旅游数据一体化的发展是十分有必要的。

二、大数据时代旅游企业融合创新机制

（一）融合创新机制的影响因素

在对旅游企业融合机制的影响因素进行分析研究时，应该着重研究影响旅游企业融合的基本因素及旅游企业融合构成的基本结构，从而对旅游企业的融合创新机制进行深入的研究。通过大量的分析结果可知，影响融合创新机制的因素非常多，其中包括内在的影响因素及外在的影响因素，这些因素都会或多或少地影响企业机制的形成。在大数据时代，旅游企业融合创新机制的影响因素主要包括以下四个方面的内容：一是受到大数据影响的各个旅游企业的具体社会化行为，这种社会化行为将会促使旅游企业对其机制进行不断创新；二是在大数据网络化的信息中出现的对行为机理的认识，如何将这些行为机理进行区分也会直接影响企业的机制创新；三是大数据与旅游企业社会化之间的各种信息的相互传播，信息的传播将会直接影响旅游企业机制的创新；四是在整个运行数据中的旅游企业的融合程度。

（二）融合创新机制的重点和难点

1. 技术复杂化，信息透明化

大数据概念的出现和发展，对互联网的发展来说具有划时代的意义。云计算技术的不断发展和创新，使以前难以被收集利用的数据在现在变得更加容易，但是，也正是因为发展迅速，使大数据的数据量变得更加巨大，结构变得更为复杂，这对旅游企业在技术上，尤其是在软件技术方面提出了更高的要求。

在大数据时代，旅游企业的所有社会行为都能通过数据的变化进行分析追踪，再加上来自社会上的数据越来越多及企业间数据的交流和共享，这使旅游企

业内的一切都变得更加透明，很可能导致旅游企业内部的一些保密信息被泄露，给旅游企业的经营和发展带来隐形的风险。

2. 经营环境信息化，经营方式社会化

大数据的发展带来的巨大变化之一便是旅游企业环境的改变，这个改变包括旅游企业内部环境及外部环境，由封闭、僵化等状态变为了开放、数据化的状态。旅游企业环境是旅游企业能够良好地进行管理和经营发展的基础，而旅游企业环境的信息化也使得旅游企业的发展能够充分利用大数据带来的优势。

因为大数据的发展，社会上各行业之间的联系变得愈加紧密。在旅游企业中，其管理者、顾客、竞争对手、合作伙伴等各个相关者的联系都变得更加紧密及深入，其中各个角色之间的广泛合作，令社会上各种信息的传播方式变得更为方便快捷，这也让旅游企业生产的旅游产品开始走向大众，使其适应人们多元化的需求。对大众而言，大数据的发展也使得他们能够更加容易地参与旅游企业的业务流程，这就要求旅游企业更加精确地掌控自身的经营流程，使其自身的产品、服务及业务的质量得到优化。

3. 线上线下模糊化，管理决策数据化

在大数据的支持下，互联网尤其是移动互联网得到了飞速的发展。正是这种发展趋势，使得线上的互联网旅游企业也想在线下分一杯羹，因此这些企业开始大力发展线下业务，这使得线上线下的旅游企业之间的界限变得模糊，从而给传统的旅游企业造成了巨大的冲击。在大数据发展这个机遇下，传统旅游企业通过大数据在线上线下进行互动，开拓出自身的独特发展模式并形成独特的机制。

在大数据时代，旅游企业的各项经营管理也需要进行数据化的转变。将企业的各种行为、决策等都通过数据来描述，并将其存储下来，以便对这些数据进行统计、描述、分析和整理。旅游企业的经营管理进行数据化转变的核心在于企业能够获得全面、准确的信息，并利用云计算的方式对这些信息进行处理分析，提高旅游企业管理决策效率。

4. 组织结构虚拟化，企业成员平等化

大数据时代能够为企业提供大量的数据信息，这些信息如果妥善处理，则能够整合社会上的各种资源，促使企业之间相互合作、相互促进、相互协作；还能够打破企业之间的交流屏障，实现各大企业的跨区域、跨国界的交流和协作。由于企业之间的互动变得更为轻松，这将会加速旅游企业边界的消失，使其走向虚拟化，导致旅游企业自身的组织结构和管理也开始向着虚拟化转变。

互联网、媒体的不断发展使各个企业成员之间信息的不对称程度变得越来越低，能够了解的信息越来越多，其在合作竞争中的话语权、决策权便逐步增大，使企业成员之间趋于平等化。

（三）融合创新机制内容

1. 动力机制

通常来说，旅游企业融合创新的动力主要是由其内在动力和外在动力共同组成的（见图 4-1）。旅游企业家的创新精神及创新带来的利益驱动力形成了旅游企业融合创新的内在动力。旅游市场需求的拉动力、政府政策的引导力、市场竞争的压力及技术的推动力，则形成了旅游企业融合创新的外在动力。旅游企业融合创新机制便是在内在动力和外在动力之间的互补及互相支持下形成的。

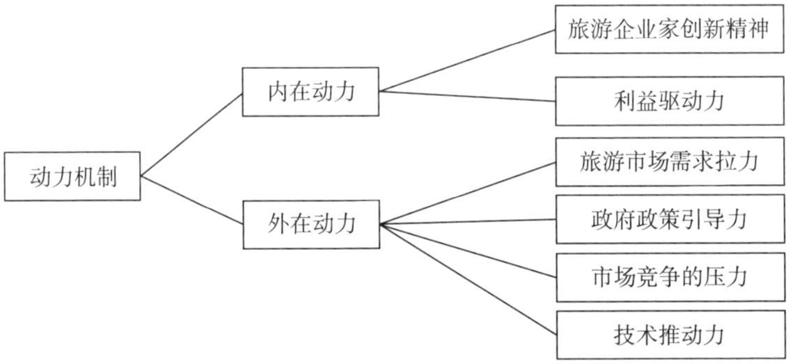

图 4-1　旅游企业融合创新动力机制

在大数据时代背景下，旅游企业能够进行融合创新的最根本动力是旅游市场需求的拉力。旅游需求会根据不同的发展状况而不断发生变化，这个变化便带动了旅游企业战略的变化，使旅游企业开发出适合市场需求的旅游产品和服务，同时旅游企业还会选择适合的融合模式来对其发展战略进行调整。

利益的驱动力是旅游企业融合创新的原动力，任何企业的最终目标都是利润最大化。在利益的驱使下，旅游企业为了适应发展而实现融合创新。技术是旅游企业融合创新的推动力，这主要是因为旅游企业通过对数据资源的利用来实现融合创新，而旅游企业对数据资源进行处理就必须凭借技术来实现。

政府的政策是旅游企业融合创新的引导力。在大数据时代，政府针对大数据旅游业发展出台了许多政策，旅游企业也应该跟上时代发展的步伐，充分利用这些政策方针来指导自己的发展战略得到改革创新。大数据时代的到来给旅游业带来了很多的发展机遇，使得新兴的和大数据相关的旅游企业不断涌出。大数据时代给旅游企业融合创新带来了严峻的市场竞争压力，而这巨大的竞争压力也将促使旅游企业在内部和外部进行融合创新。

2. 运行机制

在大数据时代背景下，旅游企业融合创新的主要运行机制由组织机构的创新、运行程序的创新及管理制度的创新三个方面共同组成。

在组织机构创新方面，一般形式的旅游企业组织机构所采取的是直线型管理方式。其主要内容是设立景区管理、品牌运营、财务管理及行政管理四大中心来使企业正常运营。通常来说，采用这种组织结构的旅游企业都存在一些管理上的问题：管理的结构较为冗杂，所涉及的管理层级比较繁多，这使得管理效率并不高；管理人员的任务出现重叠，增加了企业的管理成本，对企业的人力、物力、财力等各方面的资源都造成了极大的浪费。针对旅游企业本身，应该采用简洁高效的组织机构来进行管理。在大数据背景下，旅游企业的组织机构新增了基于大数据的研发测评中心，其主要功能是对产品进行开发、测评及应用管理，旅游企业自身的激励机制及监督考核制度得到了完善，旅游企业也拥有了强大的凝聚力和可持续发展的动力。

在运行程序创新方面，传统的旅游企业的运行程序主要是先通过人工对客户需求信息进行统计，然后进行旅游线路的筛选，最后由人工进行票务、酒店、交通工具等方面的预订。在大数据背景下，旅游企业则直接通过建立一个平台对客户的需求信息等数据进行收集分析，将游客的旅游线路动态显示，使客户可以直接在平台上预订，并且支付方便快捷，最后企业通过电话、邮件等方式进行回访、调查客户的满意度。

在管理制度创新方面，在旅游市场上出现了许多重复旅游产品，各个旅游企业不对其产品和服务进行创新，导致市场上的旅游产品的质量普遍较低。旅游企业由于信息技术较为落后、人才缺乏、观念陈旧、营销手段单一等因素，在吸引客户时通常采用降价的方式，并且大多数旅游企业都忽视了售后服务。在大数据背景下，旅游企业将技术用于管理体制的革新当中，并运用信息管理系统及企业自主开发的自动化系统，使交易的过程更为方便快捷，减少了旅游企业的运营成本，还提高了运营的效率。在大数据的基础上，旅游企业应以技术作为切入点进行管理体制的创新，建立完善的人才储备体系，广泛吸纳高素质、高技术专业人才，培养综合性人才，同时对售后服务体系进行不断完善，使其能够满足客户的各种需求。

3. 发展机制

旅游企业融合创新的发展机制是在企业发展机制和创新发展机制两者相互影

响、相互作用的基础上延伸出来的。通常来说，我们主要是根据企业是否在盈利、是否一直向利润最大化这个目标靠拢来判断一个企业的发展状况。大数据时代下的旅游企业融合创新的发展机制是指旅游企业在注重自身内外部发展的同时，能够利用大数据形成的海量数据资源来对旅游企业进行融合和创新，从而形成一种能适应旅游市场需求变化的可持续性的创新发展机制。

此时期旅游企业的融合创新发展机制依靠企业自身的资源是远远不够的，还要依靠企业外部的社会资源。需要注意的是：首先，旅游企业要具有大数据的发展意识，使企业能够跟上大数据时代的发展步伐，旅游企业通过自我调节，不断地积累经验，最终使旅游企业能够主动地适应旅游市场需求的变化；其次，旅游企业要确立其发展目标，制定好企业长远发展的规划和发展战略，并时刻根据大数据时代下的旅游市场需求的变化来对自身的发展战略进行调整；最后，旅游企业要明确其融合创新发展机制是一种能够可持续发展和不断进行创新的机制。在企业自身内涵和外延两方面都要有所发展：内涵上的发展主要是旅游企业自身的创新，其中包括旅游产品和服务上的创新以及整个旅游企业的系统创新；外延上的发展则主要是旅游企业的融合，通过与其他企业进行合作或者重组，实现企业的可持续发展。这主要是因为企业发展机制的创新不仅要依靠自身的数据资源，还必须依靠其他企业提供的数据资源。此外，对数据资源的处理是需要技术来实现的，因此，旅游企业可以通过对技术的创新，建设起旅游企业融合创新和技术的平台，从而在市场竞争中能够保持优势地位。

4. 协作机制

大数据时代下，旅游企业融合创新的协作机制的主体主要包括旅游企业、政府、旅游市场三个方面，这种协作机制也是因三者之间的博弈而产生的。政府在旅游企业融合创新中起到的是引导作用。其功能实现的途径通常是制定相应的合理政策，如对旅游市场及旅游企业进行资源和政策上的扶持和引导，刺激消费，培育完善的旅游市场。政府还可以通过其独有的宣传平台对旅游行业进行宣传推广，同时对市场及旅游企业的发展环境进行规范，为企业的创新创造健康有序的发展道路。

旅游企业在融合创新的协作机制中占有十分关键的地位，而旅游产业的融合创新是通过旅游企业这个主体来实现的。旅游企业在进行融合创新的过程中，可以通过企业内部的相互协作来实现，也可以在外部通过与其他企业一起合作来创新产品和服务。旅游市场是旅游企业融合创新协作机制的载体。旅游市场将会对旅游行业的创新结果、服务质量进行检验，对旅游行业发展过程中的动态及时反馈，并和政府一起共同对企业创新形成激励机制，使旅游市场与旅游企业之间相互协作、相互促进。

大数据时代下，旅游企业融合创新的协作机制主要是在企业的内部革新基础上发挥企业内外部协作的作用。内部的协作需要在企业内部组织结构之间进行融合，而外部协作则需要企业联合其他主体。其关键点是在进行融合创新的各要素之间形成协作互动，最终形成一个复杂而有序的协作机制体系。大数据时代下，旅游企业的融合创新主要是将技术创新作为导向，以数据资源为主导，在旅游企业的利益驱动、政府的政策引导及旅游市场的需求三者的相互作用下，形成相互作用的、螺旋形的、开放性的旅游企业融合创新体系，如图 4-2 所示。旅游企业将整合数据资源作为发展目的，设立融合创新平台，并形成以旅游企业为主导，政府、旅游市场协作发展的融合创新系统，最终利用这个系统来解决实践发展中遇到的问题。

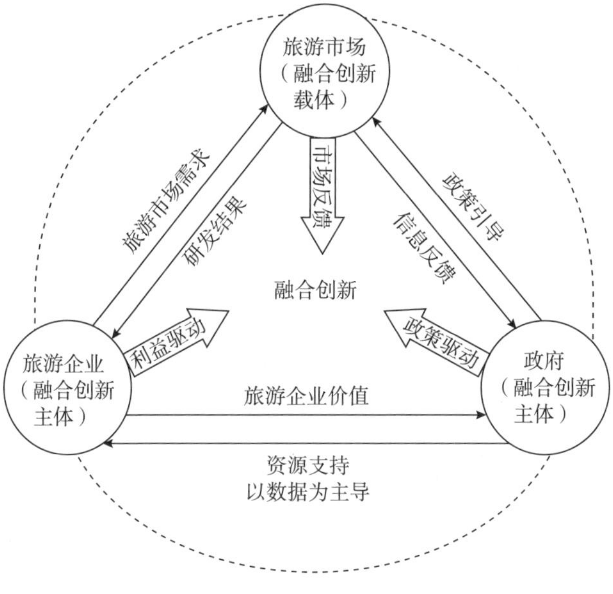

图 4-2　大数据时代下旅游企业融合创新体系

三、大数据时代旅游企业融合创新推进路径

（一）以大数据为中心：深化旅游企业价值的内涵和外延

大数据时代下，旅游企业融合创新的中心点是大数据，大数据时代的发展为旅游产业价值链结构的重组提供了良好的条件，使传统产业链的价值取向与价值

模式得到了改变，因此人们在旅游业的发展中需要从新的视角和思维来看待旅游产业的价值链。大数据时代的到来，缩短了旅游业上下游之间沟通交流的距离，使在传统旅游产业价值链中起到沟通上下游产业的旅行社也因其发展壮大。

和传统的旅游产业价值链相比，以大数据为中心建立的新型旅游产业价值链在其内涵与外延上都有了极大的变化，其主要表现在深化了旅游产业价值链的内涵和拓展了旅游企业的外延两个方面。传统的旅游产业价值链主要在于提供旅游产品与服务的旅游企业，而在大数据的条件下，旅游产业价值链主要是以大数据为主导的思维模式，使旅游企业由对企业内部数据进行记录、收集、分析开始转变为对企业外部的数据进行分析与整合，并在传统旅游产业价值链的基础上增添了基于大数据的在线渠道商和在线营销平台企业等。新增的在线营销平台企业对消费者需求的挖掘十分重视，通过搜索引擎、社交、点评和门户网站等多种方式，对潜在的消费者进行需求的引导和激发，为消费者打造出符合其需求的专属产品和服务，使企业能够占据市场的优势地位。

（二）重组开放数据：拓展大市场，从界内到跨界

大数据时代的到来，使旅游产业融合步伐变得更为快速，各种跨界产业也不断产生，因此，在这个背景下，熟练地掌握对数据的重组应用是实现旅游企业融合创新的有效途径之一。旅游企业与非旅游企业之间通过建立完整的客户信息共享系统，使两者之间的经营管理制度与资源信息得到充分的交流，从而使市场、人才、品牌、信息、渠道等多个要素产生聚合。通过对大数据进行重组应用可以使企业对商业信息和市场信息进行深度的挖掘，令市场的动向和消费者的偏好能及时反馈到企业中。例如，通过汽车保养数据与自驾旅游人数数据可以分析出两者之间的关系；分析房地产开发数据与旅游业市场数据，可以了解“换房旅游”市场在全体市场份额中的大小及其发展趋势，实现地产、物业、旅游业三者之间的跨界融合。由此可见，旅游企业对其他产业的数据资源进行分析整合，可以令不同产业之间的优势进行互补，实现社会资源的共享，促进不同产业要素之间的集聚、融合和创新，从而拓展旅游的整体市场。

在大数据时代下，除了企业会开放数据的使用，政府也会向大众开放极具价值的公共数据。由于政府在经济发展中具有十分特殊的地位，因此政府拥有比较大的数据信息资源，而这些数据对于公共部门和商业实体来说都是能够使用的。但在这些数据中，有大部分的数据价值都是隐藏的，只有通过对其进行创新性的分析，才能将这些价值释放出来。因此，如果将政府拥有的这些数据深度开发出来，必将为整个旅游市场的拓展和发展带来极其深远的影响。而对这些政府数据

进行提取开发的最好办法，便是允许社会上的大中小企业和社会大众访问旅游管理部门的相关数据。例如，美国建立了联邦政府的公开信息资料库 Data. gov 网站，欧盟、澳大利亚、巴西等国家和地区也相继制定了政府向社会开放数据的举措。

（三）打造融合创新主体："旅游企业+"数据、技术与思维

大数据的价值链主要可以分为三个部分，其内容分别是数据、技术与思维。在大数据发展的初期，技术与思维这两方面处于较强的地位，但大数据最终的价值仍然来源于对数据本身的深度挖掘和充分分析运用。大数据背景下的"旅游企业+"就是将"旅游企业+其他企业"的数据进行共享融合，从而形成全新的大数据技术分析公司，这些新形成的企业都是依托大数据来形成其竞争力的。

通过对大数据价值链融合创新的主体进行打造，充分发挥旅游企业作为创新主体的功能和作用，使其能够为其他相关产业和领域的发展提供旅游平台，开拓出新的空间，令旅游企业的发展水平及其综合价值都得到有效的提升，从而形成新的旅游业态。旅游产业因其无边界的特征，在大数据中作为连接的纽带，可以使旅游企业进行多方位、多层次、多方式的融合发展。

积极推动"旅游企业+"不断发展，就要大力推进旅游企业与其他重点行业融合创新。例如，"旅游+地产"是旅游企业与房地产行业的融合；"旅游企业+互联网"是互联网时代智慧旅游的发展；等等。随着消费者需求的不断变化和社会经济的快速发展，"旅游企业+"的内容也会在这个过程中不断增加，对此，旅游企业在发展时也需要充分根据旅游者的需求，结合自身的发展因地制宜、因时制宜地选择"旅游企业+"的优先领域作为发展重点，以此促进旅游企业的可持续发展。

（四）给大数据估值：创新旅游企业商业模式

给大数据估值主要是根据大数据创造的价值来进行的。大数据的价值体现在以下三个方面：一是在商业模式的运营视角下，大数据具有创造低成本产品的优势；二是在商业模式的经济视角下，大数据能够促进生产率增长、创造经济价值；三是在商业模式的战略视角下，大数据能够使旅游企业对旅游者的消费行为、需求特征及市场定位进行有效分析，提升旅游企业竞争优势。

大数据的价值正在不断改变旅游企业的传统商业模式。正如美国硅谷的技术专家和计算机出版商蒂姆·奥莱利所说的，"数据是一个平台"。数据在当今社会是新产品和新商业模式的基石，旅游企业想要获得更好更快的发展就需要将数据作为支撑点，利用大数据预测市场，将其当作一种独特的资源和资本从而为旅游企业服务，从大数据的价值发现、价值创造直到价值实现。在传统的公司价值

估值理论中并没有介绍对企业所拥有的数据信息进行详细估值的方法，而随着大数据的到来，人们对传统企业的估值理论进行了调整与完善。

在当前，尽管人们对大数据的估值模型并没有形成统一的认识，但随着市场经济的发展，仍有各种围绕大数据的商业模式不断形成。在大数据时代，旅游企业商业模式的创新主要表现在：一是通过对大数据进行获取、存储、分析、使用等手段充分开发其海量数据资源，使旅游企业商业模式完成变革。二是将大数据资源转变为一种企业发展的资本，成为企业新的资本要素，并投入生产要素开发过程中，从而使旅游企业商业模式和机制都得到融合创新。

（五）建设融合创新平台：从技术创新到合作机制创新

旅游市场的规模随着旅游业的发展不断扩大，同时，三大产业不断发生融合，旅游企业独立运行的状况因此也在逐渐消失。大数据时代下的旅游企业融合创新的关键点是对企业创新平台、大数据收集平台、大数据技术开发应用平台、旅游企业公共信息服务平台等的建设。企业通过建立云计算数据系统、信息发布系统等，对旅游信息数据库进行不断规范和完善，并利用新技术、新应用来引领和推动其融合发展的进程，对大数据进行多次利用，从而完全发挥出大数据的巨大经济潜力，使旅游企业的核心竞争力得到提升。

打造各种融合创新平台离不开对合作机制的创新，这种机制将会对旅游产业的融合创新产生积极的作用。旅游企业在开发大数据的同时，要正确认识到大数据也打破了企业原有的商业管理的平衡性。在大数据导致的数据透明化的影响下，企业的隐私被二次利用，企业和企业、企业和大众之间的信息不对称的状态也正在发生改变。同时，还会存在旅游企业的核心客户信息是否会被泄露、个人隐私是否能够得到保护、数据需求者的动因是否纯正等问题，这些都需要企业重新构建出一个符合大数据发展的合作机制，其中包括大数据的开发投入机制、利益分配机制、商业秘密防范保护机制等。只有对合作机制进行创新，才能保证旅游企业的融合创新具有持续的发展动力。

第二节　旅游产业融合下的投融资创新与路径

对于如何理解投融资的概念，我们可从三个维度来看：首先，投融资是对独立的经济现象进行分别或综合的描述；其次，投融资是对现实经济中复合现象的描述，反映了投资和金融两个独立现象的共同综合特征；最后，投融资也是对我国体制演变过程的描述。模式是指经过对现象、概念、理论的抽象和升华从而提炼出来的可供某一类具有共同特征的问题不断仿效和重复运用的方案。投融资模式包括投融资主体、投融资渠道和投融资方式三个基本构成要素，如图 4-3 所示。可以看出，投融资主体是发展项目的投资者和资金融入者；投融资渠道是发展资金的来源；投融资方式是资金融出融入的具体方法。

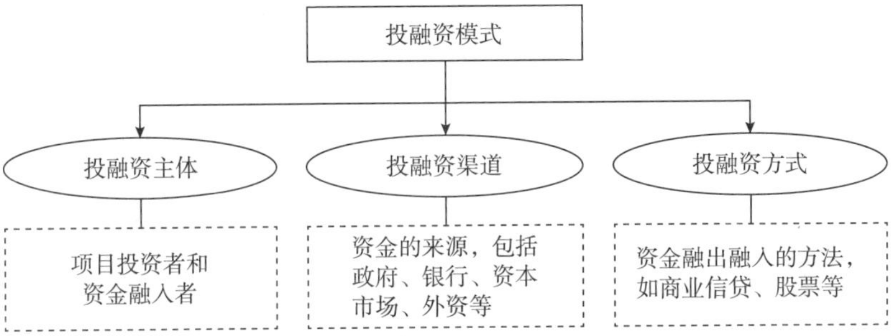

图 4-3　投融资模式的基本构成要素结构

一、旅游项目投融资模式创新趋势预测

从我国基本的经济制度及处于产业大融合的这个特殊时代背景出发，以提升旅游项目的投融资实践为综合效益目标，对当前社会旅游项目的投融资模式创新趋势进行预测，其具体的内容包括构成要素多元化、运作过程资本化、实现方式网络化、运用形式综合化。

（一）投融资模式构成要素多元化

从旅游产业融合的角度来分析旅游项目投融资模式的创新，优先考虑的方面便是旅游产业融合的特性，即旅游产业融合导致了旅游业的边界逐渐变得模糊。在旅游项目投融资实践过程中，还要综合考虑到投资环境因素、投融资模式构成要素结构、经营管理模式等各方面的因素，这也必然导致了在旅游项目中的投融资模式的多元性。

1. 投融资主体的多元化

在旅游产业融合中，主体多元化具体是指任何具有投资能力的资本持有者在适当的条件下都能够成为旅游项目中的投融资主体。投资主体的复合模式实际上是一种各相关者之间的博弈关系，通过各个主体之间的利益共享来实现社会效益与经济效益的平衡。

2. 投融资渠道的多元化

目前，在我国旅游领域已经初步形成了以银行、股票市场、债券市场、信托机构等组织机构为主的多元化投融资渠道。各类型旅游项目都可以通过这些广泛的渠道来取得其所需资本。一些信用比较高的企业开展项目时，其投融资渠道甚至可以开拓到国际金融市场上，引进外资进行融资。尽管如此，我国还是以传统型的旅游项目投融资为主，通过政府政策性资金和银行信贷来实行投融资，信用体系并没有完全形成。

3. 投融资方式的多元化

在具体的投融资实践中，融资的方式是最为丰富的。出现这种现象的原因主要是投资融资存在一定的偏好。另外，随着金融技术的不断发展，投融资方式出现了多元化的可能性。新的投融资方式的优势包括：一是在其他产业领域被证明是有效率、有效益的方式也能够运用到旅游业当中；二是更加容易和国际融资平台接轨，更有利于引进国外先进的投融资方式；三是脱离了旅游业自身的产业局限性，能够采用多种方式来满足各个投融资主体的具体实践需求。

（二）投融资模式运作过程资本化

在产业大融合背景下的旅游项目开发管理的实践过程中，根据项目具有的特定性质，形成一种以价值为导向的资本化投融资运作的新理念，这个理念强调项目的整体价值性、所有性及收益性。对旅游项目投融资模式资本化进行解析，其内容包含两个方面。

1. 融资条件的资本化

旅游资源具有无形性、不可抵押性等独特性，一直以来都是对旅游项目投融资规模、渠道、方式等各方面的重大约束条件。在投融资的实践过程中，将项目中的所有旅游资源、土地资源等非传统资源作为一种资本形态，与货币资本、人力资本、实物资本等一起投入旅游产业的资本流通过程中，使市场形成一个统一整体，从而更有利于旅游企业开发建设和经营管理，促进社会效益与经济效益的增加，进而使旅游项目中的各类资源均实现价值增值。

2. 融资渠道的资本化

在我国旅游业进行资本市场的开拓运营时，其代表性方式便是旅游上市公司的发展。早在 1990 年和 1991 年，我国便在上海、深圳两城市相继成立了证券交易所，凭借着证券市场的发展，我国旅游项目的投融资方式出现了巨大的转变。证券市场的发展与成熟也对旅游项目的各种经营能力、管理水平及未来的盈利水平都提出了更高的要求。另外，随着产业融合时代的到来，旅游项目也出现了综合化、大型化等时代特征，这要求旅游项目筹资主体必须拥有通过资本市场进行直接融资的能力。

旅游项目投融资模式的资本化是时代发展的必然趋势，其主要原因有以下几个方面：一是资本上市使得旅游项目所属的公司必须按照现代的企业制度规范进行组建和运营，从而引进先进的管理理念；二是对旅游项目的各类经济资源进行重组时是在新的层面上进行的，这有益于使项目的资本结构变得更加优化；三是通过股市来募集项目资金能够缓解项目中的局部资金短缺的局面，同时，新的资金流入也能改变项目的市场导向性；四是政府的各种体制到位，从业人员素质较高，使旅游项目的国际化发展的门槛更低。

（三）投融资模式实现方式网络化

结合国内外产业融合实践进行分析可以发现，产业融合发展的演进过程基本上都是以信息产业作为起始点的，然后逐渐向着其他传统行业扩散。对于“旅游+”这个旅游融合发展的项目展开执行时，需要两者之间具备一定的前提共性。总的来说，这个前提共性基本上可以确定为互联网技术，互联网的发展是促进产业融合的重要因素。在产业融合视角下的旅游项目开发，其本质便是现代化的信息旅游项目开发。因此，对于“旅游+”项目的投融资模式也需要具备网络化的基本属性，从而满足旅游项目的现代信息化需求。具体的内容有以下四个方面：

1. 大数据式的投融资主体对接

通过网络的方式维护投融资多方客户之间的关系渠道，从而使旅游项目和外部融资涉及的对象能够通过网络流水线的方式进行对接。这极大地提高了旅游项目投融资的整体成功率，减少了不必要的损失，降低了投融资过程中的成本。

2. 全覆盖式的旅游项目信息库

大数据的信息化优势十分明显，将这些优势充分利用起来，从国家宏观层面建立全覆盖式的旅游项目信息库，使投融资的双方能够更好地选择其执行的项目目标。同时，全覆盖式的旅游项目信息库的建立还能够使国家高层管理部门更加有效地在整体层面掌控国内旅游业的发展，从而更易调控旅游项目转型创新的方向。

3. 高速度的网络资金交互平台

将互联网技术和资金的资本平台进行融合，构建旅游项目网络投融资的新金融平台，从而打造出创新型的旅游项目互联网金融模式，为投融资的主体提供资金的交互平台，从而有效地解决资金需求方某一时间段的应急之需，还能给资金提供方带来较高的收益。

4. 全信息化的项目投融资流程

在国内旅游项目随着旅游业的发展不断向着大型化、综合化、烦琐化的方向进军时，对于这些项目高效益的开发就需要项目开发主体能够对资本投入与项目进程的时间、空间结构进行深层次的匹配。资本是否能够及时到位对项目的效益有着至关重要的影响，而对信息技术的运用能够使信息的处理速度变得更加高效，有助于资本的快速投入，决策者也能从各种琐碎的信息处理中抽离出来，仅需集中精力去处理高层方面的信息问题即可。

（四）投融资模式运用形式综合化

在当前我国的经济发展中，经济增长放缓、经济转型、金融脱媒和利率市场化等都是对旅游项目投融资行业现实且严峻的考验，这就要求旅游项目的投融资模式必须在这个形势下尽快转型。尽管我国的部分政策还不能支撑旅游项目的完全综合化，但我国未来的旅游项目投融资发展趋势必然是将旅游项目作为一个实体，从而对投融资的各类资本进行统一的经济管理，进而实现项目综合化的运用。

1. 综合化的投融资流程

想要实现投融资的综合化，需要依赖整个投融资过程及后期项目的具体经营收益过程。借助旅游项目开发的优势项目平台，使项目持有者能够与其他的利益主体形成合作关系或委托关系。在面对政府时，应积极争取政府政策的支持，获得政府提供的低成本土地购买权、特许经营权等排他性盈利权。另外，对项目的整体进行拆分，使得其中的多利益主体能够分工协作，充分合理地利用各主体之间具有的优势资源，从不同的渠道、方式进行旅游项目的投融资，从而实现其开发建设。旅游项目在开发时主要采取分阶段开发的方式，实现辨识部分项目的收益，使其能够将其收益的资本重新投入未开发的项目建设工作中。投融资流程综合化的具体内容概括起来就是：采用多利益主体多投融资的模式，对项目进行分阶段开发建设，使经营收益带动建设，令资本进入一个正循环投入模式中，从而最终实现旅游项目的滚动发展。

2. 综合化的融资产品

综合化的融资产品打破了市场上的各类资金市场、资本市场等的分业经营及分业监管的局限，开放不同资本所属的主体、平台之间的经营空间，使其具有更加宽广的业务范围，建立一个旅游项目投融资产品的“百货商店”，具体包括传统理财产品、基金、信托、保险各种产品；也使得各类融资产品的发行范围、发行对象、发行金额等方面，开始摆脱传统产品的狭隘性。这个综合化融资产品的建设也亟须对我国的相关政策进行进一步改良。

3. 综合化的投资经营

在这个过程中需要始终贯彻旅游项目投融资模式的实践运用理念，对投资开发建设的综合化项目产品进行综合化的经营管理；同时，在产业融合背景下的旅游项目投融资的效益是否能够实现，其关键点在于从产业融合、产品组合、渠道整合、专业聚合等角度打造出的综合化项目投资经营模式是否完善。

二、推进旅游项目投融资模式创新的基本路径

在产业融合时代下进行的旅游项目投融资模式的创新过程，并不是一个一蹴而就的工程。我国旅游业仍属于一个新兴的产业，其发展还未成熟，亟须采用一系列的优化措施来促进旅游项目投融资模式创新的发展。

（一）重新定位政府在旅游项目投融资模式中的角色

投融资是经济发展中基础的范畴，从宏观层面来看，其被国家上层建筑深深影响着。我国旅游项目的投融资的具体实践历程也充分反映了这一事实。我国旅游项目开发的投融资模式始终和旅游发展的相关政策有着紧密的关系。政府是旅游项目投融资模式中极为关键的主体之一，深度认识到政府的特殊性，对旅游项目投融资模式创新的发展具有支撑性作用。

当政府成了投资主体时，其特殊性角色定位主要从两个方面进行界定：一是政府作为一般投入者的角色定位。此时，政府同其他利益主体共同投资旅游项目的主体类似，主要是通过投入资金、土地、技术等资源要素参与旅游项目的开发建设。政府投入的这些资本一般具有三个主要作用：①使旅游项目的投融资规模变得更大，满足投融资项目中大量的资本需求；②充实了旅游项目投融资的结构体系，降低了由投资主体缺乏而带来的风险；③作为旅游项目开发的“种子资本”，政府作为一般投入者对旅游项目进行资本投入，相对于其他的利益主体依然有着更加强大的稳定性、支撑性及引导性等方面的优势。二是政府根据其特殊身份的主体角色定位投入旅游项目的其他要素。政府是一个具有极强的非市场性质的组织机构，除了资金等一般的资本，还可以凭借着其特殊身份投入政策要素等特殊资本，以对旅游项目投融资实践进行指引和监督。

政府投资所具备的特殊性能够对旅游项目投融资的规模、效率及风险产生巨大的影响。此外，政府还可以通过政策制度等方式调控旅游项目投融资过程中一般市场利益主体的投融资行为，从而对旅游项目投融资模式的整体宏观条件及发

展方向都造成深远的影响。因此，在旅游项目的投融资模式中，政府所扮演的角色对其有着很大的综合主导性。在具体的实践过程中，应该从项目的根源性出发，这样才能有效地界定政府作为投资主体的参与形式和程度，通过合理的参与方式来促进旅游项目高效的开发。

（二）建立多层次的资本市场结构体系

我国的旅游投融资在发展过程中呈现出了资金需求量大、投资项目综合化、投资主体多元化等特点。由于旅游业在资本市场中受缺位状态的限制，这也成为掣肘旅游项目投融资模式进行创新的重大问题。建立一个多层次的资本市场结构体系已经成为现阶段使我国旅游项目的直接融资比例得到改变及实现旅游项目投融资模式创新的有效路径。

解决当前我国旅游业项目开发的直接融资问题，仅仅依靠我国资本市场是远远不足的。因此，将国内的资本市场作为基础，将海外的交易市场作为拓展，形成一个多层次的资本市场结构体系是十分关键的。多层次的资本市场结构体系能够满足不同类型、不同阶段的旅游项目投融资实践需求。建立一个多层次的资本市场结构体系，可以采取以下措施：①对旅游项目资本的信用进行提升，严格把控资本市场内部各个成员的质量，从而使中国旅游业实现“精品资本市场”的转变；②培育和完善现有的拓展资本市场，为那些不满足上市筹资条件的旅游开发项目提供如代办股份转让等服务；③通过国家制定和执行激励措施来降低资本市场对旅游项目的准入门槛。

（三）完善以银行为代表的间接融资平台

我国旅游项目外部筹资的主要来源是政府的财政支持及银行贷款，而民间资金和外资的投入并没有被充分挖掘出来。在当前，我国的银行信贷在旅游项目筹资过程中有着十分重要的地位，一些中小型旅游项目开发主体的银行信贷所占的份额甚至超过了90%。从我国经济市场的发展来看，在未来很长的一段时间里，银行信贷都将在市场中扮演十分重要的角色。因此，我们当前的任务便是完善以银行为代表的间接融资平台，其主要工作可以从以下几个方面展开：

1. 设定一个全新的商业贷款的担保抵押方式

由于旅游项目具有无形性、收益不确定性等特点，导致其在进行抵押贷款时常常不能满足商业银行贷款的信用底线。这使得以银行信贷为主要筹资手段的旅游项目的筹资难度十分大，也使商业银行的业务范围变小了。因此，改变商业银行的传统经营理念是十分必要的，商业银行应针对旅游项目特征来改革其担保抵押的方式，重新设定信贷的评估标准。

2. 完善金融衍生产品体系

金融衍生产品目前正处于快速发展时期，其内容主要包括远期、期货、期权、互换四种类型，它们在商业银行的经营范围中承担着十分重要的作用。这些衍生产品主要是被商业银行用来规避市场风险、拓展信贷业务、丰富利润渠道的。

3. 充分发挥政策性银行的政策导向功能

对商业性银行而言，其回收期长、旅游业信用条件不高等因素，使得其在旅游项目筹资过程中的支持力度不足。为了解决这个问题，国家推出了政策性银行，通过发挥政府的引导作用，使旅游项目的开发能够获得足够的资金。我国政策性银行主要是以国家开发银行、中国进出口银行、中国农业发展银行等为代表。

4. 完善间接融资平台与旅游项目之间的深度匹配

我国旅游项目开发主体主要是对银行这个间接融资平台能够有效地利用，但对与其他的间接融资手段和平台并没有充足的认知。因此，需要对间接融资平台体系进行完善，其主要任务除了使银行信贷市场业务领域变得更为广阔，还须将保险市场、融资租赁市场等多种间接融资平台与旅游项目相互匹配，使旅游项目的筹资不再局限于银行信贷。

（四）打造以互联网为基础的旅游项目信息平台

旅游业发展的下一阶段必然是通过优质项目来拉动外部资金的投入，而它的基础条件便是使旅游项目开发主体与资本持有者之间的信息能够得到有效的沟通。在产业融合的时代背景下，先进的互联网技术在旅游产业中的利用，能够有效整合旅游企业的内外部资源，为信息的沟通交流提供便利的平台。具体的措施有以下三点：

1. 打造旅游项目的招商引资平台

旅游业是一个综合性的产业，对于旅游项目的划分，由于其标准不同便会分为不同的类型，如大型的综合旅游项目、单一型旅游项目（景区旅游项目、文化旅游项目、体育旅游项目）等。不同类型旅游项目所匹配的投融资主体自然不同，同时也会出现不同的投融资结构及资金规模，最终其产生的效益类型也存在很大的差异。因此，借助互联网技术打造一个具有完备信息的旅游项目招商引资平台对于旅游项目的开发是非常有效的，这给利益的各主体提供了一个详尽规范的旅游项目投资库，使得投融资主体双方之间能够得到完善的信息交流，从而为旅游项目的开发匹配到合适的投资商，降低旅游项目投融资和开发经营的风险。

2. 打造专业的旅游项目评估平台

随着经济的发展，国家对旅游业的发展也开始了重点扶持，这使得旅游项目的开发吸引了众多领域的投资主体，不少大型集团企业都试着在旅游业方面进行投资。然而，投资旅游业存在着极大的风险，这是因为旅游项目想要获得高效益主要依赖游客获得好的体验。为了规避旅游项目开发中存在的高风险，防止资本浪费，建立专家服务资本评估平台（包含资深旅游专家、政府管理者、金融评估机构等）是一个十分有效的方法。通过专业分析和预测，找准旅游业发展的风向，将旅游业扭转成为“高回报、低风险”的产业，使得更多的企业不必因风险而止步于旅游业的大门。

3. 打造旅游项目的建设信息库

在当前社会，由于旅游项目不断向着综合化、大型化的方向发展，给旅游产业的开发主体带来了一定的资本方面的压力。为了解决这个问题，大多数企业采取了“轻资本运营”的方式来进行投融资的实践。旅游项目开发的各个主体根据当前社会发展汇总的大数据来对市场进行分析，以此选择合适的投融资模式，并根据市场需求来划分旅游项目开发的各个阶段。旅游项目通过建设信息库的方式能够使旅游信息数据统一有序地被运用，使旅游项目投融资的进程在各个主体之间进行最优化的设计，缩短旅游项目的开发建设周期，进而缩短投资主体的投资收益回收期。

（五）完善我国旅游项目开发主体的信用担保体系

信用担保机构是一种介于旅游项目开发主体与商业银行之间的中介组织。由于旅游业存在整体信用水平偏低的现象，因此对旅游项目开发主体来说，信用担保机构提供的担保是十分重要的，它能使开发主体更容易地得到银行信贷。信用担保机构在旅游项目开发主体和传统商业银行之间架构了一条交流纽带。目前，我国各地纷纷成立了各种旅游企业信用担保公司，使中小型旅游企业的筹资问题得到了很好的解决。根据我国发展的状况，再结合国外的成熟经验，我国的旅游项目信用担保体系可以主要从以下几个方面来完善：

1. 以政府为基础，构建完整的旅游项目信用担保体制

通过地方政府和信用担保公司两者之间的联合，分别从政策体系、组织体系、服务体系出发构建三级信用担保体制。政府行政部门的主要功能是政策引导，向信用担保公司推荐符合当地发展战略的优质旅游项目，使信用担保公司能够积极为旅游项目在银行的贷款进行信用担保，使旅游业健康地发展。另外，政府作为资本持有者，通过对旅游项目进行一定的“旅游项目担保风险补偿贮备

金”投入，也会降低信用担保公司面临的一些风险，从而增强信用担保公司在进行旅游项目担保时的盈利预期。政府还可以将担保公司推荐的一些优质旅游项目纳入其财政和政策的支持范围。

2. 完善全担保、再担保制度

我国的旅游业是一个新兴产业，但对旅游项目进行开发具有十分高的风险，这对单一的信用担保机构来说，是不足以承担下来的。因此，建立由政府机构、银行和旅游企业联合组成的支持体系来促进信用担保体系的发展是十分必要的。

3. 建立完善的旅游项目信用评估制度

在旅游项目筹资过程中，要加强旅游项目开发主体的信用观念，使信用担保机构能够放心地对旅游业的信用进行担保。建立一整套完善的信用等级评价标准，能够衡量担保申请人的财务状况及其履约的能力，从而使信用担保机构所承担的风险大大降低。

4. 丰富旅游项目的信用担保种类

我国的信用担保种类主要还是被局限在流动性强的产业之中，并且大多属于6个月内的短期担保。旅游项目开发有着周期长的特征，当前的担保种类基本不能满足其需求，因此非常有必要参考国际上成熟的担保体系，延长对旅游项目信用进行担保的周期，丰富旅游项目信用担保的种类（包括票据贴现、门票收入贷款、无形资产贷款等），使旅游项目开发能够获得全方位的担保。

（六）构建和完善全国范围内的创新机制

在产业大融合的背景下，想要使旅游项目投融资模式不断创新发展，就需要在全国范围内建立起能够进行多方位创新的机制，并且依据旅游产业特性来构建包含制度创新、管理创新、人才创新等内容的综合性创新系统，使制度、管理、知识等支撑性功能能够最大限度地释放。其主要的措施有以下三点：

1. 制度创新体系

结合目前我国间接融资市场存在着后继无力的现状，可以将资金市场、资本市场同时纳入国家整体层面的金融制度创新体系中。风险投资在创新性活动中是重要的资本来源，因此，重点便是对风险投资进行重新考量。对旅游项目开发来说，在对风险投资进行引用时，必须将包括风险投资在内的金融市场纳入国家的创新体系中，建立起资本活动和国家相关政策之间互动的关系。

2. 管理创新体系

我们需要清楚地认识到旅游项目投融资模式是一种实践的模式，它颠覆了传统的那些只局限于理论的发展理念；旅游项目投融资的实践最终是依靠旅游项目运营管理，通过效益的好坏来衡量投融资模式的效果。因此，构建管理创新体系，对于旅游项目投融资模式创新来说，是一个必要的途径。

3. 人才创新体系

旅游项目投融资模式的创新，需要人才来创造和实现。尽管当前我国的旅游从业人员和间接从业人员的数量每年都在大幅度地增加，但是旅游业的人才尤其是高端复合型人才却远远不足，国内旅游业对新型高端复合型人才的需求缺口是十分巨大的。因此，国家需要通过政府层面来制定政策，引导各高等教育机构加大对新型高端复合型旅游人才的培养力度，使旅游项目投融资模式创新的人才及知识储备都能得到满足。

第三节　旅游业制度创新的路径与策略

制度一直在经济发展过程中有着十分重要的地位。制度并不是一成不变的，只有紧跟发展步伐的制度才会促进社会、经济的发展；否则只会成为一种阻碍。因此，对制度进行不断的改革创新，是国家发展过程中一项十分重要的工作。诺思承认了技术创新是经济增长的主要动力，但是他也同样认为，不对制度进行创新和变革，不对技术创新得到的成果进行巩固，也就不可能使经济发生增长。因此，在诺思看来，制度能够直接影响国家和社会的经济增长与发展进程。

制度的定义：制度是人们在进行社会行为时能够被人们接受且需要普遍遵守的规则，这种规则主要可以通过两种渠道来实现，分别是人们的自觉遵守和国家的强制实施。将制度按照类型来划分可以分为管理制度、交易制度、控制制度、生产制度和分配制度等。制度的主要功能：降低市场交易的成本、提供合理的预期、使外部性内在化、提供各种便利、提供发展信息、承担风险等。完善的制度可以使生产效率和专业化程度得到大幅度的提高，并降低产品的生产成本，从而使市场交易成本也得到降低。在现实生活中，每个人都存在自私的一面，这种本性将会引导人在社会经济的各种活动中不断追求其自身利益的最大化，没有规范的制度进行约束，必然会有人采取恶性的手段来满足其私利。良好的制度还能够对人们起到激励的作用，使人能够在经济活动中不断地努力和创新，从而满足自身的利益需求、完善自我、促进社会经济的发展。制度的构成：主要可以分为非正式制度、正式制度和实施机制三个方面。非正式制度是指人们在长期社会生活过程中形成的一种无意识的制度，这种制度并没有强制性的功能，其内容主要包括意识形态、道德规范、伦理规范和风俗习惯等方面。正式制度是指国家制定并执行的政策法规，具有强制性和政策性的功能，其内容主要包括经济规则、契约和相关法律规定的行为规范等，它能够很好地约束人们的各种不利于社会发展和和谐的行为。实施机制则是根据交换的复杂度、人的有限理性、机会主义及合作者之间的信息不对称等各种因素建立起来的一种使制度能够执行的机制。

一、旅游业制度创新的路径

党的十八大会议明确地指出："要适应国内外经济形势新变化，加快形成新的经济发展方式，把推动发展的立足点转到提高质量和效益上来，着力激发各类市场主体发展新活力，着力增强创新驱动发展新动力。"对旅游制度进行创新的路径并不是单一的，而是存在着多元化的特点，其主要内容包括管理制度创新、产权制度创新、融资制度创新和经营机制创新等方面。

（一）管理制度创新

在对旅游行业的管理制度进行完善和补充的同时，我们也需要对其进行创新。国际社会上，在设置旅游行业的管理制度时，首要工作便是打破传统的只注重政府的单一层次管理模式，建立以政府作为主导，行业协会作为辅助，社会公众和消费者共同参与监督的多层次旅游管理网络体系。在目前的社会经济发展中，还存在着较多非理性经济行为，即在经济活动中不考虑国家统一部署的方针和战略，以及国民经济整体的发展，仅是根据当地经济发展的需要来组织各种不合理的经济活动的行为。这种非理性的经济行为必然会损害国民经济在整体上的健康发展，严重地阻碍我国在管理制度方面的创新与发展。对旅游行业来说，也是同样的道理。旅游行政管理部门的主要工作是研究和制定合理高效的旅游政策、旅游法规和旅游规划等内容；行业协会的主要工作是制定行业标准、协调企业行为等；社会公众和消费者则是在此制度下进行监督及自我约束。

（二）产权制度创新

对旅游业的发展来说，在进行景区资源利用、基础设施建设、投资融资等社会活动时，必须严格遵循市场经济的发展规律和市场规则，清楚了解产权的概念，确立产权的主体，还要明确所有权所具有的责任和权利。对传统的产权制度进行创新，严格加强对其的监管，在风景名胜资源能够可持续利用的前提下，实现旅游资源效益的最优化和共享化。

（三）融资制度创新

从旅游业的发展趋势来看，我们需要加快旅游融资的制度创新，增加旅游资源融资的形式。对于政府而言，可以通过增发旅游企业债券、增加旅游企业上市公司、制定财政等各种优惠政策，广泛吸收国内外的各种私人资本，使旅游融资的渠道变得更加宽广。金融部门可以通过对旅游项目采取优先贷款、加大旅游项目开发的信贷期限、实行旅游产业基金、开放旅游基金和股权置换等措施，实现旅游市场的融资。

（四）经营机制创新

我国的旅游经营机制和旅游业发达的国家相比存在一定的差距，因其主要采用的还是传统的经营机制。对于风景名胜这类旅游资源来说，只有开发出可转让性的制度，才能利用市场竞争寻找最适合的开发者，但是在我国，风景名胜资源的可转让性极低，使得开发者对资源开发权的获取和分配基本上没有任何市场竞争。这就亟须我们对旅游经营机制进行改革创新，引入竞争的机制，使风景名胜这类旅游资源能够得到最优化的配置。

（五）资源配置制度创新

旅游资源配置制度的创新目标是令旅游资源的配置效率得到有效的提升，并使旅游资源能够在市场中按照其规律不断流动，从而实现旅游参与主体的效益最大化及成本的最小化。在目前我国旅游业的发展阶段，旅游资源配置的制度创新就是要明确旅游产权，即旅游资源所有权和经营权的主体，建立多元化的产权安排模式。在这个模式下将旅游资源进行分档分级，再根据这些分级来确定具体的资源配置：旅游资源的等级越高，政府在其中起到的作用就越大；等级越低，则市场调节的作用就越大。

同时，还要加强从中央到地方的各级政府对旅游资源配置的监督和管理，以旅游资源开发的基本规划为主要依据，掌握旅游资源开发的具体要求和所要执行的措施；健全保障旅游资源产权的相关法律制度体系，使只有被法律认可的产权形式才能加入社会的各种合法交易中；加大旅游资源的整合力度，使旅游资源成为一个有机的整体。

二、旅游业制度创新的长期性策略

制度是社会经济发展过程中的一个内生变量，它并没有和社会经济相互独立。我国旅游业的制度建设同样是在社会主义市场经济条件下运行的，它是一个循序渐进的、长期的、不断丰富的发展过程。因此，应充分利用改革为制度创造的红利，加快建设旅游业的相关法律和制度，深化旅游业管理体制的改革和创新。

（一）树立旅游制度创新思维

党的十八届三中全会蕴含了深刻的制度创新思想，使我们充分认识到真理永无止境，理论创新永无止境的思想。理论和制度创新的发展关系是十分紧密的，制度创新是理论创新的基础，而理论创新又不断推动着制度创新。另外，由于制度创新是企业自主创新的重要保证，是促进企业自主创新和社会经济发展的重要动力之一，因此相较于理论创新而言，制度创新应该是需要优先进行的。

通过制度创新建立一个完善的具体的制度体系，是实现旅游业可持续发展的整体部署。根据我国旅游业发展的现状，我国在对旅游业制度进行创新时需要在体制改革、机制完善、政策扶持、人才培养等方面形成一种鼓励和支持的良好制度环境。在旅游业发展过程中涉及的政府、旅游企业、社会组织和旅游者等各个主体，都需要对旅游业制度创新实践给予高度重视，并增强旅游制度的创新意识，通过具体的实践推动旅游业制度创新的整体发展。

政府的旅游主管部门在旅游制度创新的过程中扮演着引导者和协调者的角色，并在其中发挥着积极的作用；同时，各大旅游企业和旅游组织也需要参与旅游制度创新，积极发展改革旅游制度。对旅游者来说，应对旅游制度创新方面尽量提出更多的意见和建议，并且大力支持旅游制度的创新。通过政府、企业、组织和个人之间的共同努力，从而构建出一个多方主体共同参与、共同协调、共同促进的旅游制度创新的良好发展格局①。

（二）充分利用“改革红利”

党的十八大指出，“全面建成小康社会，必须以更大的政治勇气和智慧，不失时机深化重要领域改革”，这明确地指出了在当下我国发展建设的主要任务是改革，也表明了我国对改革的态度和认识。在党的十八大报告中总共有 86 次提到“改革”一词，并在会议中首次将“全面建成小康社会”与“全面深化改革开放”两大发展目标并列相提，这进一步说明了深化改革开放对于我国经济、政治发展的重大意义。随着改革开放的不断深入和社会主义市场经济的快速发展，改革已经越来越受到党和人民的关注。

改革、发展及稳定是相互统一的整体，发展是民意，改革则是红利。在党的十八届中共中央政治局第一次集体学习时，习近平明确指出，应该看到，中国特色社会主义制度是特色鲜明、富有效率的，但还不是尽善尽美、成熟定型的。中国特色社会主义事业不断发展，中国特色社会主义制度也需要不断完善。自 20 世纪 70 年代以来，我国在中国特色社会主义建设的事业上取得了极为辉煌的成

① 谢雨萍．旅游产业融合发展分析［M］．成都：电子科技大学出版社，2019.

就，对于这些成就，不同的社会群体有着不同的解读。例如，有人便将这些成就主要归功于人口红利、外贸红利、土地红利等方面。这些分析和论述站在不同的视角，都有着一定的道理，但都忽略了一个最基本的问题，即“为什么这些红利都出现在20世纪70年代之后，而非改革之前”。这个问题的解答能够解决我国发展各种红利的源泉问题，促进我国发展各种红利。

旅游业已经成为我国经济发展过程中一个重要的组成部分，因此紧紧抓住改革红利释放带来的机遇，能够推动自身进行跨越式的发展。在经济快速发展和社会加速转型的拉动下，旅游业同样开始了超常规的快速发展。但是和其他行业一样，旅游业在持续发展中也面临着深化改革这个难题和困境。从长远目标来看，要打造出一个“中国经济的升级版”。而要完成这个目标，自然也需要在旅游业方面打造出中国旅游经济的升级版。从我国旅游业的发展状况来看，对于旅游经济升级版的打造需要我们积极地对制度进行设计和创新，打破旅游制度创新过程中遇到的屏障，走出所谓的“攻坚区”和“深水区”。在全球范围来看，旅游业已经成为使世界经济得到复苏、引领世界产业进行调整的新引擎、新方向、新动力之一。这就要求我国在全球性旅游业的发展进程中，充分借助良好机会，对我国旅游业制度创新的主动性和主导权进行提升；围绕旅游业提档升级的目标，使旅游业与现代高科技进行深度融合，促进旅游业向着信息化、网络化、科技化的方向进行建设，使旅游业与其他产业的发展能够相互协调、相互支持、相互促进，对这些发展过程中的各种制度进行创新改革，使其能够相互衔接、相互贯通、相互勾连，从而共同构建出一个完善统一的旅游业制度体系，并使其适应旅游业改革发展的需求。

（三）加快旅游法律制度建设

制度能够规范人与人之间的关系，而人与人之间的关系是一种社会关系进行博弈的表现。因此，如果没有完善的法律和制度保证，旅游业想要健康有序地发展基本是不可能的，健全的旅游法律制度是旅游业能够持续发展的前提。根据对国外旅游业发展状况的分析，我们可以发现，基本上旅游业比较发达的国家，都有着比较完善的旅游方面的法律法规体系。我国也在大力完善旅游业相关的法律法规，在国家层面已公布的旅游法规、条例、规章超过了40项，如《导游人员管理条例》《中国公民出国旅游管理办法》《中华人民共和国旅游法》等。此外，还存在着大量的地方性旅游法规。这些国家层面的法律法规和地方政策法规共同形成了我国旅游业的初级制度管理体系。然而随着旅游业极为迅速的发展，现有的旅游法律和制度体系已经略显滞后。其主要表现在，旅游相关的法律法规体系存在着一些漏洞；法治建设的立、改、废等方面的执行力度不足；法律和制度并没有落实到位。这些情况导致了法律制度体系无法适应当前旅游业的发展形式和变化要求。

在大多数旅游业发达的国家中，国家旅游政策和旅游法律的内容都已经包括旅游规划的科学性、旅游线路的明确性、服务机构市场准入的标准、游客的环境保护意识和文明旅游意识等方面。因此，我国当前的旅游法治建设，应该积极地借鉴世界各个旅游强国的先进经验，在旅行社管理、旅行社反不正当竞争、旅游保险、导游管理、旅游企业关系协调、旅游企业与旅行者关系协调等方面尽快制定和完善相关的法律制度，从而形成一个符合我国旅游业发展现状的高效率高质量的中国旅游法律体系。另外，值得注意的是，这个法律体系不能单一地凭借我国的社会需求来建设，在全球化发展的今天，它还要能够与国际旅游立法相接轨，从而达到世界的先进水平。

（四）深化旅游管理体制创新

管理体制是旅游业能够可持续发展的关键，其内容包括审核旅游开发计划、旅游教育和旅游监控等。具有完善和健全的管理体制，是旅游业顺利发展的重要前提。由于历史因素的影响，我国在旅游业管理体制方面还处于一个不健全、不规整的阶段。这主要表现为旅游业管理纷繁复杂且不明确，存在多级多头管理的状况。我国旅游业运行多年的经验表明，强化跨部门、跨地区的协调管理力度，是实现旅游业顺利运营和健康发展的基本保证。旅游业的行政管理部门很难改变这种现象，其主要原因是计划经济的思维观念对管理制度的影响仍然存在，对我国旅游业的发展仍然产生着极深的影响。在计划经济下，社会服务体系是重复存在的，并且相互之间缺乏行业分工，这给旅游行政管理的开展带来了诸多困难。旅游业作为一个综合性的产业，因所涉及的领域非常多，包括吃、喝、住、行、娱、购等各个方面，就必然需要社会的多个方面相互配合与协调，既需要政府对旅游业的指导和管理，也需要多行业、多部门的配合和支持。其中政府的统筹规划和科学管理对旅游业的发展尤为重要，没有政府的有效管理，旅游业的发展就会成为无源之水、无本之木，甚至偏离本来的方向，进入发展的困境。相反，如果政府能够对旅游业实行有效的管理，则能使旅游业更好更快更大的发展，实现旅游业的持续健康发展。目前，旅游管理机制的混乱已经成为我国旅游业发展的瓶颈，也是旅游业发展必须克服的困难，摒弃原有管理体制的弊端，建立科学合理的管理、规划体制显得尤为重要且势在必行。

针对以上问题，必须着力加强旅游管理机制创新。要充分发挥政府的主导作用，构建有限政府主导与市场支撑相结合的旅游制度创新模式，实现旅游业与相关行业的深度结合、协调发展，切实解决旅游管理中出现的“重叠”与“真空”问题。因此，我国发展旅游业要进一步实施政府主导型发展战略，研究制定科学的旅游产业政策，逐步解决“体制不顺，政策不力，结构不合理”这三大影响旅游业发展的问题，进一步调动、引导和保护各方面发展旅游的积极性，加快旅游业资源优势向经济优势和产业优势的转化。各旅游景区也必须着力突破行政区划的限制，建立“全方位”多维合作和“立体型”系统协调的旅游管理体制和旅游合作机制，提升区域内旅游产品的组合度和优势度，获取区域旅游水平和效益的叠加和乘数效应，以区域旅游整合式发展推动我国旅游业可持续的结构性、体制性发展，而非旅游业单纯性的功能性、政策性增长。

三、旅游业制度创新的针对性对策

新制度经济学的核心思想是，制度对于经济运行的绩效是至关重要的。当前，我国旅游业制度建设迫在眉睫，因此亟须创新旅游企业运行制度，完善旅游市场整顿制度，健全旅游资源补偿制度，建立旅游社会参与制度，强化旅游发展监管制度。

（一）创新旅游企业运行机制

在社会主义的市场经济条件下，旅游企业是旅游业发展过程中的直接参与者和主体，其在旅游业中有着必不可少的作用。基本上可以说，旅游企业的发展状况反映了旅游业的发展状况，只有旅游企业做大做强，旅游业才会做大做强；只有旅游企业具有能够走向世界的竞争力和影响力，我国旅游业才能正式进军世界旅游业。因此，促进旅游企业的自我发展、自我完善、自我壮大是旅游业发展过程中的必要条件和根本环节。

我国旅游业起步较晚，这使得旅游企业的规模和世界上的旅游强国存在着差距。再加上目前我国旅游企业的发展情况不容乐观，有些地方对“政府主导”的概念错误和扭曲理解，使得很多的旅游企业的自主管理体制不能开展，造成旅游企业管理混乱的局面，由政府的“多头管理”导致企业出现“空头管理”的情况仍然存在。另外，在很多旅游企业中，也存在着组织架构混乱、缺乏标准流程、管理关系复杂等现象，使得企业的运行过程不透明、效率低，即使花费了大量的人力、物力、财力和时间，但仍然不能真正地解决实际问题。

我们在发展旅游企业时应该积极地借鉴旅游业发达国家的优秀经验，使旅游企业能够真正地面向旅游市场，成为市场主体，打造成一个集团化、规模化的大型旅游集团。国内外大量事实证明，旅游企业集团化发展能形成规模经济效应，有利于降低运营成本，使旅游的信息和资源得到共享，从而培育出大型的旅游企业，增强旅游企业的竞争力和创造力。政府在这个过程中的主要任务是，为旅游企业营造良好的发展环境，严把旅游企业的市场准入、质量监管，鼓励旅游企业参与世界旅游竞争。在当前，我们也可以效仿国外的模式，建立具有强大影响力的旅游标签制度，使旅游企业能够有科学、高效、严格的行业规范体系，真正做到在促进旅游企业做大做强的同时，实现自然资源与环境的可持续发展。要充分运用国家加快发展现代服务业的各项有利的政策措施，支持中小型旅游企业享受节能减排、技术改造、资金扶持等方面的相关优惠政策，帮助旅游企业争取专项资金，从而降低企业经营的成本。

从旅游业的长远发展方面来看，将旅游业发展的重要载体即旅游企业推向更加自由的市场，是旅游企业发展壮大的关键环节，也是我国旅游企业能在国际旅游市场激烈的、白热化的竞争下脱颖而出的重要方式。当前，就是要以资产重组为契机，以产权制度改革为内容，以培育多元化的市场主体为着力点，加快现代旅游企业制度建设，进行股份合作制、员工持股制、股权激励制试点，促进旅游企业向集团化发展。同时，政府还可以扶持旅游产业的中小企业向经营专业化、市场专门化方向不断发展，通过对制度进行建设，使我国旅游企业能够承担起将我国建设成世界性旅游强国的使命。在推动旅游企业的市场化进程中，还应当对旅游企业的发展模式进行完善。这就要求对旅游企业的传统业务方式和发展模式进行改革和创新，使其能适应当前旅游业发展的要求，满足旅行者对旅游的需求；还要建立多元化的投融资体系，转变企业融资机制，积极采用上市、组建有限责任公司、个人参股等形式大力吸引社会资金，积极利用外资，拓宽投融资渠道，加大对旅游信息化服务产业的投资力度；鼓励企业加快与资本市场对接，借助资本力量实现快速健康发展。

建立健全旅游信息化服务产业的风险投资机制，并设立相应的风险投资基金和专业投资评估系统，形成一种多元化、市场化、专业化的风险投资机制，从而使旅游企业能够更好地发展。

（二）完善旅游市场秩序体系

为了促进旅游业的发展，在当前，我们需要加强对制度的建设，加大旅游市场整体秩序体系建设和整顿力度，使旅游市场的混乱环境得到改善，使我国由旅游大国向世界旅游强国转变。与旅游业发达的国家的旅游制度建设的时机相比，我国旅游业在产业规模、内涵、结构优化、发展阶段及对国民经济和社会发展的作用等各个方面都处在最好的发展时期，但是在这样良好的大背景下，我国的旅游制度建设却存在明显滞后性，国家对于旅游政策的制定与旅游法制的建设之间存在不协调的问题。其主要表现在基本制度缺位、监管原则不明、应该有的制度缺失等方面。例如，在旅游者的人身安全方面，虽然原国家旅游局已经发布了《旅游安全管理暂行办法》等规章，但是各相关部门、旅游行业协会对相关工作的落实还不是很到位。因此，要加大旅游制度建设，在原有制度的基础上不断完善和创新更有效、更符合实际的制度，形成我国旅游业发展的制度体系，依靠制度约束和规范旅游市场，实现旅游市场的规范化、制度化。

以旅游制度整顿旅游市场秩序，就要加大制度的执行力度。要充分发挥旅游管理部门特别是文化和旅游局在旅游法律、政策实施中的重要作用，在已有制度的基础上强化对旅游市场的监督和管理。由于旅游市场存在管理权限不明确、监督和管理效率低下、管理人员素质参差不齐等问题，因此应加大以制度管理旅游市场的力度，加强对执法人员法律知识和执法要领的培训，促进旅游行政执法水平的提高。

通过制度对旅游市场进行整顿，其中最重要的工作便是建立并完善旅游业的应急机制，使旅游业在发展过程中能够做到未雨绸缪，提前规避问题；充分考虑各种突发性因素，使旅游企业能够在纷繁复杂的行业大环境中获得立足之地。当旅游事件或者旅游危机出现时，旅游业各参与主体应力求圆满地解决问题，同时还要考虑到企业的经营性、常规性、周期性、突发性四类风险的应急机制。这四类风险中，不同风险需要不同的应急措施来化解，但必须建立总体的应急机制和细化的措施。具体到每件事故如何来处理都要有预案，有备无患、防患于未然，只有准备得越充分，遇到旅游事故才能越从容，旅游市场才更有序，对旅游行业的未来发展才越有利。

（三）健全旅游资源补偿制度

建立一个合理的旅游资源补偿机制是旅游业能够稳定发展的重要保障，是衡量国家旅游业整体发展水平的重要标志之一。党的十八届三中全会指出：“对水流、森林、山岭、草原、荒地、滩涂等自然生态空间要进行统一确权登记，形成归属清晰、权责明确、监管有效的自然资源资产产权制度。”政府是旅游资源补偿制度中最大的供给者，其主要工作是在旅游资源补偿中建立一整套、一系列合理的补偿规则，对旅游资源开发和利用中不同主体之间的利益关系进行协调，并且界定和保护产权。我国旅游业从起步发展至今，旅游资源的补偿制度得到了比较快的发展，但是这个机制仍然存在着一些不足，不能完全适应建设旅游强国的要求。因此，党的十八大指出：“深化资源性产品价格和税费改革，建立反映市场供求和资源稀缺程度、体现生态价值和代际补偿的资源有偿使用制度和生态补偿制度。积极开展节能量、碳排放权、排污权、水权交易试点。加强环境监管，健全生态环境保护责任追究制度和环境损害赔偿制度。”

在旅游资源的补偿机制中，主要是通过契约化的方式来划清彼此的权利和责任，所有者不能随意改变契约，也就不能重新分配。在使旅游企业拥有充分的资源使用权、转让权和经营管理权的同时，也要让旅游资源的所有者，即国家或社区居民能够得到充分的补偿。旅游资源补偿机制的内容主要体现在补偿标准的契约化、补偿形式的规范化及社会信用体系的建立等方面。具体执行设想是：旅游开发商通过和当地建立起社区的关系，签订合理的补偿契约，并对其内容进行细化，要求开发商在旅游开发过程中对生态环境破坏进行补偿；经营者也可以付出一定的费用，使当地居民参与进保护旅游资源和生态环境的活动中，参与旅游开发与经营管理，在旅游资源开发中实现利益平衡。

旅游资源的补偿标准是补偿的核心内容，这具体关系到补偿的效果和补偿者的承受能力。只有对各种旅游资源和生态资源做出科学、合理的评估，确定补偿标准，才能顺利构建出补偿机制。要通过科学的衡量，利用各方的博弈与协商来确定最终的旅游资源补偿标准。同时，国家也通过法规和政策等手段来为其提供协商与仲裁的机制，使各个利益相关者能够在多方参加的协商下达成补偿协议。

生态补偿的内容十分丰富，除了资金补偿、实物补偿，令当地居民参与旅游资源的开发和经营管理也是独特且有效的手段之一。资金补偿是补偿机制中最为常见和直接的方式，通过诸如补偿金、补贴、生态保证金、赠款等资金方式来实现效益利用的公平性与科学性；实物补偿则是补偿者通过运用物质、劳动力和土地等资源来进行补偿，为受补偿者提供一定的生产和生活要素，改善受补偿者的生活状况，增强其生产能力，提高物质的使用率；当地居民通过参与旅游经营和管理的补偿方式，使受补偿者直接参与到旅游业发展中来，实现多方主体之间的共赢和多赢。

（四）建立旅游社会参与机制

旅游社会参与机制是公众及其代表根据国家相关旅游法律所赋予的权利和义务来参与旅游业发展的一种制度，其内涵是政府或旅游主管部门依靠公众的智慧和力量来对旅游政策、法律、法规等内容进行制定，从群众角度对旅游资源开发进行思考，同时令群众来监督政府和组织对旅游法律和规章制度的具体实施。

旅游业的发展仅仅依靠政府和企业是远远不够的，这时就必须依靠社会组织和公众的广泛参与，通过对群众的鼓励和支持，使其能够积极参与解决旅游问题的决策过程，参与旅游管理，并对旅游管理部门及单位、个人等和旅游有关的行为进行社会范围内的监督和评价。从客观角度来看，社会群众的参与能够充分利用旅游的资源和力量，提高政府在旅游活动中行动的有效性和市场行为的规范性，这在旅游业的发展中有着十分重要的作用。没有社会各界的参与，旅游业发展就不会充分考虑到公众的想法和感受，从而就会缺乏源源不断的推动力。

旅游业的社会参与主体包括公民、社会组织等，因此对于社会参与制度的建设也应该充分考虑这些主体。社会参与的原则应该在旅游资源立法中进一步得到强化，国家也应该明确规定旅游产业发展过程中社会参与制度的具体内容、作用及具体方式。此外，在旅游资源、旅游监督和旅游管理等方面都需要加强社会参与的力度，这是对国外旅游业发达国家的实践经验教训的总结，它对推进旅游可持续发展有着重要的意义。《中华人民共和国旅游法》也应充分考虑社会参与机制，通过建立公众参与会议制度、完善人大代表和政协委员监督检查制度、实施旅游资源及旅游发展政务公开制度等多种途径来使社会参与机制得到具体的实施。

（五）强化旅游行业监管制度

《中华人民共和国旅游法》的颁布实施给旅游业发展和监管提供了基本的法则和指导，保障了旅游业的快速稳定发展。但旅游整体的法律体系并没有完全形成，对旅游业的监管也还不到位，这使得相关法律的协调性及权威性受损，监管模式也存在不明确的现象，监管统一性差。

目前，对于旅游监管的具体内容和监管对象相关的法律规定主要分散在不同法律法规中，因此其缺乏整体性和系统性，造成监管政策法出多门、各机构的效能低下。因此，强化旅游监管立法、构建合理的监管模式、完善旅游监管法律制度已是重中之重。强化旅游监管法律制度，要充分发挥社会组织的作用，调动社会组织的主动性和积极性，让旅游协会等社团组织承担更多的监督和管理职能。许多原来由文化和旅游局处理的事情转交给旅游协会办理，可以弥补文化和旅游局监督和管理上的不足，提高旅游监督和管理的效果。

（六）探索旅游人才培养制度

旅游人才是建设世界旅游强国的关键和构成旅游资源的核心要素，其构成人员分为旅游行政管理人员、从业人员、研究人员等。近年来，随着旅游业的快速发展，我国旅游人才的培养也取得了较大的成绩，有了一定规模的旅游人才储备。但就客观而言，当前还存在着旅游人才层次、规模、素质、能力、培养与旅游业发展不适应和不协调的问题，旅游人才队伍建设明显滞后于旅游业发展的速度，成为旅游业发展的突出问题和主要障碍。为此，我们应该高度重视旅游人才队伍的建设，对旅游人才建设进行超前规划；要推动建立多层次的旅游现代化人才培养体系，创新和完善培养模式；加强旅游人才培养的制度建设，建立和完善期权、股权、技术入股、业绩等分配制度和激励制度；加大人才引进力度，积极引进符合我国产业政策的高级研发人员、高级管理人员和高级营销人员，鼓励旅游企业聘用高端人才。对旅游管理人员和旅游从业人员进行强化培训，要通过“请进来，送出去”和长期、短期培训相结合等多种方式、途径加强旅游人才的培训工作，形成高、中、低结构合理的旅游人才队伍，从而提高旅游管理和旅游服务水平，增强旅游企业的市场竞争力。

（七）形成旅游区域协作机制

不同区域之间进行合作是扩大旅游业发展规模的一个重要途径，在这个过程中，加强对制度的建设是特别重要的工作。加强各区域的合作，主要是依托不同地域所拥有的资源和产品建设现状，培育出具有强大竞争力的产业集群；通过政策对空间布局进行协调安排，优化旅游业的区域空间结构，使不同区域范围内的资源和产品得到联合开发。在这个过程中，道路交通、政策法规和旅游营销等方面是建设区域旅游合作的重点发展领域，无论是政府还是企业，都需要给予特别重视。

以东北范围内的旅游业发展为例，黑龙江、吉林、辽宁和内蒙古东北部等各区域之间紧密相连，建立了一个大东北旅游圈，这个旅游圈发展的区域旅游合作拥有和“长三角”等国内经济发达地区相比毫不逊色的优越条件。通过对各区域之间的组合策略的重视，将多种旅游的形式组合成了科学合理而又富有创造性的旅游圈，从而推向旅游市场，形成了强大的竞争合力。另外，这个模式还通过对其旅游业内部结构不断地进行优化和调整，树立旅游业发展新的资源观、优势观、竞争观、民生观、改革观、发展观、财富观和政绩观等观念，并在经济、政治、法律、社会、文化等方面都做出系统的变革，使旅游业的可持续发展有了良好的支撑和保证。大东北旅游圈的建设，主要经历了从东北“4+1”城市旅游联合体，到“东北老工业基地区域旅游规划”编制，再到 7 个主要城市签订《关于加强旅游战略合作的框架协议书》等阶段，以及在大连召开的第四届东亚国际旅游博览会上提出“东北东线旅游”概念。

第五章　旅游产业融合发展的案例浅析

邮轮是海上漂浮的度假村，在邮轮上可以如此地享受生活：晚宴、日光浴、高尔夫、游泳、健身、SPA、下午茶等，近年来邮轮旅行正日益成为人们热捧的出游方式之一。邮轮的原意是海洋上定线、定期的大型客运轮船，其最初主要负责洲际间或水上长距离间传送邮件。[①] 现代邮轮是指主要用于旅客在海上、沿海港口城市和海岛等地观光游览的轮船，因其本身具有齐全的娱乐与休闲度假设施而被称为“无目的地的目的地”。现在所称的邮轮是指盛行于20世纪80年代末，航行于水域并配备有较为齐全的生活与娱乐设施，专门用于旅游休闲度假的豪华船舶。有学者认为，邮轮是指以旅游度假为主体功能，以异域文化聚合交流为元素，以母港为始发点和沿海国家地区为巡游节点，定期、定线进行海上航游的国际游轮。国际邮轮航线协会（CLIA）把邮轮形象地称作“海上流动的度假村”，甚至将其比喻为“漂浮在水上的黄金产业”。综上所述，本章所探讨的邮轮指的是生活、娱乐等服务设施齐全，专门运载游客进行海上航游，为游客提供全方位休闲度假服务的大型豪华远洋船舶。

第一节　旅游产业融合发展之邮轮旅游

一、邮轮旅游定义及国内外研究

（一）邮轮旅游的理论演进

1. 邮轮旅游的定义

邮轮旅游是从歌诗达公司推出的第一艘专为旅游娱乐设计的名为 Franca C.

---

① 孙晓东，冯学钢．中国邮轮旅游产业：研究现状与展望［J］．旅游学刊，2012（2）：101-112.

的邮轮开始的。20 世纪 60 年代初至 70 年代末，邮轮旅游正式诞生并起步发展。歌诗达邮轮公司以其独到的眼光，瞄准了邮轮旅游这个新市场，以邮轮作为载体，用旅游服务来代替以往单一的运输服务。游客对于邮轮的传统观念正被新型的邮轮度假理念所取代，越来越多的游客开始接受乘坐邮轮在海上放松度假而不仅仅将其当作交通工具。此阶段邮轮目标市场以本国游客为主，航线观光也是以本国观光地为基本港。

20 世纪 80 年代初至 90 年代中后期，欧美邮轮旅游市场蓬勃发展，形成较稳定的市场格局，世界邮轮旅游业的成长进入高速期。随着 20 世纪 90 年代初期马来西亚丽星邮轮公司的成立，原有的市场格局被打破，邮轮旅游市场开始向亚洲拓展，在全世界范围内形成邮轮旅游的成长兴盛期。这一时期，邮轮旅游的研究开始出现，美国人类学家福斯特最早指出，邮轮旅游将是未来旅游研究的前沿阵地，而后到 20 世纪 90 年代中后期这一阶段，美康、德威尔等学者开始从宏观层面的邮轮经济入手对邮轮旅游展开研究。经过半个世纪的发展，邮轮旅游已经成为旅游业中增长速度快、发展潜力大的旅游产品。

近几年，邮轮旅游业已经成为现代旅游业中最活跃、发展最迅猛的产业之一。其强大的拉动能力和吸附能力已成为拉动城市经济增长的重要方面，并刺激城市周边地区的经济迅速增长，邮轮旅游消费对邮轮港口城市及其若干相关产业的拉动效应极为明显。在经济上，许多国家/地区已经很大程度上依赖这个行业。然而，作为旅游和接待完美结合的现代邮轮业，却一直没有引起研究者应有的重视。直到 20 世纪 80 年代，才有越来越多的学者意识到，邮轮业几乎没有引起任何学术关注，研究成果相当有限。为了吸引越来越多研究者的注意，近些年国际上出现了两篇关于邮轮旅游研究的综述性论文。其中，帕帕赛纳塞斯和贝克曼从旅游研究的角度对邮轮旅游文献进行了综述，并提出邮轮旅游的研究困境和可行的研究过程。

2. 邮轮旅游的理论研究

关于邮轮旅游，学术界还没有形成统一的概念，研究者根据不同的研究目的从不同的角度对邮轮旅游进行了论述。肯德尔把邮轮旅游定义为“邮轮并非一般的定线航行的客运轮船，邮轮旅游则是利用轮船的独特旅游方式，按照包价招徕游客，给追求娱乐的旅游者提供观赏美丽港口的独特体验的海上旅游”。彼得里克指出邮轮旅游由有形的和无形的两部分组成，有形部分包括邮轮本身、邮轮上的各种服务设施和娱乐活动项目等，无形的部分包括邮轮上的服务、邮轮旅游线路的设计等。邮轮旅游是指在传统远洋客轮的基础上逐渐发展起来的，以海上大型旅游客船为旅游工具和主要目的地，以沿线港口为陆上目的地和中转地的一种旅游方式。张言庆将邮轮旅游定义为：以大型豪华游船为载体、以海上巡游为主要形式、以船上活动和岸上休闲旅游为主要内容的高端旅游活动。

（二）国内外经验借鉴

始于北美地区的现代邮轮产业自诞生以来，多年以年均8%~9%的速度高速增长，当今国际前三大邮轮集团依次是嘉年华集团、皇家加勒比国际邮轮公司与丽星邮轮公司。邮轮产业已是世界上最具活力的产业之一，其强大的拉动能力和吸附能力已成为拉动城市经济的增长点，并刺激城市周边地区的经济迅速增长。

随着中国经济取得令人惊叹的高速增长，中国市场愈来愈受到世界邮轮公司的关注。上海、天津、青岛、大连、宁波、厦门、海口、深圳等城市相继有豪华邮轮停靠，而且上海、厦门投入巨资兴建邮轮码头和邮轮城，天津、大连、青岛、宁波也规划投入大量资金发展邮轮经济，这意味着我国新兴的邮轮经济时代即将到来。根据国际邮轮经济发展经验，具有个性化和高层次的邮轮旅游将是我国旅游业发展的一种新模式。

学习和借鉴他人经验是发展邮轮旅游的捷径之一，国外更注重邮轮产业链完善、环境保护、融资渠道多元化和错位竞争；而国内也开始关注政府对产业的扶持、产业链的拓展和合作（包括区域合作、企业合作、港口与腹地合作等）。基于上述经验，海南发展邮轮旅游应从以下七个方面开展：

1. 利用区位优势，加强区域合作

海南应以国际旅游岛国际化趋势及基于区位优势形成泛珠、环北部湾旅游合作为契机，加强区域邮轮旅游衔接，确立海南与环北部湾和泛珠各地区协调机制。可借鉴厦门做法，厦门港务控股集团有限公司与高雄、基隆、台中和花莲港的台湾港务有限公司签订“开门战略”——共同推进邮轮产业发展，打造“邮轮经济圈”。

2. 错位竞争，岛内港口优势互补

三亚与海口母港规模、泊位情况、发展定位、航道水深等各具特色，但航线等方面有共性，容易形成岛内竞争，可借鉴上海经验，形成错位竞争。上海港国际客运中心和新建成的上海吴淞口国际邮轮港形成“两主一备”运营模式，采取“错位竞争，优势互补”方式。

3. 提高收费标准，减轻港口成本压力

较之其他母港，三亚收费偏低：三亚每人上船20元、下船20元，每航次邮轮进港系、解缆费为232元/次；而天津、上海等地，上船75元或50元，下船

25 元或 50 元，每航次邮轮进港系、解缆费为 240 元/次。此外，上海出境旅客港站使用服务费为 100 元/人，海南仅为 15.25 元/人；上海行李装卸费为 50 元/件，海南为 3.04 元/件。海南可参照其他母港，适度提高收费标准，以减轻成本压力。

4. 拓展产业链

邮轮产业集聚了邮轮制造业—邮轮运营公司—港口及其服务业—旅游商贸业。广州在国内“邮轮母港”综合配套和产业链延伸等方面领先：各类型服务人才培训和输出的教育机构及教育培训产业基地已形成；以广州为核心的珠三角制造业已形成船舶产业链；一些科研成果可以转化成邮轮经营的配套产业；以广州为交汇核心的城际轨道交通网络，可以在“邮轮母港”和珠三角邮轮客源之间实现无缝对接。海南可借鉴广州在“邮轮母港”综合配套和产业链延伸等方面的先进经验，结合海南邮轮产业实际发展情况拓展邮轮产业链。

5. 加大港口与腹地合作力度

国外学者研究发现：港口经济效益由于旅游相关设施和食宿条件欠缺，并且与产业供应链联系不够紧密而受到限制。因此，港口应与富有旅游资源和完善的产业供应链的腹地联合，如美国加尔维斯顿母港竞争力较强，很大原因在于腹地有丰富的传统文化资源，如保存良好的维多利亚时期建筑、独特的商店、文化博物馆、生动活泼的节庆活动及不乏娱乐和购物的中心商业区。

许多腹地和海港之间有直接战略性连接和合作，这对国家及其经济发展意义重大。任何一个港口的发展都必须以腹地经济开发的深度或腹地范围的开拓为基础。三亚港腹地包括三亚市、五指山市、陵水黎族自治县、保亭黎族苗族自治县、乐东黎族自治县和万宁市南部；海口港腹地包括海口市、文昌市、琼海市、定安县、澄迈县和临高县，属于琼北旅游圈。这些市县的自然、人文旅游兼具特色。此外，海南正在加大基础设施建设，将有效缩短腹地与母港的时空距离。

6. 利用资源优势，开发腹地特色旅游产品

海南可运用自身独特资源优势与基础设施特点，开展错位竞争。现在全球邮轮产业 40%聚集在加勒比海邮轮港口，邮轮所经停岛屿特色鲜明，有法国风情的、西班牙风情的、荷兰风情的，都被归为加勒比海风情。海南可借鉴此经验，开发海南独特的 3S（Sea、Sun、Sand）热带海岛旅游产品。此外，基于三亚、海口腹地资源优势不同，开发不同的旅游产品，以吸引不同类型的目标客源，打破客源市场以银发市场为主的局面。

7. 吸引国外大型邮轮企业

《国务院关于推进海南国际旅游岛建设发展的若干意见》提及，“允许境外

邮轮公司在海南注册设立经营性机构，开展经批准的国际航线邮轮服务业务”。为扩展产业链，海南可邀请大型国际邮轮公司在海南港口注册并经营，吸引国内大型企业建立邮轮公司。三亚港口航道水深，满足迎接大型邮轮停泊的需要。

二、邮轮旅游产业发展必备条件

邮轮被称为“海上流动度假村”“港口都市的一个重要经济增长极”，其产生的1∶10的高带动比例系数使邮轮产业成为极具发展潜力的朝阳产业。自20世纪70年代，我国远洋型的邮轮接待就已经开始起步，但直到现在规模还很小，没有形成完整发展邮轮经济的条件。国际邮轮经济发展的实践表明，发展邮轮经济必须具备五大主要条件。

（一）雄厚的综合经济实力

邮轮经济的建设和发展，需要强大的经济实力支撑。邮轮设计与建造需要投入大量资金，现代邮轮以其豪华和配套设施先进而著称，这也是邮轮旅游的巨大吸引力所在，因此，其资金投入也是相当惊人的。全球最大邮轮是2004年完成处女航的“玛丽皇后二号”，耗资达8亿美元，是由英国投资、法国建造的。邮轮基础配套设施建设和邮轮旅游客源的形成都依赖于一个国家/地区的综合经济实力，邮轮码头、对外交通建设投入巨大，动辄需要几十亿美元，甚至上百亿美元的资金投入。因此，邮轮经济发达地区主要分布在欧美和东南亚，作为世界上最大的邮轮市场，北美游客数量始终占世界份额的70%~80%。

（二）完善的基础配套设施

邮轮码头根据其重要性可分为母港码头、停靠港码头与小码头。小码头仅供乘客上岸观光，作为短暂的停靠；停靠港码头一般停靠时间较长，不仅供乘客上岸观光，还进行一定的补给、补充和废料处理；邮轮母港也称邮轮基地，为邮轮提供全面的服务，邮轮在母港过夜、进行维护和修理，在母港设置邮轮公司总部或地区总部。邮轮母港所需设施可分为以下方面：专业的邮轮码头及附属设施；配套的餐饮、酒店、商店（行）、写字楼、休闲娱乐等服务设施；便捷的交通设施；物资供应及维修保障设施。国际邮轮经济发达的港口城市都具有现代化的码头、停泊设施和邮轮城（邮轮中心）配套设施。这是发展邮轮经济的最基础条件，我国只有上海和厦门建成了邮轮专业码头，但配套的邮轮城建设才刚刚起步，很多港口城市正在规划建设邮轮专业码头和邮轮城，因此，对于基础配套设施的完善是十分必要的。

（三）发达的对外交通网络

对外交通网络是发展邮轮经济的一个重要方面，具体可以分为两部分。

1. 港口城市内部对外交通联系

对外交通网络指具体的邮轮码头和邮轮城在港口城市内部的对外交通联系，具体方式包括公路、城市铁路等，交通工具包括大型巴士、出租车、地铁等。邮轮码头只是旅客上下船的节点，只需通过交通工具实现到市区的快速集散即可，一般采用巴士或自驾车等；邮轮城的对外交通联系除了满足邮轮乘客，往往还承担部分城市功能，需要考虑其他旅客及市民的交通需求，因而在交通规划上，需要综合考虑各种交通方式的便捷衔接，形成交通枢纽。

2. 港口城市对外交通联系

对外交通联系指邮轮码头和邮轮城所在城市的对外交通设置，具体包括公路、铁路、航空、水运等，特别是对于邮轮母港，由于邮轮乘客来源广泛，往往对航空运输要求较高，单艘邮轮的载客量可以达到大型客机的近 10 倍，邮轮中心的形成需要机场充足便捷的航班保障及邮轮中心与机场之间交通、管理、票务方面的无缝衔接。国际邮轮经济发达的港口城市都具有方便快捷的对外交通网络，而海南对外交通网络存在一个主要问题，邮轮码头和邮轮城市内对外交通联系相对落后，这成为邮轮经济发展的“瓶颈”。

（四）旅游资源与客源市场

1. 丰富的旅游观光资源

综观国际邮轮经济发达的港口城市，它们本身都是国际著名的旅游目的地，是世界旅游胜地，周边旅游景点质优量多。有的是积聚了大量人文历史的古迹，有的是具有大都市深厚文化的旅游资源，有的是公认的世界购物天堂；同时，这些大都市附近又联结了众多的特色旅游城镇，以邮轮码头和邮轮城为中心，可以形成一日和半日往返的旅游线路。海南海岸线绵长，自然人文景观丰富，旅游资源能够满足各种层次的邮轮旅游，但也存在旅游产品老化、旅游资源开发不合理等问题，应该借鉴国际邮轮经济发达的港口城市旅游产品开发的先进经验，多开发适合邮轮旅游的新品和精品。

2. 充足的邮轮旅游客源

国际邮轮经济发展的事实表明，充足的邮轮旅游客源是发展邮轮经济的重要条件，要建设邮轮母港必须要有众多的本地区邮轮旅游客源。国际邮轮在我国开辟的第一个邮轮母港——上海，正是因为上海人口多，经济总量大，潜在邮轮旅游市场发展空间大。邮轮旅游是旅游活动的分支，旅游经济学认为，只有达到一定的经济水平后，才会产生旅游消费的动机投入，当人均 GDP 达到 3000 美元以上时，就会产生出境旅游的需求；当人均 GDP 达到 5000 美元以上时，就会产生周游世界的旅游需求。我国大部分沿海港口城市的人均 GDP 达到 3000 美元以上，具备邮轮旅游的消费能力，但要借鉴邮轮旅游市场的开发经验，先开发国内出境邮轮旅游市场，后开发国际入境邮轮旅游市场。

（五）政策支持与人才保障

1. 国际化的邮轮经济政策

邮轮经济的发展需要一个良好的运行环境，政府在宏观政策、产业政策上为发展邮轮经济提供一系列的扶持政策，当地政府在发展邮轮经济中积极地发挥主导作用。作为城市经济发展新的增长极，只有在政府起主导作用的情况下，才能保障把邮轮经济作为优先发展项目，全面支持，以具备足够的竞争力。美国、新加坡和我国香港地区对发展邮轮经济制定了积极鼓励的政策，旅游、交通、港口、海关、口岸等多个职能部门相互配合、通力合作，形成国际化、一体化产业合作政策和运作机制。我国对发展邮轮经济还没有制定完善的政策，还是沿用旧的政策和收费标准，严重影响了邮轮经济的发展。

2. 高水平的邮轮专业人才

邮轮经济的国际性，对运作邮轮经济的人才要求很高。邮轮码头运营需要具备港口管理知识和配套服务技能的人才；邮轮的补给、维修需要船舶工程技术人才；邮轮的海上旅游，需要酒店、餐饮、娱乐的管理和操作技术人才，而且这些人才必须具备较高的外语水平；上岸后游客吃、住、行、游、购、娱都需要专业的旅游管理人才。邮轮码头和邮轮城接待服务直接关系到邮轮母港的建设和发展，也关系到区域邮轮经济的发展。我国邮轮经济刚刚起步，邮轮专业人才十分缺乏，向国际邮轮经济发达国家和地区学习，在起步阶段加紧对邮轮专业人才的培养，因为所有的竞争归根结底还是人才的竞争。

三、海南邮轮旅游发展现状

（一）邮轮经济全产业链正在形成

海南邮轮旅游由上游邮轮设施装备制造业发展中游港口建设，向下游邮轮城、服务业、贸易投资等产业延伸，邮轮旅游新业态研发的配套设施逐步完善。

1. 产业体系逐渐形成

2012 年，海南投资 15 亿元建设集豪华邮轮销售、维修、保养及运营等产业配套一体化基地项目；三亚凤凰岛邮轮港规划建设 2 个 15 万吨级、2 个 22.5 万吨级泊位及 1 座 47.4 万平方米人工岛，定位为“亚洲最大邮轮母港”；海南在全国率先建造具有我国自主知识产权的邮轮船队，建造 2 艘海南本土最大的邮轮

1.5万吨级的“聚航号”豪华邮轮。“十三五”期间，海南将实施休闲旅游等六大外来消费提升工程，建立海上旅游基地，加快开发邮轮游艇海洋游，实现邮轮旅游常态化。

2. 港口设施逐步优化

我国邮轮港口发展以始发港为主体，西南沿海以三亚港为始发港，相应发展海口港和北海港；在港口建设方面，我国目前已经形成5个核心圈，以三亚为中心的南海圈是其中之一；三亚与世界邮轮之都迈阿密缔结国际友好交流关系城市，促进邮轮旅游，凤凰岛国际邮轮港被打造成“邮轮之都”。随着邮轮旅游产业内部分化和产业外部融合加剧，邮轮旅游设施明显优化。

3. 母港泊位停靠能力增强

13.8万吨“海洋航行者”号邮轮曾在凤凰岛国际邮轮港停泊；世界排名前三邮轮公司美国嘉年华邮轮、皇家加勒比国际邮轮和新加坡丽星邮轮公司，以及日本、荷兰、德国、法国和葡萄牙等国的邮轮公司都已开通三亚航线，共有14艘万吨以上邮轮停靠三亚。

4. 交通设施优化

海陆空交通网络立体多元、互通。例如，海南54个港口中有5个是对外开放的水运口岸；东环西环高铁全线贯通；建成我国规模最大的环岛高速公路；美兰国际机场二期扩建有助于海南联结东南沿海和东南亚黄金航道，发挥“21世纪海上丝绸之路”战略支点作用。

（二）海南邮轮旅游地域特色凸显

1. 得天独厚的地缘优势

地缘优势给邮轮旅游新业态的产生带来积极影响。①海南在“海上丝绸之路”上的区位优势使得邮轮旅游新业态呈现海南特色。海南紧邻港澳台和珠三角地区，处于泛珠、环北部湾重要地带，所辖200多万平方千米的海域与部分东盟国家相接，是中国通往亚、非、欧国家/地区的海上交通要道。结合区位优势及发展定位，三亚规划邮轮航线分为母港航线、国际挂靠航线、国内航线和特色主题航线四类十多条航线。②我国海南与东南亚国家地缘相近，为海南开展邮轮旅游合作奠定了人文基础。海南与东盟多国旅游部门签署邮轮旅游合作协议，开发三亚至越南、新加坡、马来西亚等邮轮航线。基于此，以邮轮旅游为纽带，可加强与南海周边国家交流，扩大中国在东南亚的影响力。从2011年开始，海南邮轮旅游开发了以近程航线为主的邮轮旅游产品，如三亚至三沙、我国香港地区、越南等邮轮游等。

2. 逐步积累的资源优势

（1）海南将独特的文化旅游资源融入邮轮旅游产品开发。三沙在建设“21世纪海上丝绸之路”的国家建设中发挥了重要作用。岛上有原住民文化、甘泉岛唐宋居住遗址和北礁古代沉船遗址，以及西沙纪念碑、中国南海诸岛工程纪念碑、西沙将军林等人文景点，赴三沙航线可将三沙市海洋旅游文化、古代遗迹与邮轮旅游相结合。

（2）海南找准自然旅游资源优势，与邮轮旅游新业态融合开发。海南是我国唯一的热带岛屿省份，生态资源独特而丰富，辖区大小岛礁多达600多个，沿海岸线有60多个优质海湾，因而可开发出特色的“邮轮旅游+生态旅游”融合发展业态，推动“蓝绿资源”互补。

3. 稳步发展的业态优势

观光旅游演进为度假旅游，异地老人到海南养老度假推动新型养老休闲旅游产品形成。丽星邮轮数据显示，异地办证政策实施以来，参加中国海南—越南邮轮游的绝大部分是海南的候鸟老人，许多旅行社针对外地70岁以上老人特惠促销邮轮旅游产品，“邮轮+银发旅游+海南度假”复合型度假产品开始形成。

四、海南邮轮旅游面临的问题

邮轮旅游产业自诞生起，就由于其所蕴含的巨大经济效益和社会效益引起世界范围内的广泛关注。我国邮轮旅游产业顺势而发，在短短几年形成庞大的市场规模，也创造了可观的经济效益。但海南还仅仅停留在为世界邮轮旅游提供市场的尴尬境地，没有形成自己独立完整的产业链条，缺乏整体的把握和调度，重要节点企业非常缺乏，基础配套设施严重不足，这在很大程度上制约了整个产业的延伸和发展。

（一）系统性的产业规划缺位

邮轮经济发展所需要的船舶制造业和维修养护业比较落后，海南本土最大的豪华邮轮“聚航号”也是在浙江船厂建造；尚无国际大型邮轮公司驻扎海南港口；腹地旅游服务业国际化程度不高；政府旅游政策制定水平、行业管理标准化尚未与国际接轨。此外，海南暂无邮轮船供体系，邮轮船供参照普通货轮，被视为非贸易行为因而无法享受17%的出口退税，国外邮轮公司因此不愿意采购本土邮轮船供物资；船供企业的市场准入政策缺乏可操作性，2009年国务院办公厅发布《关于完善国际航行船舶港口供应市场管理工作的通知》后，海南无相关操作细则出台。

（二）配套设施不齐全

海南邮轮母港规划时，水深条件和岸线长度及航道条件没有完全考虑到大型邮轮安全进出港的需要。此外，国际旅游岛建设规划时，未考虑邮轮航线与海南地域特色鲜明的1800千米生态景观公路对接；母港与城市交通、空港交通网络未实现无缝对接，离融入国内国际交通圈还有差距。

海南港口航道深度等基础设施不能完全满足大型邮轮抵离的安全需要。海口港邮轮码头不具备接靠大型国际邮轮的能力，三亚邮轮码头安全配套设施及防污染设备设施还不够完善。海南尚未有国际邮轮公司总部驻扎，与邮轮母港基地相匹配的邮轮维修、保养、补给、废品处理、人才培训等产业体系尚未形成。海南仅2个邮轮泊位，无法满足产业发展需求。

（三）制约因素导致客源不足

1. 海南国际影响力亟待提升

《海南国际旅游岛建设行动计划》提及，建成国际旅游岛的雏形，入境游客占全省旅游接待人数的10%以上。从近年入境游客占游客总数比例看，海南离国际旅游岛的最初规划还存在不小的差距，国际影响力小制约了境外赴琼航线的开辟。

2. 海南地理条件限制

海南是岛屿省份，辐射面不大，较难吸引泛珠、环北部湾和长三角等地旅游客源，而海南本地客源难以满足邮轮发展需求。尤其是其他地区发展邮轮旅游航线，可接水陆空，而海南邮轮旅游无缝对接交通网络尚未形成，海南出岛邮轮航线目前只能选择水路。

3. 邮轮航线单一、同质化导致竞争加剧

航线单一，业态结构有待优化。海南邮轮产业在特色产品设计、本土品牌开发等领域还存在许多制约和不足，目前以单一的近短程观光游为主，难以满足多样化的消费需求。海南开发的至越南、我国香港地区、西沙地区等短程观光航线，相对国内其他地区始发至东南亚、东北亚、环球中长程航线而言，对游客的吸引力不大。此外，赴三沙邮轮旅游产品船小、舒适性不足，线路少，很难吸引回头客；海南“度假+邮轮”的产品关注度并不高，邮轮母港的邮轮和路线设计并不具备足够的吸引力。

航线产品缺乏个性。以北部湾之星号运营的“西沙群岛一生蜜月之旅”为例，其中的爱国主义活动仅为升国旗、唱国歌、宣誓、集体照留念。高度同质化的岸上旅游产品，导致很多邮轮游客逐渐降低了在海南乘坐邮轮的兴趣，采用

“飞机+邮轮”的出行方式，从国外的邮轮母港出发。大部分游客都是第一次乘坐邮轮，以追求“回头客”著称的邮轮旅游在海南发展动力不足。

与其他地区航线产品开发同质化。以海南主打的越南航线为例，北海—越南下龙航线为1997年中国政府特批的第一条跨国海上旅游航线，其在国家的地位、国际知名度都高于海南—越南航线。另外，厦门、上海、天津均已开通越南航线，渤海轮渡也将视情况开通越南直航。同质化在一定程度上加剧了竞争。

总体而言，海南邮轮市场发展动力有待进一步增强，发展模式有待进一步优化，市场有待进一步培育和分层。值得关注的是，由于海南邮轮市场上的邮轮公司、邮轮码头、邮轮代理等主要参与者利润空间不足，某些大型邮轮公司正在逐步调整在中国的市场布局，甚至要将定位中高端的邮轮逐步撤出中国邮轮市场，这在一定程度上迫使中国邮轮市场在一段时间内仍将处于杀价竞争、中高端邮轮游客客源逐步流失的状态，最重要的是对海南邮轮市场的快速和良性发展产生较大冲击。因此，当前政府部门、行业专家等对海南邮轮市场的发展需要多一些冷静思考，切勿依然停留在海南邮轮市场正在保持健康、高速发展的观点和成绩上。

（四）资金、人才、政策瓶颈依旧存在

1. 配套设施资金瓶颈

海南交通运输部门每年的航道养护经费仅1000万元左右，远不能满足全省航道养护发展需要。邮轮需要专门的港口和码头，其设施分为基础设施和辅助设施，基础设施是为了满足大型邮轮停泊的必备设施，辅助设施则包括购物、餐饮、住宿、维修等。虽然大连、天津、青岛、连云港、上海、宁波、厦门、深圳、三亚等城市都在建设或准备建设邮轮专用码头，但除一些港口城市建立了一些简易的邮轮码头外，国内港口城市尚未建成邮轮专用码头。国际邮轮抵达沿海港口时，只能借用其他码头或使用邮轮的备用舷梯，游客上下船和后勤补给都很不方便。同时，港口没有配套的购物、餐饮、住宿设施，港口则无法成为国际大型邮轮的母港，只能作为停靠港，而作为停靠港所产生的经济效益还不到母港的1/10，所获得的邮轮经济收益也就十分有限。

2. 邮轮专业人才不足

人才链的断链在一定程度上导致了产业链断链，而院校开设邮轮专业，常常与游艇、酒店专业混淆；专业师资、研发人才不足，专业人才引进与培养尚未受到重视。邮轮企业发展的关键因素也是人力资源，它决定着邮轮企业是否具有竞争优势甚至关系到企业的生死存亡。邮轮文化是一种国际交往及国际礼仪文化，对从业人员在知识、素质、语言能力等方面要求很高。因此，外国邮轮企业向来非常重视人力资源的管理，通过专门的资格认证检测从业人员是否具有本行业工作的能力和实力，如注册航游顾问和高级航游顾问。邮轮就像一座小城市，由航海、餐饮、海关、法律、通信、医疗等众多部门组成，需要相关的专业人士来组织、管理、协调和运作。这就要求邮轮的管理者既是通才，又是专才，然而这样的人才在我国极少。近年来，陆续有高校开设新兴的旅游专业课程，如高尔夫、会展旅游，但邮轮旅游课程很少有高校开设，我国邮轮行业的专业人才稀缺。

3. 政策规划不足

《海南省促进邮轮游艇产业加快发展政策措施》中有 12 项政策措施推进邮轮产业发展，但未从产业发展整体规划层面对邮轮旅游作出系统、宏观指导；海南省级邮轮旅游线路规划仍然缺位。尽管三亚、海口已有各自的邮轮旅游线路规划，并且《海口市游艇邮轮产业发展规划（2011—2020）》提及“联合三亚邮轮码头”共同开发打造环岛邮轮航线，但海口、三亚航线总体融合度不够，这在一定程度上导致线路重复建设。

邮轮旅游在我国还是新生事物，国家对其出入关管理和口岸管理还采用一般的出入管理程序和口岸管理条例，造成邮轮出入口岸甚为不便，难以与国际接轨，难以满足游客快捷、方便、舒适等通关要求。我国与国际接轨的旅游立法也未能跟上，没有符合国际惯例的出入关程序和口岸管理条例。邮轮旅游作为高端的、国际性的旅游，所涉及的不仅是旅游业的法律法规，还有海关、贸易等一系列的法律法规。相关法规的缺位，必然导致过境、签证、外埠采购等方面的问题出现。

（五）环境污染加剧

邮轮在航行时会有一定的燃油泄漏，这对海洋和港口都会造成一定的环境污染。邮轮旅游还会产生大量的垃圾，这些垃圾小部分直接排到海洋里，加重了海洋特别是近海的环境压力，而大部分的垃圾根据国际相关法则及各国关于海洋保护法和环境保护法的相关规定不能排到海洋里，要带回港口处理。海南目前的城市垃圾处理压力已经很大，再要处理外来垃圾，这对于日益严峻的城市环境状况来说无异于雪上加霜。

随着邮轮旅游的发展，邮轮是日益增长的主要海洋污染源。大型邮轮能承载 5000 人之多，新建邮轮接待量更大。一个中等大小能承载 3000 人的邮轮每天将产生 7 吨垃圾和固体废物 57 升毒水、11 万升人类排泄物、2.7 万升含油污水、97 万升灰水，以及每次排放 1000 吨压舱水和相当于成千上万辆汽车柴油机废气排放量。我国尚未建立起完善的海洋生态补偿机制，只是在某些领域制定了相关规定和实施了一些补偿工作，并且补偿工作大多局限在渔业资源管理领域。此外，我国海洋管理基于行政或地理区域划分，与以生态系统为依据的科学综合管理还有差距，对邮轮等海洋污染治理缺乏力度。

（六）服务体验较差

1. 服务质量低

国外邮轮公司在中国邮轮市场上普遍采用包船模式。邮轮公司对包船旅行社有最低舱位率的要求，导致海南绝大部分包船旅行社亏损巨大，苦不堪言，这也变相降低了包船旅行社的服务质量和水平，降低了邮轮乘客的消费体验，严重损害了海南邮轮公司的形象。

2. 文化体验感低

部分海南邮轮公司为了节约成本，逐步减少船上免费服务项目，降低船上餐饮、客房、娱乐等服务质量，导致乘客船上服务体验感逐渐下降。

（七）邮轮入住率低

以海南皇后号为例，其拥有 300 多间房，1000 张船位，每一次往返航程成本近 60 万元，也就是说，入住率须超过 70%才能盈利。宝瓶星号有 765 个舱位，提供 1529 个标准床位。目前有 5 家邮轮公司与三亚凤凰岛国际邮轮港建立合作意向，类似宝瓶星号因客源问题经营不善，将给这些有意向停靠的邮轮带来负面影响。目前海南度假邮轮产品关注度并不高，邮轮母港和邮轮路线设计并不具备足够的吸引力，游客更愿意选择天津和上海母港的豪华大邮轮及航线（至泰国、新加坡、日本、韩国等东南亚与东北亚地区）。

五、海南邮轮旅游发展对策

（一）充分发挥政府主导作用

随着旅游市场竞争的全球化，政府的主要职能是遵循旅游市场发展规律，通过制定一系列制度和提供必要公共服务来规范市场、稳定市场、引导市场及弥补市场供给的不足。在海南邮轮旅游的发展中，政府要发挥主导作用，做好产业发展规划，争取优惠政策，鼓励企业投资，做好邮轮旅游的相关公共配套服务，促进海南邮轮旅游快速发展。

1. 政府主管部门做好海南邮轮旅游发展总体规划

海南处于邮轮旅游发展的起步阶段，政府主管部门一定要摆正自己在海南邮轮旅游业发展中规则制定者的位置，从对旅游业的直接管理向行业管理转变，做好发展规划，指导行业规范有序发展并加强规则执行力。当前，海口秀英港正在进行港区改造升级，海南本土邮轮船队已迈出第一步，在“21 世纪海上丝绸之路”建设背景下政府应充分考虑海南邮轮旅游业发展的需要，科学论证，因地制宜，制定出长远的、可持续性的海南邮轮旅游发展总体规划，有计划有步骤地实施，发挥好宏观调控的重要职能。

2. 利用海南经济特区优势争取优惠政策

一方面邮轮产业发展需要宽松的国家宏观邮轮产业政策，另一方面也需要本地政府及相关旅游主管部门的决策支持。在海南邮轮旅游业的发展中，政府要发挥主导作用，加大邮轮产业政策的扶持力度，让海南在邮轮旅游发展方面充分享受国际旅游岛的“我国旅游业改革的试验区”优惠政策。

（二）吸引多种投资主体

邮轮旅游的主营业务投资规模庞大，投资回收周期长，对投资者的实力要求高。在发展初期，可以国有资本的投入来带动民营资本投资，从而有效地刺激市场。海南可借鉴新加坡邮轮经济发展的经验，利用各个港口改造的契机，由政府投资修建邮轮码头和给予企业投资的相应优惠政策，带动企业开发和经营码头周边商业用地。以“21 世纪海上丝绸之路”建设为契机，加快邮轮旅游基础设施建设，在促进邮轮经济长足发展的同时，鼓励企业投资，共同参与到海南邮轮旅游基础设施的建设与开发之中。当前，国家正鼓励国有企业实行多种所有制改革，鼓励民营资本参与国有企业的投资。在海南邮轮港口等基础设施的建设中，拓宽融资渠道，倡导多元化融资，可采用混合所有制设立开发公司，扩大投资规模，为海口邮轮旅游的开发建设奠定基础。

基础设施完善能促进邮轮旅游发展。一般来说，美国邮轮母港设施设备及其配套投资方式有 3 种：①政府投资企业经营，如奥兰多港和圣地亚哥港。②企业投资和经营，圣地亚哥港的两个邮轮停泊码头采用此法。③引入外资，迈阿密港口拥有 8 个邮轮码头采用此法。迈阿密联合各州、联邦政府及私营合作者，对主要基础设施投资 2000 多亿美元以促进其货物和邮轮业发展，迈阿密因而成为货物和旅客进出美国西南部效率最高的口岸。在国内，厦门和迈阿密与美国邮轮及酒店经营集团签署合作协议，致力于将厦门港打造成为世界级国际邮轮母港，海南可借鉴此经验，多元化融资渠道，完善基础设施建设。

（三）完善邮轮旅游的配套措施和服务

海南发展邮轮旅游不仅需要完善港口及周边配套服务设施建设，还需完善交通体系，特别是航空体系，增加直飞航线，扩大国内外航线网络，为邮轮旅游带来更多的国内外客源。虽然海南的粤海铁路已通车十余年，但受气候条件影响较大，便利性有所欠缺。由交通运输部、铁道部和广东、海南两省共同组织编制的工程静态投资将超过200亿元的《琼州海峡跨海工程规划研究报告》在2016年已经完成，确定以建设连接广东省徐闻县灯楼角和海南省澄迈县道伦角的跨海部分长度将达26.3千米的公路、铁路两用大桥。届时，海南、广东、广西等环北部湾地区的中心城市，将形成6小时陆路交通经济圈，不仅对南海海洋资源开发、实施国家能源发展战略、加强泛珠三角区域合作、促进北部湾地区经济协作发展、加快推动中国—东盟自由贸易区和“21世纪海上丝绸之路”建设具有重要意义，而且大大提升海南邮轮旅游的客源市场和发展潜力。

（四）开展邮轮旅游联营化

随着邮轮产业的进一步发展，联营化已逐步扩展至其他业务内容，由邮轮公司开办的飞机—邮轮、铁路—邮轮、汽车—邮轮等多种方式的联运业务，大大方便了游客乘船旅游。在邮轮旅游发展的初期阶段，海南的旅游主管部门要主动作为，牵头邮轮旅游相关企业开展合作；在邮轮旅游发展到一定规模后，按照市场经济发展规律，企业受到利益驱使则会主动开展联营化经营。

（五）提升本地的服务供给能力

邮轮需要在母港补给大量的生活、服务用品，随着海南经济总量的不断增长，城市基础设施建设不断完善，服务业水平日益提升，这为海南邮轮旅游服务供给奠定了基础。在旅游服务的相关供给中，政府要鼓励和扶持专门为邮轮旅游提供服务供给的企业，在产业发展初期，为其提供必要的税收、用地等优惠，逐渐形成一定的供给规模，并鼓励良性的市场竞争。

（六）提供公共服务

公共服务的完善程度是一个旅游目的地是否成熟的标志之一。海南邮轮旅游市场公共性服务体系还很不完善，因此，邮轮旅游产业的许多公共性服务需要由政府来承担，政府需利用自己获取资源和信息的优势，建立邮轮旅游信息系统，为邮轮旅游业提供收集和发布信息、进行整体形象宣传、评定与检查服务质量及对邮轮旅游人才的培训与考核等服务。信息不完全性和不对称性，会导致经营者和旅游者的某些非法行为和非理性消费。在邮轮旅游业发展的初期，政府应要求邮轮旅游服务供应商披露真实信息来改善信息不对称的状况，为海南邮轮旅游业营造一个健康的市场环境，邮轮旅游经营者和旅游者都能够无障碍地获取信息，实现双方共赢。

（七）引导建立行业协会

在邮轮旅游市场的管理方面，一定要避免海南旅游业发展初期出现的无序恶性竞争局面。在海南邮轮旅游业发展初期，就要坚持边发展边规范的原则，政府主管部门可引导组织行业内的各类企业建立行业协会。行业协会成立初期，可由旅游主管部门牵头，各类企业共同协商建立行业服务标准，并在行业推广。随着行业协会管理能力的提升，部分原来由旅游主管部门行使的职能转向邮轮旅游行业协会，如制定推广行业服务标准、监督服务质量、培训从业人员、市场调研、信息分析和咨询服务等。邮轮旅游行业协会可仿照旅游业的其他部门设立年检制度及星级评定制度，对各类业内企业进行定期检查、评定等级，结果对全社会公布，为游客提供充分的信息选择。这种做法从短期看，似乎对部分企业有损伤，但从长远看，会催生行业自律，促进整个行业健康有序地发展。

如果有了行业协会行使管理职能，旅游主管部门就可以从烦琐的行业管理事务中解放出来，集中精力研究制定邮轮旅游发展战略、法规政策、发展规划、部门协调和国际联络等产业发展的方针。不但能为政府决策协调提供方案，也可为邮轮旅游行业企业提供指导、服务，规范市场秩序、推进市场促销、提升产业素质。

（八）突出重点，扩大宣传

我国居民对邮轮这种高端旅游产品认知度不高，乘坐国际豪华邮轮出境旅游的数量也很少。因此，我国的邮轮市场尚须大力培育，需要通过广泛的宣传，引导人们消费。

由于内陆地区离海洋和湖泊较远，与沿海地区经济和文化环境有较大差异，这就要求邮轮旅游企业进行市场细分，确定重点开发的几个目标市场，展开相应的市场营销活动。总体上可以划分为东部沿海市场、沿江临河市场及内陆大众市场。东部沿海省份和沿江临河地区的居民思想观念和消费观念较新，可以推广远洋型邮轮这种高端旅游产品，鼓励港口城市和周边地区居民参加国际邮轮旅游。对于内陆大众市场，则以开发国内线路为主，大力推广短程邮轮旅游产品，不断创新江河型游轮和湖泊型游船旅游精品项目。我国港口众多，旅游资源丰富，对于习惯陆地旅游的旅游者来说，乘坐邮轮旅游则是另一番享受。作为邮轮旅游主体的邮轮，在设计、内部装饰和船上的娱乐方式方面，不应一味地模仿、照搬西方模式，而应突出东方理念和文化，这样更有亲切感，更能吸引游客。

传统游客认为海南夏天不宜开展邮轮及观光度假活动，进而形成错误印象。因而海南游出现“冬热夏冷”的局面。实际上，海南较之邮轮业最成功的佛罗里达州，更具备气候优势。海南应加大媒体宣传力度，对比佛罗里达州，突出常年适合邮轮旅游的形象定位。

（九）发展绿色邮轮旅游

在提倡生态旅游的当今社会，邮轮企业必须采取有效的环保措施，要配备先进的排污设施和装备，使每一趟航行在保证顾客舒适的前提下，又能严格地把对环境的消极影响控制在最低范围内，使所到之处的空气和海洋得到保护。此外，邮轮码头作为邮轮旅游的组成部分，临岸的景致可以让游客赏心悦目，也可以让其大跌眼镜。因此，要对沿岸地带进行美化和绿化工作，对污染企业、杂乱设施进行整治。这样才能彰显绿色邮轮的特色，使抵达的游人产生耳目一新的感觉，从而吸引更多的游客参与到这种高端旅游形式中来。

海南应完善环境保护问责制、海洋生态补偿制，坚持“谁污染，谁付费”“谁保护，谁受益”和“谁受益，谁付费”等原则进行生态问责与补偿。美国通过《阿拉斯加商业客船制度与费用》法律，制定了强制性邮轮废水和大气排放标准，要求所有在美国水域运营的邮轮必须遵守美国环境法与相应标准，以减少正常运营船只上由洗衣、淋浴和厨房废弃物而产生的污水，否则将受到相应处罚。海南可借鉴此经验，使污染治理制度化、常态化。同时也可通过科技或其他管理制度等发展绿色邮轮旅游。美国利用岸电、系统装置废水处理和MS-DS等技术、罚金、补贴等手段，减少船舶带来的污染。海南可采用技术补偿、环保新科技、处罚、补贴、奖励等形式，使得《海南省港口管理条例》更有可操作性。

（十）实施人才储备战略

随着知识经济时代的到来，在人类所拥有的一切资源中，人力资源已逐渐超过物质资源、金融资源，成为企业的核心资源。人力资源对企业发展的重要作用已成为业界共识，人的因素也相应地成为企业实现战略目标的关键因素。邮轮旅游业作为在我国出现的新兴行业，起步较晚，对于其领域还需要不断地探索和研究。

行业的发展离不开专业人才的培养，因此，发展邮轮旅游必须加快该专业人才培养的步伐。作为我国高级人才培养基地的高校可以开设邮轮旅游专业，为我国培养急需的高级邮轮旅游人才。同时，海南邮轮企业也可以与全国各高校、研究所、政府联合，以政府为主导，以高校和研究所为基地，由企业提供资金支持，共同培养、培训专业人才，以满足行业对人才的需求。在企业内部，建立以人为本的管理制度和激励制度，制定优惠政策积极引进国内外邮轮旅游管理人才，同时要积极创造条件，选拔有能力、高素质的人才到其他国家学习、深造。只有这样，海南邮轮旅游产业才能在日益激烈的竞争中生存、发展，在国际市场上占有一席之地。

第二节　旅游产业融合发展之房车露营旅游

《海南国际旅游岛建设发展规划纲要》明确指出鼓励发展房车露营等旅游新业态项目，将在海南中西部重点发展房车露营休闲旅游，逐步将海南建成国内房车露营旅游休闲度假示范基地。

海南省拥有得天独厚的自然生态环境，生态环境优美，旅游资源丰富，是我国旅游业发展条件最好的地区之一。应该正确把握市场需求趋势，加快房车露营旅游营地建设及配套的旅游交通标识等公共服务设施建设，把海南建设成为我国房车露营旅游的特色基地，更好地为各种房车旅游、徒步旅游提供更优质、更专业的服务。海南的房车露营度假旅游发展尽管还不成熟，产品的设计和推广也还处于初级阶段，但具有很大的政策优势、发展空间及市场潜力。

房车旅游是一种适应现代生活时尚的自助旅游方式，是一项集观光、健身、度假、休闲于一体的深层次旅游。近年来，随着高速公路网的建设和完善及居民消费水平的提高，我国房车旅游呈现蓬勃的发展态势。为满足房车旅游的需要，各旅游目的地开始编制房车露营规划。

海南作为国内最大的经济特区，海南国际旅游岛的建设拥有得天独厚的自然条件、生态环境和旅游资源，具备国际旅游流行的五大要素：阳光、海水、沙滩、绿色植被和洁净空气，是世界一流的度假休闲旅游露营目的地。

一、房车与房车旅游理论演进

（一）房车与房车露营旅游概念

1. 房车与房车旅游概念

房车兼具“房”与“车”两大功能，是一种可移动、具有居家必备设施的车种，但其本质属性还是车。同时，依据车辆有无自身驱动能力可将房车分为自行式房车、拖挂式房车和移动别墅三大类。自行式房车是在一个完整的拥有发动机底盘车辆的基础上，又兼顾住宿和运输并将所有条件巧妙地融为一体的车。拖挂式房车需要专门诸如汽车、搬运车或卡车之类的机动车辆来进行牵引，但自身的尺寸和重量又符合在公路行驶的要求。移动别墅适合有长时间度假旅行习惯的爱好者使用，需要通过特殊或重型的平板拖车运输，须连接公共电力系统来补充所需电力能源，并且具有宽大的生活空间，内部设施配置得如同家里一样舒适方便。房车旅游在欧美发达国家比较流行，但是在我国还鲜为人知。房车旅游则是指借助于房车，暂时性地离开都市或人口密集地到郊外进行的游憩活动。

旅游房车又称为“流动的家”，英语简称为 RV，它是一种房与车功能的结合体，车上配备基本的生活设施用品，如座椅、桌子、睡具（可由座椅转换而来）、炊事设施及储藏设施等，豪华型的房车甚至有沙发、橱柜、电器、音响、盥洗设施等，真正集“衣、食、住、行”于一体。房车作为 21 世纪最流行的“旅游+观光+休闲”生活方式的理想载体和极具个性化、简朴化和知识化的时代产物，将使人们充分“零距离”接近大自然、融入大自然和回归大自然。随着我国旅游业的发展，房车旅游正在被越来越多的普通百姓所向往。房车露营地主要客源市场定位在距离露营地 6 小时车程以内的中上收入阶层群体，房车旅游的客源市场也在不断拓展中。

2. 房车露营地概念

从概念上来说，房车露营不包括借助其他类型的汽车作为交通工具而进行的露营旅游活动。但是随着露营旅游业的发展，现在的露营地逐渐由最初的单一汽车型营地向同时具有自驾车、汽车和房车营地功能的综合性营地发展，这意味着，现在的汽车和自驾车露营地可能有房车旅游产品，而房车露营地中也可能提供汽车和自驾车露营服务。随着旅游产业的不断融合发展，在露营旅游中，不论是汽车露营地还是房车露营地都具有越来越综合的效用和功能，许多露营地既提供房车露营服务，也会给游客提供帐篷等其他形式的汽车露营旅游服务。

露营地就是一种娱乐休闲小型社区。其是具有一定的自然风光，可供人们使用自备露营设施如帐篷、房车或营地租借的小木屋、移动别墅、房车等，同时可进行短时间或长时间居住、生活，配有运动游乐设备并安排有娱乐活动、演出节目，并且具有公共服务设施，同时占有一定面积、安全性有保障的场所。根据所处环境的不同，露营地可以划分为六种类型：湖畔型露营地、海滨型露营地、海岛型露营地、乡村型露营地、森林型露营地、山地型露营地。通常房车露营地主要有以下功能分区：接待中心、房车营位区、帐篷营位区、功能草坪区、摄影基地、儿童游乐区和综合休闲区。其满足游客的观景需求、生活基本需求和全面服务需求，是一个多样化的度假场所。一般成熟的营地具有以下特征：周围有美丽的自然风光，适合观景度假；有和房车相关的配套设施，如供水、供电、污水处理等；营地类似一个五脏俱全的小社区，为了更加全面地满足游客的需求，还设置了医疗中心、就餐中心、购物中心等服务区；能为开展形式多样的户外活动项目提供场地和设施，如骑马、垂钓、烧烤、游泳、球类等。

房车旅游露营地是满足房车旅行各种必备生活用品补给，提供休息场所，并且集旅游景区、丰富娱乐生活设施和服务为一体的综合性露营旅游度假休闲场所。房车露营旅游也可以说是在房车营地和汽车营地基础上开展旅行住宿、休闲娱乐为主要内容的现代游憩活动。

（二）房车露营的主要流程与功能

1. 房车露营的主要流程

房车露营旅游的活动流程包括出行准备、驾车旅行、旅途观光、扎营露宿、篝火、娱乐休闲、垂钓等，这些活动不仅需要游客克服所遇到的各种困难，也需要游客能够掌握一定的生活技能和运动技能（包括房车驾驶、厨艺、攀岩、越野、游泳、搭建营地、自我救护等），还要有一定的安全防范与自我保护能力。在这些活动中，旅游者能够享受到比其他旅游活动更加非凡的旅游体验，也能获得更为直观的种种乐趣和技能的提升。由于在房车露营旅游活动计划和安排上有着很强的自主随意性，参与该项旅游活动的人员主要是自主选择一些旅游景区或森林等开展野外旅游活动，这些地区基础设施还很不完善，相对于正规的野外考察，很多的旅游者都没有接受过系统和专业的培训，因此，房车露营旅游活动与其他传统的旅游活动相比较还是具有很高的风险系数，旅游安全方面还存在较大的隐患。

2. 房车露营的主要功能与设计

在房车露营地设计过程中要体现露营地的特色与整体风格的一致协调，要避免各个营地的单一化、平庸化问题。在提高营地整体水平的同时，要明确经营理念，创造特色，追求与其他营地的不同，创造自己的特色，但也应注意到不要过度追求使用上的便利而大量建设人工设施。

首先，房车露营能带动当地的经济效益，建设营地的基本目的虽然是给市民提供公共休闲娱乐设施，但是为了长期地、更好地维持经营与管理，效益是必须考虑的。营地按照第三产业的方式运营，最终目的还是良性经营、寻求经济收益。在各种设施中，露营设施被誉为旅馆、酒店、民宿和简易旅馆之外的第五种住宿形式，在建设中必须考虑环境、设备、管理等诸多方面。露营地与其他住宿设施的区别是：①野外住宿设施；②低廉的租金；③安全的服务；④宿营者之间融洽的交流。这些设施与服务可为营地带来一定的经济效益。

其次，房车露营地有一定的环境效益。保护环境、回归大自然是露营活动的最终目的。在周边环境优美的地方进行营地建设、规划开发都不可以破坏自然环境，要把对自然环境的破坏降到最低点——和自然环境相融合，与自然环境相配套。在环境保护的基础上节制开发，这才是建设营地的基本方针。

最后，房车露营旅游具有一定的文化效益。露营的特点是“亲近自然、回归自然”。置身于大自然中，是为了消除平日积累的烦恼与压力，使身心得到放松，提升活力和创造性。大多数露营者都想远离都市喧闹，来露营地追求自然的宁静，放松身心。因此，营地必须充分响应广大露营者的这种心声，注重人性化需求，营造出舒适与回归自然为一体的理想氛围。同时，露营地不单是提供设施的场所，还要为露营者提供生活空间，迎合人对社会交往的需要，为露营者创造与自然相融合、家庭团聚、人与人之间的交流空间。

二、国内外房车旅游研究进展及经验

（一）国外理论研究

欧美国家的房车露营旅游产业发展较为成熟，很早就成立了相应的管理协会，并且拥有数量可观的房车保有数量和建设相对完善的露营地。《环境管理》就明确提出汽车旅游出现于20世纪初，并且研究较少，主要只是针对露营与环境、露营者动机等方面的研究。贝蒂对露营旅游与环境、动机之间的微妙关系进行了相关阐述，但专门以汽车露营旅游作为研究对象的文献较少。对于营地的规划、设计、管理有系统的研究专著，如罗伯特在《森林休闲》书中就曾对美国露营地的发展、分类、开发建设条件、露营地各功能区的规划、露营地设施的设计进行了比较系统的阐述。

欧美国家房车露营由来已久，随之产生的是关于房车营地研究的相关著作，其中研究的主要方向大致包括房车营地的选址、规划布局、相关房车露营的产品开发及游客的使用体验等。国外对房车营地的研究大体上可以分为以下几个代表性的阶段：①20世纪六七十年代，主要研究游客的参与特性和其与社会的关系。②20世纪七八十年代，主要对游客的旅游心理进行研究，并将研究结果运用于房车营地的布局及规划中。③20世纪八九十年代，这段时间正值工业发展期，人们开始着力研究房车旅游和露营对于生态环境的影响。④20世纪90年代至今，以人为本的思想为研究主旨，进行生态性房车营地的规划，将人与自然和谐共处的思想融入其中。在充分注重保护自然生态环境的基础上，体现以人为本的设计思想。例如，《户外生存手册》一书根据自然和人文的结合，对房车营地的选址方法、标准及具体的营地建设内容做了详细而生动的阐述。作者从旅游者的角度来介绍房车旅游，提供了关于更好地感受自然的旅行计划建议、最热门的旅游景点和观景线路及各地区房车营地的信息，为游客提供了实用性颇强的建议。

随着欧美露营旅游学术方面的研究层面越来越细微，其侧重于露营地的经营和管理，尤其是露营者的需求研究。很多学者在资源状况和消费人群对露营地的开发和管理方面做了很多研究，而对露营旅游的特征与分类研究相对缺乏。只有深化对露营旅游特征和分类的研究，才能判断出影响露营旅游开发和对策研究的关键因素，更好地细分市场及发展露营旅游业。

（二）国内理论研究

1. 房车露营旅游发展研究

李晶介绍了房车露营旅游在国外的产生和发展历史，并对国内房车旅游发展现状进行了深入分析，从宏观、中观和微观三个层面提出相应的对策建议。陈聪从产品的三个层次构建了房车露营旅游产品开发体系，并对海南发展房车露营旅游可行性进行了论证。杨东对我国房车营地消费者的消费行为进行了深入分析，从政府、行业协会和营地经营者的角度提出改善建议。

2. 房车露营旅游发展差异研究

邓敏从汽车旅游组织、管理和服务三个方面比较分析了国内外的差异，并对成功案例进行了总结及对我国汽车旅游的发展趋势进行了探讨。鲍蕾从发展现状、政策背景、经济条件、选址依据和经营模式 5 个方面对中国和美国的汽车露营地的发展进行了对比分析，总结出两国发展的特点和营地发展的差异。李禧运用昂谱理论，引入游客体验分析，对消费者群体的需求特征进行分析。郭丽娜通过对宁波象山汽车露营地进行实地探访和游客问卷调查，综合访谈和问卷调查结果，运用因子分析法和灰色关联度分析法，对宁波汽车露营旅游发展的影响因素进行数据分析，进而从三个不同的层面得出宁波汽车露营旅游发展的综合对策。在房车露营地产品的规划与设计方面，李景通过对比国内和国外房车露营的不同使用方式和营地功能与服务，提出房车营地合理、规划设计的重要性。赵亮在阐述露营地旅游产品内涵和特点的基础上，探讨了露营地旅游产品在三个不同层次上的开发与创新。杨雅莹对我国露营旅游产业的发展进行了总结，并且结合实际情况对目前我国发展露营旅游存在的问题进行了概括性的总结。朱晓蕾则从文化的观点和角度对我国露营旅游产业进行了分析，揭示了文化因素在发展露营旅游产业中的重要作用。

综上所述，国内房车露营旅游研究处于探索阶段，对房车露营旅游的研究较少，需要更多的学者给予关注。

（三）国外房车露营发展现状及经验

1. 欧美房车露营建设经验

欧洲房车协会是一个非营利性的社会组织，为欧洲房车露营发展提供了良好的保障，协会主要职责在于商讨制定房车露营标准，协调成员间关系，整合市场营销活动，同时房车协会内拥有一套完整的运作体系，内部设有房车联盟技术委员会，其对于处理欧洲房车类型、与房车相关的法律、房车标准化问题能发挥独特作用，同时欧洲房车协会代表欧洲房车行业，并及时向会员和外部提供有关房车的信息。

美国人对于房车露营的喜爱可谓是由来已久。早在 19 世纪 70 年代，美国就为保护自然环境而设立了国家公园制度。1916 年美国国家公园管理局成立，当时共有 14 个国家公园和 21 个纪念地被纳入管理范围，美国在国家公园内开辟出露营地供人们露营。20 世纪的经济大萧条时期，美国兴起了以露营活动为代表的经济实惠、趣味盎然的户外休闲活动。之后，随着国家公路网的完善，开辟了美国人自驾露营的新篇章。人们发现，亲近自然的旅行方式充满魅力，让他们流连忘返，这为早期的房车营地建设奠定了基础。之后美国人便开始了露营所需的房车生产。早期的露营车辆由一些露营爱好者自己组建的小公司研发生产。

“二战”结束之后，随着社会经济的繁荣，露营活动进入大众时代，公共露营地和经营性露营地蜂拥而出。1961 年，美国 KOA 公司成立，标志着私人经营机构开始进入露营地领域。这一时期，露营地的建设和管理逐步走向规范化、标准化，开始强调功能分区，要求营地能够提供完善的服务设施和娱乐活动。在这一阶段，露营地数量呈现爆发式增长，为了满足日益兴起的多样化露营活动，房车生产制造业也随之发展。房车由最初的有篷马车一直演变到如今的大型房车。由最初单一的短暂休憩功能，到如今衣食住行乐五位一体的全面功能。经过统计，美国参与房车旅游的人数逐年上升。凭借互联网的大力宣传，人们对于房车营地了解和关注的热度持续上升，也促使房车营地单一的休憩功能向休闲娱乐综合功能发展。

2. 其他国家/地区房车露营建设经验

日本是亚洲开创自驾旅游方式较早的国家。日本户外旅行起初的想法是为喜爱亲近大自然的户外露营爱好者提供一个安全性高、功能较为齐全的露营地。通过对欧美国家优秀案例的借鉴，日本的自驾游注重细节设计和品牌效应，从规划线路开始到营地的设计，每个主要景点都有房车营地的广告和宣传。比较有名的如日本的白色风车塔，位于海岸边，以独特的景观效果形成行业中的标志性项目，为广大旅行爱好者提供了放松的天堂。新西兰是房车露营发展的乐土，不但风景优美，适合户外露营，而且房车是当地已经普及的交通工具，深受人们欢迎。此外，当地的房车租赁业也发展得如火如荼。在那里，人们可以和家人随处畅行，尽情享受自然风光的美妙。在每一处值得纪念的土地上留下自己的痕迹。

总体而言，欧美国家的房车旅游产业发展较为成熟，有一定的房车保有量和相对完善的露营地。在理论方面，国外相关的理论研究数量多，内容成熟可借鉴。在实际方面，相关的房车营地建设、露营俱乐部及协会的成立也早且量多，尤其是房车营地的建设和运营已具备一定的国际标准或者管理方法。

近几十年来，发达国家经历战后重建与经济消费水平的提升，一方面人们心理上寻求休闲放松的机会，另一方面因露营的娱乐性、价格低廉等特性使得露营活动受到居民的极大欢迎，露营地数量不断增加，露营地游览和休闲项目也在不断增加。

三、海南房车露营旅游发展现状

我国房车露营旅游只有十几年的发展历程，目前房车露营旅游自身水平仍较低，与之配套的设施——房车露营地的产生和发展也比较迟缓，主要表现在以下几个方面：首先是房车露营地的数量少，我国房车露营地较少，而且具有地域集中性，主要分布在经济发达的京津地区和珠三角地区；其次是现有的房车露营地规模较小，设施设备还有待完善，国内很多房车露营地只能提供简单的水、电、网络等服务，娱乐项目很少；再次是国内现有的房车露营地的管理还处于探索阶段，管理不够系统，此外房车露营地的星级划分标准和露营地设施设备建设标准也还在筹划中，这不利于对房车露营地的统一有效管理；最后是我国还未成立专门的管理部门对房车露营地进行统一管理，而现有的房车露营地协会发挥的作用也非常有限。总体来说，我国房车露营地的发展还处于初级阶段，国内缺少规模大的房车露营地。

（一）国内房车露营发展环境

2022 年 11 月，在第十一届全国自驾车旅游发展峰会上发布了《中国自驾车、旅居车与露营旅游发展报告（2021—2022）》。该报告显示，2020 年为露营地服务企业注册高增长期。这从侧面反映出露营地产业的发展重心由重资产向轻资产转移，未来将出现所有权和经营权分化的两种商业模式走向。露营地的开发受到旅游空间产品供给的系统性矛盾束缚，在数量和投资规模上一直增长缓慢（未达到国家统筹发展的预期目标），而精致露营的热度暴涨又反映出消费者休闲社交的强烈需求，露营地服务企业注册量的激增，也反映出其他经济部门发展阻滞，产能挤出到精致露营和露营服务这一赛道上。近年来，随着居民生活水平的提高与消费水准的提升，我国的房车旅游市场发展潜力巨大。

近年来，国内多个部门涉及自驾车、旅居车和露营旅游等有关的政策文件密集出台，国家层面对旅游新兴领域极为关注。2016 年，国家旅游局会同 10 个部门印发的《关于促进自驾车旅居车旅游发展的若干意见》等文件先后出台。《自驾游目的地基础设施与公共服务指南》行业标准也制定完成。高速公路服务区、旅游景区、旅游集散中心等场所针对自驾游的公共设施和服务正在得到改善。

中国旅游车船协会及自驾游与房车露营分会与同程旅游联合发布了《中国房车露营在线消费研究报告 2017》，对国内房车露营度假产业发展现状及在线消费情况做了系统分析。该报告显示，近七成的房车露营消费发生在节假日期间，表明房车露营正在成为国人重要的休闲度假方式。“70 后”和“80 后”是房车露营在线预订的主力人群，OTA 平台是他们主要的线上预订渠道。该报告提供的用户画像分析显示，房车露营在线预订用户的性别结构基本男女各半；年龄结构方面，27~36 岁占比 43%，37~46 岁占比 28.6%，总体上“70 后”和“80 后”的比例高达 71.6%。

（二）海南房车露营发展情况

2012 年，海南省编制公布《海南省房车露营旅游发展总体规划》，在规划中明确提出“十三五”期间，海南将大力发展房车露营旅游，完成全岛自驾车、房车露营地的节点状空间布局，依托重要的旅游景区和建设一批标准化自驾车、房车露营地，建立有效的自驾车、房车露营旅游经营管理体制和机制，规范引导自发性旅游活动。依据功能区划分，未来的海南房车露营旅游空间战略布局为“一核四节点三轴线”。其中，一核为海口市，四节点为三亚市、琼海市、五指山市、儋州市，三轴线为东部椰风海韵房车露营旅游带、中部森林体验房车露营旅游带及西部探奇揽胜房车露营旅游带。

随着人们生活水平的提高，道路交通条件的改善，房车旅游已经成为一种常态。作为国际旅游岛的海南吸引的自驾车游客数量也正逐年快速增长。当前海南已建成一批具有一定接待能力的房车露营地，如海口的假日海滩、三亚的亚龙湾、保亭黎族苗族自治县的三道镇田滚村委会等。按照海南的总体规划，到 2020 年，全省房车露营地将达到 77 处，接待游客保有量为 251 万人次，争取达到 291 万人次。同时，海南将设计房车露营旅游线路 26 条，其中海滨休闲之旅

3 条、森林养生之旅 1 条、湖泊生态之旅 3 条、田园度假之旅 3 条、山地自由之旅 3 条、黎苗风情之旅 2 条、特色县市深度游 5 条、穿越线路 3 条和环岛线路 3 条。

海口作为海南房车露营规划中的“一核”，将承担房车的信息咨询与房车旅游经营管理、房车中转补给等方面的工作，当前海口建成的房车基地有中天行假日海滩房车露营地、白沙门房车露营地、雷琼海口火山群世界地质公园露营地等。

海口是海南最重要的交通枢纽，具有辐射全岛的交通体系。因此，海口要充分利用这一优势将海口打造为海南房车露营旅游服务中转站。近年来，海南房车露营建设在省内多个地市同步进行，除海口外，三亚市和琼中黎族苗族自治县、儋州市等地也建设有多个房车露营地，其他地市在充分发挥自身旅游资源优势的同时，也在积极建设相关道路网，完善交通等基础设施建设，与海口作为全省交通枢纽相比，其他地区房车营地则依托当地知名景区加以提升竞争力。接下来对五个房车露营地进行介绍。

1. 中天行假日海滩房车露营地

中天行假日海滩房车露营地是海南的首个房车露营地，位于海口市西部，东起西秀海滩，西止五源河口，北临琼州海峡，南至滨海大道。中天行假日海滩露营地长约 1 千米，占地 50 亩，距海口市中心 11 千米，是具有热带海滨城市风光特点的休闲度假场所。露营地划分为自驾房车停靠区、露营地房车住宿区、帐篷露营区、生活服务区、沙滩日浴区、海上娱乐区等功能区域，拥有自行式房车 10 辆、拖挂式房车 32 辆，可满足 200 余名游客留宿。该假日海滩露营地环境清幽，层层高大的椰树遍布露营地的每个角落，浓郁的热带风情扑面而来。优美的绿植既可避免露营地游客被强烈的阳光晒伤，又可以享受大海边露营地清新的空气、凉爽宜人的天气。

露营地的房车住宿区被白色栅栏圈围，自行式 C 型房车周围设置有注水口、排污口、电源接口、烧烤架等，每个自行式房车住宿区面积约为 9 平方米；拖挂式 A 型房车旁边的集装箱内是电源、用水、电话、电视、网络接口，房车内清洁整齐、设施齐全，具备电视、电冰箱、音响、空调、冷热水淋浴、衣柜、橱柜、无线电视、网络、电话等。外表相同的拖挂式房车内部布局分为两类：两居室与一居室。假日海滩露营地对外营业的服务有水上世界、水上摩托艇、泳具租赁、冲浴中心、温泉宾馆、旅游工艺品商场、观海楼、饮品中心、音乐广场、沙滩排球场、沙滩足球场、烧烤园、椰林木屋、灯光篮球场等。假日海滩露营地目前在国内还是独一无二的。海韵、阳光、椰树林，中天行假日海滩露营地是人们休闲度假、放松心情、释放压力的理想之地。

2. 白沙门公园房车露营地

白沙门公园房车露营地是海滨型露营地，位于海口市美兰区海甸岛北部，北临琼州海峡。白沙门公园占地 733 亩，是一个开放性的市级休闲娱乐公园，于 2009 年 1 月正式对外开放。白沙门生态公园设计包括海口年轮、欢乐海洋、夕畔海岸、城市驿站四大旅游主题片区及配套基础设施。挖掘海口地域人文精神内核，展现海南历史文化，如白沙津、妈祖庙等，共同营造和谐统一、风情浓郁的海滨休闲大环境。

白沙门公园房车露营地位于公园北部，紧临碧海大道，北临琼州海峡，占地 6000 平方米，采用生态砖铺设，有停车位 132 个，配备 54 个水电桩、充电桩，可同时停放房车 54 辆，并配有上下水等服务设施。露营地安装停车场车牌自动识别管理系统，装置标准道路标识牌，每个车位之间种植景观树，营地内铺设高杆灯和庭院灯，每个水电桩也配照明灯，晚上整个车场灯火通明。视频监控分布在营地各个区域，24 小时为游客提供服务。营地地理位置优越，周边生活配套齐全、出行便利。

3. 三亚亚龙湾房车露营地

亚龙湾房车、自驾车露营地主要包括自驾车营地和房车营地两种。自驾车营地主要服务项目包括住宿、露营、休闲、餐饮、娱乐、度假、户外运动、医疗与救援等。自驾车营地内可为自驾车爱好者提供自助或半自助服务，方便自驾游客们的出行观光。

露营地已经建成 20 个自驾车、房车项目配套用房（木质车房）、10 个进口拖挂式房车、30 个帐篷露营位。此外，还将建设园林景观及其他营地配套设施。房车使用者可以在这里得到车辆补给，也可以短暂休息。

4. 海螺姑娘创意文化园房车露营地

为方便自驾游客，三亚在海螺姑娘创意文化园设置房车露营地，规模 1.5 万平方米，可容纳大型房车 24 辆、旅游大巴车 20 辆、中小型旅游自驾车 55 辆，有水电、简餐服务，按照物价部门核定标准收费。在房车营地里，游人可以更加舒适地享受沙滩、浴场、美食、运动和休闲带来的乐趣，在露营地内犹如在家一般自由、舒适和安乐。游人不仅可以在拖挂式房车上小憩、过夜，还可以租借驾驶有“移动的家”之称的自行式房车前往海岛内外。考虑到不同消费群体的需求，在露营地内还设有帐篷、木屋等不同消费等级的住宿设施。

5. 五指山房车露营地

五指山露营地位于五指山市南圣镇历史红色演义基地。该房车露营地占地面积100多亩，可停放150辆房车。其距离海榆中线南圣路口18千米，到达三亚一个半小时车程，周围环境优雅，有红峡谷漂流、五指山国家级自然保护区等景区景点，是亲近大自然、感受美丽的热带森林风光的最佳去处之一。

根据《海南省房车露营旅游发展总体规划》，海南以各类资源为基础，在全省范围内确定了77个房车露营点，形成主题丰富的全岛露营网络。根据房车营地的等级划分，海南省一级房车露营点有25个，二级房车露营点有36个，三级房车露营点有16个；根据房车营地的类型划分，海南省滨海型房车露营点有17个，森林型房车露营点有7个，湖泊型房车露营点有16个，山地型房车露营点有19个，田园型房车露营点有18个。根据房车营地的功能定位划分，海南省综合型房车露营点有46个，单一型房车露营点有31个。

从房车露营地选址的地域分布来说，海南省房车露营地遍布全岛，数量最多的是儋州市，其次是万宁市、白沙黎族自治县、海口市，这四个县市的房车露营地占到全岛的40.3%；从房车露营地的等级来说，一级房车露营点占32.5%，二级房车露营点占46.7%，三级房车露营点占20.8%，属于中间大两头小的“橄榄形”分布；从房车露营地的类型来说，田园型房车露营点占23.4%，滨海型房车露营点占22.1%，森林型房车露营点占9%，山地型房车露营点占24.7%，湖泊型房车露营点占20.8%，山地型房车露营点最多，田园型、滨海型和湖泊型露营点的数量相近，森林型房车露营点最少；从房车露营地的功能来说，综合型房车露营点占59.7%，单一型房车露营点占40.3%，综合型房车露营点较单一型高出约20个百分点。

四、海南房车露营旅游发展策略研究

完善的基础设施和健全的服务体系是海南发展房车露营旅游的基础条件。海南针对房车和自驾车建立起发达的道路系统，并设立道路指引、加油站、水资源补给、停车场等设施支持。因此，海南有关部门需要在完善公路网络、补给设施、交通标识及景区公路建设等方面做出巨大努力，可以借鉴国内外先进的建设和管理模式，建成高标准、人性化的各项基础设施。

政府应进一步加大力度完善房车露营地有关设施，包括供水、供电、公路、通信设施、道路标识及交通地图等基础设施：①加强沼气、水利设施等建设，发展清洁能源和水源；②加强连通城市、景区、营区的道路建设，适当增加加油站、汽车维修站、停车场等辅助设施的数量，为露营者提供补给；③增设旅游公交线路，争取增加至主要客源城市的火车班次及机场航班，提升营地可通达性；④完善城市旅游咨询中心和集散中心，加强信息化建设，鼓励当地企业生产、销售露营用品，引导发展露营设备租赁产业。努力完善旅游服务规范标准，引导旅游从业人员及公司等采取规范的经营服务行为。提高对旅游过程中发生的投诉处理效率，加强旅游服务质量监督，增强对旅游商品及旅游景区的价格管控和监督，杜绝乱定价、私自抬价等欺客宰客现象出现。

政府应加强财政支持，保障资金充足。足够的资金是确保露营旅游发展的关键，露营地建设及其他配套基础设施都需要大量资金投入，政府应尽力予以财政支持。加大交通、水电通信、安全等基础设施建设投入；科学制定扶持露营地发展的优惠政策和激励机制，通过减免税收、财政补贴、奖励等方式提供支持；积极争取上级资金支持，加大招商引资力度；支持企业通过政府与社会资本合作（PPP）模式投资露营旅游项目；鼓励金融机构加大对露营地建设、基础设施建设、露营商品生产等项目的信贷支持；完善投融资制度，丰富投融资渠道，保障露营旅游发展项目资金充足。

海南房车露营基地必须规划并建立合理完整的生活设施，包括住宿、餐饮、饮水和污水处理系统、生活用电、超市、诊所、邮局、酒吧、餐馆、健身房等各种生活必需设施，以满足游客的各种需求。

按照“服务系统化、建设标准化、管理规范化”的要求，逐步规划建设覆盖海南的汽车房车游服务网络体系，为房车旅游者提供便捷可靠的服务，推动和保障房车旅游市场健康发展。共同组织实施房车旅游线路设计和露营地规划建设，联合编印房车标准线路书籍、地图和手册，研究制定推介房车旅游产品和相互优惠政策。规划引导建设房车游营地、房车便利店、房车客栈、道路救援服务站、车辆租赁站等房车服务网络体系，推动企业间的连锁经营和品牌经营。推动建立覆盖面广、反应及时有效的应急呼叫系统和救援体系。专业化服务网络将通过省内统一的客服中心提供专业全面的汽车房车游服务保障，包括汽车租赁、异地租车、车主服务站信息查寻、道路救援、房车游专项保险、线路推荐、餐宿代订等全面专业的服务内容。

（一）房车露营旅游服务设施

房车露营旅游作为新兴的旅游活动之一，良好的服务理念和质量是衡量旅游活动的标准。因此，加大对露营地从业人员的教育培训，完善景区服务功能，提高旅游应急救援能力，是海南开展房车露营旅游业的重要任务之一。同时，要完善各类相关装备制造业的发展。为了加速推动海南房车露营旅游的发展，首要任务是加强营地建设，从目前海南的房车营地建设数量来看，房车营地建设数量仍然是十分不足的。

1. 房车露营地建设

露营体育运动的大众化、生态化发展使人们将健身运动从单一的运动场馆转向广阔的大自然，使人们的运动空间也从单一的陆地生态环境转向海、陆、空的全方位立体环境，把许多问题带进平时人们很少去的地方，造成生态环境的退化。因此，必须非常慎重地选择营地建设的位置，应基于符合生态环境适当发展的原则，在营地环境容量、营地生活垃圾处置、营地污水处理、营地动植物保护和营地环保教育五方面必须重点考虑。

游客中心由四部分功能组成：游客集散中心、露营管理中心、纪念品商店、邮局。游客集散中心具备门票管理、户外游憩活动（含教练）预订、简餐配食、应急处理、公共卫生设施、景区内部调配管理、访客登记停车管理等功能；露营管理中心主要用于管理露营活动，确保有序合理；纪念品商店主要出售各种旅游纪念品及本地特产；邮局除邮寄功能外，可出售景点明信片等有特色的旅游纪念物。整体设计时应划分为房车区、野餐区、扎营区、公共生活区。房车露营区专供房车停车搭建营地使用，可以铺装瓷砖地面或平整的水泥地面。每个房车营位需提供供电箱、自来水接入口和废水排水接入口，供房车充电及基本用水。规划设计紧急通道，为消防车、救护车、警车等提供特殊通道。

房车营地主要选择在著名旅游景区附近，环境优美、生态良好的风景区，城市郊区通往景区的交通要道，旅游交通干线出入口处。考虑的内容主要包括以下方面：

（1）交通。营地选址要考虑可达性，这要求其离高等级的道路出口不远，至少有三级公路与其相连通，以方便车辆进出。

（2）空间。营地要有足够的场地，能安排一定数量的停车位。

（3）旅游吸引物。有良好的可供游客开展休闲活动的优美环境，或可游赏的大型景区景点，抑或可依托的足够规模的乡村旅游目的地。

（4）环境。营地选址要考虑社会环境和自然资源两方面：一是社会环境，包括需求预测、土地规划和交通区位条件；二是自然资源，包括气候、景观环境、地势、土壤、水源、植被。

2. 房车露营的服务建设

在房车露营旅游精品线路的设计上，需设计出休闲娱乐、观光探险等丰富多样的旅游线路，具有很高的实用价值。在旅游产品方面，旅行社应当积极转变自身观念，着重强调对旅游者的服务，减少对旅游者的约束，可以增强与旅游者的互动，展开个性化的旅游营销，针对个人提供特色化的服务，让旅游者能够充分体验房车露营旅游带来的舒适、个性。

（1）加强企业之间合作，促进房车露营发展。在加强房车露营服务建设时，要注意内外关系的连接，加强与俱乐部和租赁公司的合作，争取打通上下游组织，建立一体化合作联盟，把旅行社专业的外联、计调、接待、票务与俱乐部专业的维修和会员管理结合起来，注重旅行社会员的信息反馈，增强对会员用户的关心，建立会员客户信息管理系统，个性化推荐新型旅游产品，刺激旅游者进行持续旅游消费，实现企业与消费者之间的双赢。

（2）促进房车露营旅游信息传播方式和手段的改进。促进房车露营旅游的进一步发展，必须促进房车露营旅游信息传播方式和手段的改进，建立房车露营旅游一体化合作联盟，旅行社、房车生产商、租赁公司、俱乐部、旅游景区和旅游营地相互合作，开展整合营销，综合运用多种多样的营销手段来进行市场推广和开发，提高旅游者对房车露营旅游的了解程度，针对市场细分提出有针对性的传播策略。

3. 配套设施建设

中型连锁超市，主营日常饮食和生活必需品及休闲用品，充分满足游客日常所需。旅游纪念品连锁超市，将全国各地的旅游纪念品、工艺品、民间艺术品、特产集中起来连锁经营。在有公交车相通的营地，可以将该超市的规模扩展得更大。国际奢侈品连锁展销厅，可为国外奢侈品提供一个“廉价”的销售平台和宣传途径。产权式酒店公寓，引入分时度假、房租回报和独立产权概念，不仅可以很快收回建筑成本，而且获利丰厚（因土地成本极其低廉）。在物业管理上可与当地公安局联合设立“联防报警点”，切实的保安设施是引导高消费的可靠保障。在连锁旅馆上，各种类型的连锁式旅馆将成为汽车营地令人瞩目的焦点；汽车维修、美容业务，让游客在旅游的同时，可以随时保养爱车并为爱车维修、加油；休闲美容、健身连锁机构，联合省内高端品牌，将品牌美容、健身分层次引入各营地。信息平台产生的增值服务机构，当连锁式汽车营地项目建设数量达到一定程度，同步建设的“海南自驾游信息服务网络化平台”就可以发挥重大作用了。在这个信息共享、连动服务的网络平台上就可以产生多种信息增值服务项目，和同业界充分合作，会有很好的收益。

开展房车露营目的地营销，露营地是发展房车旅游的重要基础之一，露营地的营销是促进和发展房车露营旅游的关键环节。因此，营地的经营者在进行营地的销售上应当注重消费者的消费体验，通过积累口碑和采纳游客建议来使得营地具有一定的稳定客户源，这也为营地进行一定的免费宣传。同时，细分房车露营旅游市场，房车露营旅游在欧美发达国家已经是一种成熟的休闲旅游方式，通过对澳大利亚房车露营旅游爱好者行为研究可以发现，具有充足时间和浓厚兴趣的年轻人更具有房车露营旅游的选择倾向，众多年轻人追求个性和无拘无束的生活，想在任何时间都可以做自己想要做的事情；而退休赋闲者更喜欢待在家中，享受家庭的温暖。房车露营旅游具有自发性与灵活性相结合的优点，没有固定的行程，设备可以满足旅游者各方面的需求，随时随地都有一种家的感觉，任何时间都可以做自己想做的事，可以给旅游者带来轻松、愉悦、欢快的旅游体验，这些特征既可以满足年轻人的需求，也可以满足退休者的需求，因此，房车旅游在进行市场营销时应当针对性地开发这两大市场。

4. 房车露营地内项目建设

（1）道路救援服务站。开发及维护特约道路救援服务站组成的服务网络，覆盖各省全境。客服中心提供房车主 365 天全天候的汽车救援维修服务。常规情况下发生在城区以内的道路救援，在接到求救电话后 45 分钟内施救人员和车辆到达故障地点。

（2）车主服务站。开发及维护经济连锁酒店、星级酒店、汽车旅馆、房车游基地周边度假村、酒店，统一命名为房车游车主服务站，客服中心提供房车游车主优惠价住宿预订服务。

（3）房车租赁站。开发及维护在机场附近的租车服务站，客服中心提供租车代订服务。

（4）车游保险。房车游神州保险商品是针对旅游出行者专项设计的保险商品，客服中心提供代买保险服务，为出行的人车提供全方位无忧保障。

（5）房车游线路推广。根据各地区旅游总体形象及房车游线路和产品的具体特色，并结合具体的房车游产品设计和目标市场定位，设计系统化及具体的营销推广方案。

（二）房车露营地环境保护

1. 营地环境容量

露营地的合理规模应考虑建设预算，在确保经营管理能力、可能取得的土地面积、给排水能力、开发规定等因素的前提下，在用地富裕的情况下，可以配合露营地要求和预算，分期建设。

此外，在充分考虑设施配备和管理效益的同时，确定最低停车数量为50台，一辆车所需的场地面积为80～120平方米。最低50台车的占地面积为1.6～2.4公顷，当然实际情况还需要看地势的变化，若地势起伏较大的场所则需要更大的面积。

对于房车营位的确定，单位营位所需的空间则要求大一些，一般为100～120平方米，因为同时要满足帐篷搭建空间、停车空间、桌椅摆放及活动空间。如果营位狭小，就会使帐篷常常搭设在一个固定的区域，使该区的草坪由于长期反复踩压及日照不足而枯萎。区域之间的分隔可用石头、栅栏、原木和各种植物树木来划分，不使用水泥路面或钢筋混凝土等材料，否则会打破自然和谐的环境。同时，为了保护生态环境，营地要制定严格的环境容量标准，接待量要严格按照营地环境容量标准来控制，避免为了短期的经济利益而超负荷运营。

2. 营地生活垃圾处置

目前，国内旅游胜地都不同程度存在“白色污染”问题。营地建设应设计健全的垃圾收集处理系统，负责营地生活垃圾分类收集、处理，在营地各处规划设置废物分类提示牌，建立不同设施的垃圾箱，提醒露营者自觉清理生活垃圾。对生活垃圾进行集中无害化处置，如有机垃圾微生物处理后作为树木花卉的有机肥料。营地内严禁焚烧垃圾，以避免对营地造成二次污染。

3. 营地污水处理

不管是国外生产的露营车还是我国开发的房车，一般都为抽水式厕所，所以要设置污水处理设施，地点一般选在地面厕所的旁边。项目采用污水集中处理设备，集中处理污水的方法比在各个营位设立污水口的方法成本低，但需考虑用灌木等植物加以美化掩饰；也可以根据具体条件使用沼气池收集粪便，也可将生活垃圾倒入沼气池中发酵，沼液是较好的有机肥源，沼气用于照明和炊事。要求排放出营地的污水符合国家《污水综合排放标准》的相关规定，以免造成江河、湖泊及地下水环境的污染。推荐使用占地小、处理能力较大的污水处理设备，如快速处理污水的“一进清”设备，其占地1平方米就可以日处理100吨污水，并且出水各项指标可达到国家《污水综合排放标准》Ⅱ类一级标准。

4. 营地环保教育

加强全民环境教育，提高对持续发展理论的认识，是露营休闲旅游发展的基础，露营旅游的管理者、经营者、旅游者及当地居民素质的高低，直接影响生态旅游的质量与综合效益。旅游发展需要好的环境，各级政府和民众有义务创造好的环境，发展旅游教育，提高从业人员素质是旅游业可持续发展的保证。因此，在营地内设计各种环保提示牌，对露营者有意识地进行环保教育，提醒露营者自我环境约束意识。同时，对露营经营的从业人员加强培训，保证持证上岗。

我国旅游业正处在进入经济社会发展大舞台的关键时期，它已经完成从旅游资源大国向世界旅游大国的转变，正在向建设世界旅游强国的目标迈进。我国旅游产业要实现由粗放型向集约型转变，由数量扩张向素质提升转变，由满足基本需求向强化服务质量转变，由注重经济向发挥综合功能转变，旅游业态的创新是必由之路。如今，旅游者出游动机日益多元化、出行方式更加多样化、出游形式更加分散化，这使得旅游新业态不断涌现。多样化旅游创新业态的出现是经济活跃、社会繁荣、科技进步和时代发展共同作用的结果，是当今旅游业发展成熟的一个标志，也会在一定程度上进一步推动我国旅游业的发展和整个社会的和谐进步。

海南是“21 世纪海上丝绸之路”发展的重要枢纽，其国际旅游岛建设也已上升为国家战略，国家“十三五”规划纲要的发布、供给侧结构性改革、共建“一带一路”倡议的提出及三沙设市等，都为海南创建“全域旅游示范省”、重点发展旅游新业态打下了坚实的基础。不仅如此，国家还在政策、财政、金融、建设、税收、就业等多方面给予了全力支持，这使得海南旅游业面临新的历史发展机遇。

第三节　旅游产业融合发展之森林旅游探索

森林旅游是旅游业和林业产业融合的产物，是一种旅游的创新业态，它率先产生并兴起于欧美发达国家（美国、新西兰、德国等），直至 20 世纪八九十年代才逐渐在我国得到发展。目前，学术界对森林旅游概念尚未统一。美国学者格雷戈里首先提出了广受认可的森林旅游概念，认为森林旅游是指任何形式的到林区（地）从事旅游活动，这些活动不管是直接利用森林还是间接以森林为背景都可称为森林旅游。在我国，蒋敏元、马建章等学者对森林旅游进行了早期的理论研究，奠定了我国森林旅游的研究基础。广义的森林旅游是指在林区内进行任意目的的、任何形式的野游活动，而狭义的森林旅游或称森林游乐是指在森林中自愿地从事以享受为主要目的的一种闲暇活动。马建章认为森林旅游是指在林区内发生的不管其活动目的为何的任何形式的野游。森林旅游是以森林生态系统的景观和森林区域生态因子为背景的旅游活动，是在不采伐、不损毁森林的情况下，充分发挥森林生态功能的一种活动方式。森林旅游是人们以森林、湿地、荒漠和野生动植物资源及其外部物质环境为依托，所开展的游览观光、休闲度假、健身养生、文化教育等旅游活动。除了对森林旅游概念的研究，我国学者还从森林旅游的主体、客体和介体等出发对森林旅游者、森林旅游资源、森林旅游环境、森林旅游地（森林公园、自然保护区等）进行了重点研究，取得了一定的研究成果。

一、海南森林旅游发展现状

（一）海南森林旅游发展优势

森林旅游以其良好的综合效益和可持续发展的特性，成为国内旅游业新的经济增长点。海南作为全国的旅游大省和热带森林资源富省，具有发展森林旅游的客观条件和独特优势。

首先，海南森林资源得天独厚。海南是全国最大的热带林区，拥有独特的热带山地雨林和季雨林生态系统，植被类型复杂，野生动植物资源丰富且种类繁多，是我国热带植物的大观园和生物物种的基因库。其次，海南森林气候舒适。海南热带雨林气候舒适、生态良好、环境幽雅、空气清新、负氧离子丰富，是天然大氧吧，是优良的生态场所。尤其是林区夏季气候宜人，是海南夏季旅游的重地，能够有效弥补海南夏季旅游的不足。最后，海南具有发展森林旅游的旅游基础。海南作为我国唯一的热带海岛和国际旅游岛，四季常青、气候宜人，已经成为全国各地游客旅游观光、休闲度假、避寒过冬的首选之地，也是我国重要的入境旅游目的地，具有广阔的旅游市场。同时，海南的“吃、住、行、游、购、娱”等旅游基本要素初步配套，旅游产业体系基本成型。

（二）海南森林旅游发展现状

海南森林旅游发展要追溯到 1992 年尖峰岭国家森林公园成立，此后海南以森林公园、湿地公园、自然保护区为主要依托，初步形成热带雨林游、野生动物游、珍稀特有物种游、热带花卉园林游、湿地红树林游等特色森林旅游线路，大大丰富了海南旅游产品内容，优化了海南的旅游结构，促进了旅游产业的转型升级，形成海南旅游业独特的吸引力和市场竞争力，为海南旅游业发展增添了新的活力。同时，海南森林旅游的发展推动了海南林业的产业结构调整，培育了林业新的经济增长点，壮大了林区经济发展，提升以林养林的能力，促进了海南林业的高效和可持续发展，为推进海南生态省建设做出了贡献。

海南森林旅游取得值得肯定的发展成果，森林旅游收入和森林旅游接待人数双双实现数倍的增长，旅游收入和旅游人数在全国的比重也获得了提升。海南森林旅游发展质量不高，旅游收入的增长比例远低于旅游总人数的增长比例，并且旅游收入在全国的比重提升也慢于旅游人数比重的提升。海南森林旅游发展的人员队伍得到壮大，公园的职工总数、导游数量和社会旅游从业人员数量都得到不同程度的增加。旅游发展建设的人员配置存在问题，虽然平均职工总数大于全国水平，但是园区导游人数和社会旅游从业人员数量分别处于稍落后和远落后于全国水平的发展状态。海南森林旅游发展的旅游基础设施建设状况不容乐观。从总量上看，虽然海南森林公园的车船拥有量和游道数量都在增加，但是同时床位数和餐位数都在减少，并且就目前而言，它们落后于全国平均水平，差距较大。海南森林旅游发展的资金投入总体较少且较不稳定。海南森林公园的年度资金投入整体上趋于减少，无论是资金的增加还是减少，变动幅度都很大，并且海南森林公园获得的平均资金投入整体上下降较多，逐渐落后于全国水平，差距也有扩大趋势。

二、海南森林旅游发展存在的问题

（一）规划缺失，机制落后

2011 年 7 月海南正式通过《关于加快发展海南热带森林旅游的决定》，这是我国第一个省级层面的关于发展森林旅游的重大决定，该决定明确了海南省今后森林旅游发展的基本原则、目标、主要任务等内容，但是对于今后海南森林旅游的发展缺乏明确的规划和具体的实施指导意见。随后公布的《海南省热带森林旅游发展总体规划》提出海南森林旅游“优先保护，试点精品开发”的发展新路径，但是该规划中对决定提出的阶段性目标体现较少，规划较为笼统，在规划实施过程中许多设想也并未获得有效落实，执行力度有限，建议根据不同的阶段目标制定相应的具体化规划。当前海南省的森林旅游发展现状明显与原有决定、规划时的发展设想不符，亟须与时俱进、具有高度可行性的新规划的出台，统筹安排各地的森林旅游发展。

在管理机制方面，海南森林旅游发展目前缺乏权威统一的管理机构。海南省的各森林旅游区在制定规划时，存在林区有规划、当地政府有规划、旅游部门和环保部门也有规划的现象，管理机构冗杂重叠，相互之间难以协调一致，影响了旅游项目的开发建设进程和水平。

在经营机制方面，海南省现有的森林公园等森林旅游实体大多数由以往的森林工业企业转化而来，所属职工从采伐工变成护林人。然而在传统林业管理机制下，林区管理仍然较为注重调查森林蓄积量、森林面积等林分情况，对森林环境资源（含光、热、水、气、土、人文等）不重视，忽略了林区植物资源、动物资源、微生物资源等有机组合在一起形成的整体景观资源。很多单位仍然没有清晰地认识到森林旅游的强大经济效益，单纯把森林旅游作为林场禁伐之后的替代产业，这种思想使得园区的经营管理机制固化，大大限制了海南森林旅游的创新发展。此外，海南的许多森林旅游地的所有权与经营权没有获得有效分离，旅游发展措施保守，旅游产品开发落后于市场需求的发展，使得森林旅游发展滞后、经济效益较为低下。

（二）资金不足，设施匮乏

海南森林旅游发展的资金来源主要为国家/当地政府拨款、自行筹集和招商引资。从全国来看，近年海南森林公园的平均投入也远低于同期全国平均水平。同时，海南森林旅游在资金来源上存在结构性问题，资金来源单一，对自身的资金依赖性过高，加大了经营管理的资金风险，一旦自身资金链出现问题将有可能导致项目开发运营的全面停摆；没有充分利用国投和引资两个重要的资金来源渠道，吸引投资的能力十分欠缺。

正是资金投入的不足，使得支撑海南森林旅游发展的旅游基础设施和配套设施不完善。海南的森林旅游资源主要分布在海南的中西部山区，道路、水电、通信等基础设施建设滞后，可进入性差，尤其是道路建设。众所周知，海南已经建成环岛高铁，有效带动沿线市县的旅游经济发展，但是这并没有涉及中部山区，山区目前的交通仍然主要依靠公路。尖峰岭国家森林公园附近有动车站，但是动车站距离公园较远，当地公共交通也不发达，更没有专门的旅游往返大巴，使得游客出行十分不便。同时，在旅游景区内旅游栈道、防火通道、旅游停车场及其他旅游设施数量稀少且大多破旧，缺乏必要的维护，也没有相应的旅游服务中心，能够提供的旅游服务少且质量不高。在旅游酒店和旅游餐厅方面，许多旅游区并不能提供旅游床位和餐位，少数能够提供的也都数量有限、条件较差。目前主要依靠旅游区周边的乡镇提供旅游接待服务，但是同样面临规模小、条件差、安全保障低、经营不正规等诸多问题。这些都对吸引游客产生不利影响，更是大大限制了团队旅游的接待，错过了良好的旅游发展机会。仅依靠小范围的自驾车游、背包客自由行，接待少量探险与猎奇观光游客，在短期内不可能真正形成海南森林旅游的热度。也正是由于这些原因，除尖峰岭、霸王岭、吊罗山、黎母山、七仙岭和蓝洋温泉等国家级森林公园外，海南还有许多森林公园并未真正对外开放，限制了森林旅游的发展。

（三）人才短缺，宣传滞后

专业旅游人才缺乏一直以来都是困扰海南旅游市场提高旅游发展质量的重要因素之一，对于海南森林旅游发展而言，人才匮乏问题更加突出。一方面，海南森林旅游区的工作人员大多数由林业工人转化而来，职工文化层次较低、旅游专业知识不足，并且林区、林场对外交往少、信息闭塞，对国内外森林旅游市场需求变动的了解较少。同时，由于资金缺乏、重视程度不够等原因，旅游区的员工培训机会较少、培训质量较低，现有员工的专业素养提升较慢。另一方面，海南旅游发展过程中呈现出滨海旅游一家独大、其他旅游形式被边缘化的局面，使得森林旅游业自身对人才的吸引力较弱，传统旅游人才主动转化为森林旅游人才的较少。海南森林旅游当前发展层次较低、资金实力有限，能够为人才提供的条件和机会也有限，使得其在高素质的专业化人才引进方面显得有些力不从心。此外，海南整体旅游市场的人才匮乏更是加剧了森林旅游发展的人才困境。合格的经营管理人才、导游人员的缺乏，将使得海南森林旅游发展难以提高经济效益，缺乏可持续发展后劲。

同时，海南森林旅游在发展过程中也存在宣传推广意识不强、宣传推广组织层次较低、宣传推广滞后的问题。海南只有少数森林旅游景区通过举办登山比赛、雨林探险等活动，利用报纸、网络、微信、微博平台等媒体进行海南森林旅游的宣传，整体较少参加省内外各类旅游产品推介会、旅游展览会等活动，很多拥有优质森林旅游资源的旅游区仍处于“养在深闺无人识”的尴尬处境。在海南的森林旅游景区中，以有力的宣传推广带动旅游迅速发展的当数亚龙湾热带天堂森林公园，它曾经吸引《非诚勿扰 2》剧组取景拍摄、参与“永远的邀请——省长会网友乐享海南游”等多项活动，向全社会展示了景区的风情风貌，提升了景区的知名度和吸引力。像蓝洋温泉、吊罗山、黎母山、海上国家森林公园等森林资源品质更高的地方反而在岛外的知名度更低，鲜为人知。森林旅游宣传推广的滞后加上海南滨海旅游的遮蔽效应都使得海南森林旅游产品的知名度普遍不高，森林旅游难以取得大的作为。

（四）同质化严重，品牌建设落后

海南丰富的森林旅游资源还没有得到足够的规模性开发利用，开发过程中也出现了一定的同质化现象，海南森林旅游在游客心目中的影响力与其丰富的资源并不完全匹配。一项调查表明，88%的游客认为海南最具吸引力的是滨海、民俗、会议等旅游产品，仅有 12%的游客认为神秘的森林是海南最具有吸引力的。在产品同质化方面，海南的各大热带森林景区在旅游产品开发方面普遍开发程度较低，缺乏特色和深度，旅游产品主题单一，一流森林资源未能形成一流的旅游产品。景区仍然以简单的自然观光形式为主，个别景区辅以运动探险等旅游形式，但是科普探索、创意文化、度假养生类的森林旅游项目极为缺乏。尤其是在体验经济时代，具有差异化且有良好体验性的森林旅游产品，才能够使游客感到新奇和满意，使得景区能在激烈的竞争中得以与其他景区区分开来，促进森林旅游的发展。

虽然近年海南省按照“大企业进入、大项目推动、高水平开发”的思路，以“民营为主”等为创新发展机制，利用有限的资源，逐渐发展形成呀诺达热带雨林文化旅游区、亚龙湾热带天堂森林公园、甘什岭槟榔谷等知名森林旅游景区，在海南森林旅游市场上形成一定的品牌效应。但是这些只是个别的成功案例，海南中西部山区的大多数森林景区的森林旅游发展仍然挣扎在艰难的生存边缘，发展层次低，旅游知名度低，品牌化建设基本空有口号，现实中能够得到落实的措施较少，进行的品牌化建设也受到品牌宣传平台、宣传力度等的限制，效果较为微弱。同时，海南森林旅游的整体品牌化建设也较为落后，提到森林旅游人们更多地想到的还是湖南、广东等传统森林旅游优势省，海南亟须进行整体品牌化建设，提升森林旅游的知名度，吸引更多的人来海南进行森林旅游活动，从大森林旅游市场中分一杯羹，从而扩大海南森林旅游的整体市场空间，为各个森林旅游地带来更多的发展机会。

（五）依附程度高，区域发展失衡

海南的旅游市场历来都以滨海旅游为主流，游客来海南旅游更多的还是为了享受阳光、沙滩、大海等热带海滨旅游元素，其他的旅游形式多是以顺带或者旅行社产品打包方式进行，因而海南其他的旅游业态发展都离不开滨海旅游的支持，对滨海旅游市场有着较为明显的市场依附，海南森林旅游的发展亦是如此。

虽然海南的森林旅游资源呈现“东部少，中西部多”的布局，但是当前的森林旅游发展是“东部发达，中西部发展落后”，这主要是受海南整体旅游市场“东线旺、中西线冷”的旅游发展特点影响。以三亚为例，三亚是海南最具有知名度的旅游目的地，但是其自身在森林旅游资源方面在全省范围内并不占优势，森林旅游资源既数量稀少又品质较低，然而三亚的森林旅游发展走在了全省前列，形成以亚龙湾热带天堂森林公园、呀诺达雨林文化旅游区、槟榔谷黎苗文化旅游区为代表的一批森林旅游景区，另辟蹊径，走出了海南森林旅游发展的新模式，这主要是得益于三亚宽广的滨海旅游市场，以地理接近性优势在森林旅游发展过程中成功实现与海滨旅游的互补和互动。虽然这一依附趋势在未来很长一段时期内还将持续，但是如果能够充分发挥占据海南旅游资源市场半壁江山的森林旅游资源，稳步推进森林旅游开发的展开，加强资源整合，逐步形成产业链条，加强产业竞争力，相信森林旅游将会成长为海南旅游两大支柱之一，逐步减少对滨海旅游市场的依附。

也正是海南森林旅游对滨海旅游市场的依附现象，使得森林旅游市场呈现出与旅游市场相近的“南重、北轻、东旺、西衰、中平”的区域发展不平衡现象，这样的状况显然是与森林资源分布状况不相协调的，也不利于海南森林旅游资源的有效利用和森林旅游的整体发展。

（六）产业融合程度低，文化内涵不足

除开发层次较低外，造成海南森林旅游形式单一的原因还有产业间融合程度低。旅游业先天具有开放性、综合性和关联性等特点，产业边界模糊，具有与其他产业融合的先天优势。从产业融合角度来说，森林旅游本身就是林业与旅游业相结合的产物，是一种较新的旅游业态。但是单纯的林业和旅游业的结合能够提供的旅游产品十分有限，加上海南热带森林生态的特别脆弱性，使得其承载力有限，不能充分满足游客越来越多样化的需求，这就要求海南热带森林旅游在发展过程中必须积极与其他产业融合。然而纵观海南全省森林旅游发展，森林旅游业与其他产业的融合程度非常低，没有与区域内外的农业、文化业、滨海旅游业等形成有机互动，造成资源浪费，也使得森林旅游产品单一，缺乏旅游吸引力。

此外，海南的森林旅游区主要分布在偏远山区和农村，少数分布在城郊周边，这些地方的民族文化和农业属性都较为突出。尤其是海南优势森林资源所在的中西部山区，是海南黎族、苗族人的主要居住地，当地仍然保持着传统的农业劳作生活，保留着淳朴的民风和独特的少数民族文化民俗。其中，黎族作为海南特有的少数民族，有着黎族服饰、文字、民歌、黎药四大黎族特色，神秘而神奇。可以说，海南森林旅游区在拥有丰富的森林资源的同时还具有丰富的少数民族文化资源。然而，目前海南森林旅游与当地的民族文化结合较少，对民族文化内涵的挖掘不够重视，很少有森林旅游文化产品，基本上只有槟榔谷黎苗文化旅游区在这方面做出了一定的表率。它在旅游区内设置了非遗村、甘什黎村、雨林苗寨、田野黎家、兰花小木屋、黎苗风味美食街等几大文化体验区，还有《槟榔·古韵》大型实景演出，充分展示了海南黎族苗族人的生活方式，传递了独特的文化魅力。但是其主要文化景观还是后天人为营造或者迁移过来的，存在基于商业考虑的不自然性。未来海南森林旅游与民族文化的结合潜力巨大，同时自然与人文融合发展的产业发展道路仍然任重道远。

（七）法规不健全，开发保护不当

海南已经颁布《海南省森林保护管理条例》《海南经济特区森林旅游资源保护和开发规定》，从大环境上规定了森林旅游保护和开发的方向，保护了森林生态环境和森林旅游资源，规范了森林旅游市场秩序，促进了森林旅游可持续发展，同时成为海南省森林旅游法制化建设的重要转折，为海南省森林旅游规范化开发建设提供了重要的法律依据。但是海南整个森林旅游市场发展仍然不够规范，与森林旅游发展密切相关的《海南省森林公园管理办法》《海南省森林旅游环境管理规范》《海南省森林旅游服务质量标准》等省级层面的配套法规都没有出台，林权改革、林地使用方面的政策也没有得到完全落实。同时，海南明确提出“允许单位和个人以独资、合资、合作等方式参与森林旅游项目的开发和经营”，但是相应的有关个人森林旅游开发和企业森林旅游开发的规定较少并且不具体，旅游开发过程中的行为约束和指导严重不足，使得海南森林旅游开发的盲目性、功利性、激进性增多，严重影响海南森林旅游的健康可持续发展。

海南森林旅游在开发和保护过程中始终提倡坚持遵循保护优先、在保护中发展、在发展中保护的方针，坚持严格保护、科学规划、合理利用、协调发展等原则，争取实现生态效益、环境效益、经济效益和社会效益相统一。但是在海南森林旅游现实开发和保护中，存在过度保护而对开发因噎废食和因过度开发而忽视保护的截然相反的两种现象。以五指山为例，五指山是海南的最高峰，原始热带雨林森林面积达 10 多万公顷，是全球仅存的几块热带原始雨林之一，热带森林资源丰富。为了保护生态环境，五指山森林旅游开展虽早却一直未形成森林旅游深度开发的局面，森林旅游项目开发进展缓慢，森林旅游资源优势也没有转变为经济优势，造成一定程度的资源浪费。五指山的生态意义固然重要，但是合理地进行旅游开发未尝不可，需要的是处理好保护与开发、经济效益与生态效益的关系。同时，目前海南的一些国家森林公园或林区还存在操作不规范、发展目标不明确、缺乏监管等问题，在建设中常带有盲目性和随意性，保护与开发的矛盾较为突出，以较大的环境牺牲获取了较小的经济效益。

三、海南森林旅游产业发展对策

（一）加快规划审批，创新经管机制

为加快海南森林旅游发展，海南省应高度重视旅游规划，坚持规划先行，统筹考虑，科学谋划，加快推进森林旅游规划编制工作，引领旅游产业发展。在旅游规划编制过程中，应坚持把海南作为一个整体森林生态系统进行规划建设，认真对全国森林旅游发展趋势进行研究，借鉴可行的成功经验，制定出具有系统性、全局性和前瞻性的海南省整体森林旅游发展规划，为海南森林旅游的发展进行科学指导。同时，海南应逐步建立健全森林旅游规划体系，统筹推进相应的《海南森林旅游道路交通网络规划》《海南森林旅游重点风景区网络规划》《海南森林旅游商业设施网点规划》《海南森林旅游公共服务规划》《海南森林旅游风情小镇布局规划》等一系列专题规划。在此基础上，还需要以高标准编制海南各大林区和国家森林公园的旅游区域规划，明确各森林旅游区的具体旅游发展目标和定位，完成各森林旅游区重点项目的总体规划，将旅游项目的可操作性和落地性、近期目标与远期设想充分结合，这也是海南森林旅游规划体系中最薄弱的一环，需要今后着重加强。在规划过程中鼓励各旅游区充分发挥主观能动性，积极参与到旅游规划中来，在有条件的情况下可自行进行旅游规划，再由有关部门进行必要的审核审批。

在经营管理上，鼓励海南具备条件的森林旅游区域，结合相关政策许可，探索推行所有权、管理权、经营权“三权分离”的森林旅游景区发展机制。政府部门应积极进行角色转变，从旅游发展的主导者转换为引导者，重点关注景区的发展规划、资源环境保护、市场执法、监督管理等内容，并可考虑在重点森林旅游区内设置旅游管委会，集合大多数的政府部门职能，对景区实行统一管理。在日常经营方面，要建立更加灵活的市场机制，突破政府思维与市场需求、企业利益及地方战略之间的壁垒，全面推行旅游景区企业化经营，建立现代企业制度，采取资产重组、股份制改造、租赁承包经营、特许经营、引资嫁接、合资经营等方式进行企业化改制，将具体的景区运营、项目开发运营、市场营销、产品开发打造、内部人员管理等交给现代化的专业企业来实施，形成职责清晰、管理有序、执行有效、市场导向的旅游景区经营管理模式，为旅游开发和景区保护提供切实有效的制度保证。

（二）拓宽投资渠道，优化资金结构

要有效解决限制海南森林旅游发展的资金短缺问题，必须要优化旅游景区的资金来源结构，拓宽投融资渠道。目前海南森林景区旅游发展资金还是以自筹为主，比例达90%以上，远远高于合理的正常水平，而且海南森林旅游景区普遍实力较弱，整体资金较为紧张，过于依赖内部资金投资不仅不利于森林旅游的发展，也不利于景区其他工作的开展。未来，海南森林旅游景区需要努力争取更多的政府财政支持和补贴，包括旅游发展资金和生态保护资金，可以呼吁政府建立专门的海南森林旅游业发展专项资金，通过专款专用的方式对海南森林旅游发展的各个方面进行资金支持，这样也可以更好地辅助海南森林旅游总体发展规划的实现。当然政府的财政支持是有限的，也不是发展的长久之计，不能彻底解决海南森林旅游业发展的资金问题，最重要最根本的还是要拓宽资金渠道，吸引社会资金的投入。

鉴于海南森林旅游当前保护性和开发性的双方面需求，建议今后海南森林旅游发展可采取 PPP 模式，即政府和社会资本合作模式，鼓励民间资本依法投资经营和管理景区，主要由民营资本负责设计、建设、运营和维护，通过运营利润和政府部门资金补助方式获得投资回报。政府在此过程中扮演监督角色，与民营企业形成一种利益共享、风险共担的伙伴关系，相互促进。这样，一方面可以缓解政府建设资金不足，创新融资理念、拓宽原有融资渠道，充分发挥社会资本的灵活性和市场资源配置作用，也能更好地处理森林旅游供求关系；另一方面有利于明确森林旅游景区开发主体间的权利责任关系，实现政府简政放权，改善机构冗杂、职责不清的现状，充分发挥景区主观能动性和市场协调作用，实现旅游人才效用最大化。引入 PPP 模式既是海南森林旅游发展拓宽资金来源的有效方式，也是创新改革海南森林旅游经营管理方式的科学探索。

（三）完善设施建设，提升服务水平

在形成多渠道的资金来源和较为合理的资金结构之后，海南森林旅游景区就需要在森林旅游发展方面加大资金投入力度，完善旅游设施建设，包括旅游基础设施和旅游配套设施，以提高海南森林旅游服务水平，更好地满足游客需求。

旅游基础设施水平是旅游产业发展的依托，良好的旅游设施是对旅游产业发展的有力支撑。海南森林旅游景区首先应该积极和当地有关部门沟通交流，呼吁政府加大交通基础设施建设，完善提升旅游公路设施，增强通行能力，提升行车条件。同时，努力整合现有的铁路、高速公路和城乡交通网络，把较为偏僻的森林旅游景区与各城区、景区有机地联系在一起，畅通旅游景区的外部交通，便利游客的出行，增强旅游景区的可进入性。旅游交通基础设施的改善需要较长的建设周期，建议海南各森林旅游景区率先实现全面的旅游专线车辆的稳定运营，做到定点、定时、定量，初步缓解交通不便对森林旅游发展带来的不利影响。其次，稳定的电力供应、充足的水资源、基本的信息通信网络也是森林旅游发展的基础要求。海南中西部的大多数森林区都还不完全具备这样的条件，森林旅游重点发展区域在保护环境基础上应尽力进行相应的管道铺设和小型水利工程的开展。此外，森林旅游景区作为旅游活动的主要开展场所，景区内的旅游基础设施也十分重要，应抓紧新建改建旅游停车场、旅游生态厕所、景区游客服务中心，

建立统一的旅游标识标牌系统，有选择性地进行观光道、吊桥、浮桥、栈道等项目建设。结合海南自驾游、房车旅游的火爆情形，部分森林旅游景区可考虑在适宜区域开发建设自驾游/房车营地，提供基本的生活保障，进行集中管理。力争通过3~5年的努力，海南森林旅游景区的旅游交通基本畅通，旅游标识系统基本完善，旅游厕所生态基本达标，景区停车场基本满足需要。

在旅游配套服务设施方面，森林生态的脆弱性和重要性决定了森林旅游区只能提供小规模的基础旅游配套服务，大量的旅游配套服务还是应该交给周边的城镇进行提供，尤其是“吃、住、购、娱”四方面。

“吃”，建议鼓励当地居民开办生态农家乐、旅游餐厅等，以当地食材制作的特色菜为主，推出价格公道的旅游套餐，在此过程中，要尤为注意游客的食品安全管理，避免发生群体性食品问题。“住”，建议在现有的农家民宿基础上，积极整合资源，与当地森林旅游特色相结合，对民宿进行有针对性的改造和服务规范化的培训，并纳入当地有关部门管理范畴，进行统一管理。同时，建议重点森林旅游区新建1~2个三、四星级酒店，提供标准化的旅游服务，满足游客的基本需求；探索“森林客栈”等森林旅游特色住宿形式，满足游客的独特性需求。“购”，建议组建专门的森林旅游纪念品和特色农产品销售门店或网点，对价格、质量进行监督管理，同时严禁非法售卖国家保护物种等行为的发生，保护森林生态和资源。“娱”，森林旅游游客多数出于深度接近大自然的旅游目的，对于娱乐的需求相对较低，对于娱乐的方式要求也相对自然健康，建议当地组织建设一些诸如河滨公园、文体公园等休闲娱乐场所，配备篮球广场、广场舞广场、步行绿道等，满足游客及当地居民的健身休闲娱乐需求。

（四）创新人才培养，加快科技应用

海南森林旅游的低水平发展和面临的激烈竞争，都要求其必须在发展过程中创新人才培养和引进机制，丰富智力资源，为森林旅游的发展提供根本性的智力支持。在人才培养方面，海南森林旅游景区应该构建一个可持续的人才培养生态系统。一方面，要加强现有员工的培训学习，提升他们的旅游专业素养和旅游服务技能，同时建立健全激励机制，鼓励员工积极参加旅游导游等旅游职称考试，对不同级别的人员进行表彰和阶梯化的奖励，以充分激发他们的旅游建设热情和潜能。另一方面，“开源”是解决人才短缺问题的关键，让源头活水潺潺而来。海南森林旅游景区应向其他成功的旅游企业学习，建立起产学研联合人才培养机制，与省内外学校和科研机构合作，以定向培养方式形成稳定的人才输送渠道。在定向培养过程中，森林旅游企业需要根据当前需求和未来发展需要，与学校、科研机构共同确定旅游人才培养目标和培养方案，同时在学校主导下，加强企业主训，共同建立实习实训平台，在提高人才的专业知识水平前提下，着重提高其实践技术能力。随着森林旅游业的发展，对旅游人才提出越来越高的要求，需要在培养旅游专业能力的同时，培养他们的思辨能力、协调能力、沟通能力等通用知识及技能，以及一定深度和广度的林业知识。在人才引进方面，一是海南森林旅游景区应加大对省外森林旅游专业人才的引进力度，提供具有吸引力的一系列人才引进计划，包括落户、购房、家人安置等方面的有力保障，人才的引入将为当地旅游发展提供创新性思维；二是海南森林旅游景区应该积极采取措施，转变社会对森林旅游发展的认知，鼓励和吸引省内现有的旅游从业人员进行身份转换，让他们积极投身于海南森林旅游发展建设，成为专业的森林旅游从业人员。

森林旅游业实施创新驱动发展战略，除了需要人才支撑，也离不开现代高新科技的应用。一是旅游业作为信息密集型和信息依托型产业，与信息技术有着天然的耦合性。海南森林旅游景区应该在网络营销系统、电子预订系统、电子导游系统、电子支付等方面加强信息技术、物联网技术应用，加快旅游信息化建设，及时获得旅游市场信息的同时也能够迅速向外界传达自身的旅游信息，提高旅游企业的服务水平和整体竞争力。二是海南森林旅游发展应积极运用以“3S”技术为代表的空间技术，对当地的森林生态环境和灾情进行监测、预警，减轻森林旅游可能给森林带来的负面影响。海南森林旅游在发展过程中还应更多地应用环保技术，如固体废弃物无害化处理、绿色清洁能源技术、环境实时监控技术等，最大化地减少环境污染，改善生态环境质量，保护自然资源。三是鉴于许多森林旅游核心区生态极度脆弱，旅游承载力十分有限，建议海南森林旅游区在旅游开发过程中可适当运用 VR、MR 和 3D 建模技术等高新技术，建立虚拟体验科技馆、5D 电影院等，多形式全方位地向游客展示平时向往而难以接触的森林景观，提升游客的森林旅游体验和森林旅游满意度。

（五）坚持品牌战略，加强宣传推广

我国旅游发展已经从旅游资源质量竞争、旅游产品价格竞争发展到旅游服务和旅游品牌的竞争阶段，尤其是良好品牌形象的建立和传播，对旅游市场开拓起着重要的作用。海南森林旅游景区应坚持品牌化战略，利用企业形象识别系统（CIS 系统），分别从理念、行为和视觉识别出发进行明确的企业形象建立。在理念识别上，森林旅游景区需要对自身在过去的经营发展过程中所形成的企业价值准则和文化理念进行总结和提炼，取其精华去其糟粕，并且对其升华形成新的企业价值观和企业文化，明确自身的经营宗旨、经营方针、市场定位。在行为识别上，森林旅游企业需要着重在理念指导下对员工的行为规范进行培训，使得员工在精神上对理念有统一的认知和认可，并能够在现实中将理念转化为自身行为，通过行动来向游客传达理念，获得品牌形象的认可。在视觉传达上，森林旅游景区需要对景区标识和产品包装及景区整体视觉形象进行统一的设计，将理念具象化为独特的企业形象，向大众直接表现和传递企业品牌理念。在此过程中，海南森林旅游景区需要尤其注意的是，既要突出森林旅游区别于其他旅游形式的特色，又要在森林旅游景区内部形成区分力，形成自身独一无二的旅游理念和品牌特色，真正形成旅游核心竞争力。

品牌化战略的核心是品牌形象传播，离不开持续地宣传与推广。在互联网时代，建议森林旅游景区在采取报刊、广播、电视等传统媒体传播以外，更多地利用互联网渠道。景区可尝试探索与知名旅游电商平台的合作，运用网络数据分析森林旅游者的年龄、性别、偏好和消费需求等信息，有针对性地进行森林旅游广告、视频、微电影等宣传制作，并根据特定目标客户群体的消费习惯和信息接收方式，在各大自媒体、视频和社交平台宣传品牌形象，进行精准锁定和精确营销。与此同时，仍旧需要与旅游电商平台展开紧密合作，发挥其平台优势，在短时间内迅速传播品牌形象，直接激发市场旅游需求。此外，森林旅游也应该建立自身的品牌宣传渠道，完善或建立景区网站官网和微信公众号，开展景区信息的更新传递，在潜移默化中加深消费者对景区旅游品牌的认知，同时景区应该充分利用自身网络平台，融入旅游电商服务，开展旅游信息发布、产品在线预订等服务，建立景区自身旅游数据库。

（六）促进产业融合，丰富产品体系

旅游产业融合是随着旅游业和社会不断发展而出现的一种必然现象，尤其是“旅游+”提出以来，我国旅游业的产业融合现象越来越明显。产业融合已经成为我国旅游业发展的重要趋势和旅游产业转型升级的动力，在此大环境下，海南省森林旅游发展需要积极顺应产业融合趋势，与当地的优势/特色产业进行融合，形成新的旅游业态和旅游产品，满足游客多样化的需求。一是海南森林旅游业应积极与农业相融合。海南省的森林旅游区主要分布在中西部山区，农业经济仍在当地占据重要地位，有着丰富的热带农业旅游资源，森林旅游可与热带农业融合，发展当地观光农业、体验农业等旅游形式。例如，在森林旅游景区周边建立休闲农庄和农产品产业园，整合已有的热带农业观光项目，提供当地热带水果植物（如茶叶）的种植体验、观赏采摘、加工品尝等服务，丰富当地以森林旅游为主的旅游产品体系，也推动当地农业由粗放的规模增长向集约化的质量提升转变，减少农业发展对森林生态的破坏。二是海南森林旅游业应积极与文化产业进行融合。文化差异性是吸引旅游者前往某地旅游的重要因素，海南森林旅游业应深入挖掘当地黎族苗族文化内涵，在景区内外发展黎族苗族风情园、文化博物馆、民歌大舞台和黎锦黎药制作坊等旅游项目，重点打造独具黎苗风情的特色餐饮、文化纪念品和文化表演等，使得黎苗文化深深植根于海南森林旅游，增强森林旅游的文化内涵，满足旅游者的深层次精神文化需求。

此外，海南森林旅游也应从自身出发，借助森林旅游资源和特色开发更多的旅游产品。如热带森林具有一定的神秘色彩，可考虑开展森林探险、森林野营、森林寻宝等森林探秘旅游活动；热带森林具有独特的自然风光，可考虑开展森林徒步、森林动植物观光、森林摄影等森林休闲旅游活动；热带森林具有一定的保健功能，可考虑开展森林深呼吸、森林浴、森林瑜伽等森林度假养生活动；森林具有较高的科学价值，可考虑开展森林科普游、学生素质拓展游、森林科学冬/夏令营等森林研学旅游活动。这些旅游活动的开展将大大丰富海南森林旅游的产品类型，为森林旅游发展注入新的生机和活力，提高海南森林旅游业综合竞争力和可持续发展能力。

（七）加强法制建设，鼓励社区参与

森林旅游业要实现健康发展，离不开健全的法律体系，更离不开精准、高效的执法。海南森林旅游业发展，首先，需要健全森林旅游法律体系，加快森林旅游立法。对海南省森林旅游发展进行规范化和标准化管理提供法律依据，减少森林旅游盲目发展、无序开发、破坏环境和服务质量参差不齐的发展乱象。其次，海南森林旅游发展需要加强执法力度，对森林旅游发展过程中的违规建设、破坏污染环境、伤害生物多样性、不诚信经营等问题进行专项整治，坚持生态保护和诚信经营底线，严格执法，杜绝违法违规行为的发生。

旅游社区参与是指社区作为旅游发展的主体之一，参与旅游发展规划、旅游发展决策、旅游经济活动、旅游资源环境保护和旅游知识教育培训等涉及旅游发展重大事宜的决策和执行体系。社区参与是旅游可持续发展的一个重要内容和评判标准，因此，鼓励当地居民积极参与旅游建设对海南森林旅游发展具有重要意义。海南森林旅游景区应在政府的支持和监管下，与当地居民建立起有效的合作机制，通过资金扶持和战略合作方式积极鼓励居民参与社区旅游发展，尤其是森林旅游服务的提供和森林资源环境的保护。一是森林旅游服务的提供需要鼓励当地居民自主创业，参与森林旅游小镇的建设。可以从“吃、住、行、游、购、娱、商、养、学、闲、情、奇”旅游十二要素出发，指导居民发展特色餐饮、酒店住宿、旅游接送、旅游导游、旅游特产、娱乐休闲等旅游服务业，弥补森林旅游区接待能力的不足，为森林旅游游客提供较为完善的旅游配套服务，同时带动当地经济发展方式转变、经济效益提高，加快当地居民致富的步伐。二是鼓励当地社区居民参与森林资源环境的保护。一方面，当地居民参与到森林旅游服务的提供，将从森林旅游发展中获得切实的经济利益，加深对森林旅游的认可，意识到森林生态环境的重要性，从一定程度上推动他们参与到森林环境和资源的保护中去。另一方面，还需要加强对当地居民森林和旅游双方面知识的教育培训，既增强其森林保护意识和保护能力，又提升旅游服务技能，一举两得。

（八）建立有效机制，实现蓝绿互动

在未来较长的发展时期内，滨海旅游还将占据海南旅游市场的大多数份额，对海南整体旅游市场发展发挥着举足轻重的影响力，海南其他旅游业态尤其是旅游新业态的发展也必将受到其影响。对于海南森林旅游业而言，滨海旅游“一家独大”对其具有双重影响。一方面，滨海旅游占据海南旅游的主流市场，对森林旅游产生一定的遮蔽效应，降低了森林旅游的社会关注，挤压了森林旅游的市场发展空间，限制了森林旅游的未来发展潜力。另一方面，滨海旅游对海南森林旅游发展起着积极的带动作用，尤其是滨海旅游的突出发展每年都为海南带来大量的国内外游客，在参与滨海旅游过程中使得更多的人有机会了解接触并参与到海南森林旅游中来。因此，现阶段海南森林旅游对滨海旅游的依附仍然是利大于弊的，积极作用占据主导，因而建立起有效的“蓝绿互动”合作机制对海南森林旅游发展显得尤为重要。

第一，海南需要加快推进“大三亚旅游经济圈”的打造。由三亚市牵头，与陵水黎族自治县、保亭黎族苗族自治县、乐东黎族自治县共同组成区域旅游业合作发展机构，以“平等协商、区域联动、资源共享、互利共赢”为原则，努力打造国内优秀的区域经济合作示范区。过去几年，几个市县在强化旅游产品的互融方面做出了许多努力，开发了许多旅游合作新线路，初步构建了沟通协调机制，有了一定的产业协同基础。海南森林旅游发展应牢牢抓住机遇，在《大三亚旅游经济圈发展规划（2016—2030）》和《“大三亚旅游经济圈”区域经济合作示范区实施方案》的指导下，对内深化联通架构，增加市县之间的旅游交流，同时积极整合绿色和蓝色两种旅游资源，加强与三亚等地滨海旅游的互动，对外进行组合推介，真正形成山海互动、蓝绿相连的旅游格局。

第二，海南应在全省范围内建立森林旅游景区与其他滨海旅游景区的正式合作机制。统筹整合蓝绿旅游资源，从地缘接近性、文化相似性、资源互补性、产品完整性出发，为森林旅游景区与滨海旅游景区进行匹配结对，签署景区间的战略合作协议，确立景区间的合作机制，明确双方的责任义务，充分利用资源，扬长避短、优势互补，共同开发出具有吸引力的新型蓝绿融合的旅游产品，共同培养出创新型的旅游复合人才，建立起客源互享、客源分流的友好合作关系，实现跨区域旅游开发，率先帮扶一批海南森林旅游景区发展，同时为滨海旅游景区增添新的发展活力。

参考文献

［1］毕丽芳，鲁芬．基于SWOT分析的区域旅游产业发展现状与开发路径研究：以昆明市西山区为例［J］．江苏商论，2023（6）：50-54.

［2］蔡亲高．产业链视角下乡村旅游产业发展研究：以万宁市龙滚镇为例［D］．三亚：海南热带海洋学院硕士学位论文，2023.

［3］迟捷．基于信息化分析的农村旅游产业发展策略研究［J］．中国市场，2023（17）：76-79.

［4］杜金莹．迎风起势　黑龙江开启文旅高质量发展新篇章：第五届黑龙江省旅游产业发展大会侧记［J］．奋斗，2023（13）：34-37.

［5］耿松涛，宋蒙蒙．产业融合背景下的旅游创新业态发展研究［M］．北京：知识产权出版社，2018.

［6］姜喆．中国文化产业和旅游产业融合发展的空间格局及影响因素研究［D］．济南：山东财经大学硕士学位论文，2023.

［7］李锋．文化产业与旅游产业的融合与创新发展研究［M］．北京：中国环境科学出版社，2014.

［8］李熙．琼海市旅游产业发展研究［D］．三亚：海南热带海洋学院硕士学位论文，2023.

［9］李玥潼．吉林市冰雪旅游发展中政府职能问题研究［D］．长春：吉林大学硕士学位论文，2023.

［10］刘丹丹，朱亚成，程攀硕．乡村振兴战略背景下乡村体育旅游产业发展研究［J］．文体用品与科技，2023（14）：55-57.

［11］刘品初．乡村振兴视角下的旅游产业发展研究：以黑龙江省同江市街津口赫哲族乡为例［J］．西部旅游，2023（11）：53-55.

［12］刘英．创意旅游文化建设与旅游产业的融合［M］．沈阳：辽宁大学出

版社，2022.

［13］陆嵬喆．中国文化旅游的多维研究［M］．北京：中国商务出版社，2016.

［14］陆欣，纪丽岩．基于“文旅兴市”战略的本溪文化旅游产业发展研究［J］．辽宁科技学院学报，2023（3）：79-81.

［15］罗明义．旅游融合发展：旅游产业与相关产业［M］．北京：中国环境出版集团有限公司，2016.

［16］罗时髦，柯田．地方传统文化助力十堰市大旅游产业发展研究［J］．美与时代（城市版），2023（6）：113-115.

［17］马晓行，宋建伟．支持文化旅游产业发展的财政政策研究［J］．营销界，2023（11）：58-60.

［18］孟俞彤．乡村旅游产业发展影响因素及对策研究［J］．产业创新研究，2023（16）：87-89.

［19］乔文瑶．莱阳市农村文化旅游产业发展策略研究［D］．烟台：烟台大学硕士学位论文，2022.

［20］孙怡．县域经济视角下旅游产业高质量发展路径研究［J］．农业经济，2023（7）：143-144.

［21］王超．山东省旅游业高质量发展指标体系构建与评估［D］．济南：山东师范大学硕士学位论文，2023.

［22］王国洪，丁赛，马盛楠．旅游资源禀赋、交通区位与旅游产业发展：基于民族地区85个县调查数据的分析［J/OL］．海南大学学报（社会科学版），2023：1-9.

［23］王墨．乡村民宿多元化设计助力旅游产业发展［J］．建筑经济，2023（8）：109.

［24］王万江．旅游产业高质量发展与乡村振兴耦合协调发展的空间效应研究［J］．荆楚理工学院学报，2023（4）：16-21+30.

［25］王翔宇．关于着力提升牡丹江分公司旅游产业发展质量和效益的建议［J］．农场经济管理，2023（6）：16-17.

［26］吴国清．多维视域城市区域旅游发展研究［M］．上海：上海人民出版社，2016.

［27］伍百军，周启良．高铁开通对旅游产业发展影响实证研究：来自广东省21个地级城市的经验证据［J］．山西经济管理干部学院学报，2023（2）：

30-35.

［28］谢雨萍．旅游产业融合发展分析［M］. 成都：电子科技大学出版社，2019.

［29］徐思栎．洛阳乡村旅游产业集群发展研究［D］. 洛阳：河南科技大学硕士学位论文，2022.

［30］杨莉虹．多元视角下旅游产业发展研究［M］. 长春：吉林人民出版社，2021.

［31］尹华光．旅游产业与文化产业融合发展研究［M］. 北京：中国书籍出版社，2017.

［32］俞婧，周丽俭．AR 红色文化旅游产业发展问题及其财政对策［J］. 经济研究导刊，2023（12）：45-47.

［33］张福春，董法尧．民族地区旅游产业发展对流动人口居留意愿影响研究：来自流动人口动态监测调查数据的证据［J］. 大理大学学报，2023（5）：17-26.

［34］张辉．中国旅游产业发展模式及运行方式研究［M］. 北京：中国旅游出版社，2011.

［35］赵杨．基于乡村振兴的乡村休闲旅游产业发展路径探讨［J］. 常州工学院学报，2023（3）：65-69.

［36］中共黄石市委党校课题组．黄石红色文化旅游产业发展路径研究［J］. 学习月刊，2023（5）：46-48.

［37］邹智深．高质量发展目标下海洋旅游产业发展水平测度与阻碍因子研究：以舟山群岛为例［J］. 特区经济，2023（7）：117-121.

后记

《旅游产业发展的多维探究》一书的完成对我来说是一段极其充实的旅程。在这段旅程中，我深入研究了中国旅游产业的发展，探讨了旅游产业与文化、影视和科技等的创新融合，并为未来的旅游产业发展提供了展望。这本书的撰写不仅是一项任务，更是一次知识的探索、思想的交流和对旅游领域的深刻思考。在这个充实的旅程中，我沉浸在大量的文献研究和实地调查中，不断追求更深入的理解和见解。我与同事、同行和老师进行了无数次的讨论和交流，这些互动丰富了我的研究，启发了我的思考。

未来的旅游产业发展将继续面临巨大的机遇和挑战。科技的快速发展，包括数字化、大数据、虚拟现实等技术将在旅游领域扮演越来越关键的角色。这将带来更多创新的旅游产品和服务，同时也需要从业者积极适应新技术，以满足不断多样化的消费者需求。

未来，旅游产业的融合将变得更加深入。不仅是文化、影视、科技，还将涉及更多领域的融合，如医疗、体育、教育等。这将带来更多跨界的旅游体验，拓展了旅游的边界，也为产业创新提供了更多机会。

本著作是 2022 年度陕西省哲学社会科学重大理论与现实问题研究项目（2022ND0331）和 2023 年度陕西省“高等教育服务创新驱动发展战略”研究项目（2023HZ1339）的阶段性研究成果，并获咸阳师范学院学术著作出版基金资助。在这本书的撰写过程中，咸阳师范学院的领导、同事以及学生为我提供了宝贵的支持和鼓励。他们的专业知识和深刻讨论为我提供了新的视角，促使我更好地理解旅游产业的发展。我要感谢这个充满智慧和热情的学术团体，他们激发了我不断前行的动力。

同时，我也要感谢我的家人，特别是我的父母和妻子。他们一直是我坚强的后盾，无论在繁忙的写作过程中还是在面临挑战时，他们的支持和理解一直伴随着我。

最后，我要感谢自己，因为只有坚持不懈的努力和对旅游产业的深刻热爱，才能完成这本书的写作。

总之，未来的旅游产业将继续充满活力和机遇。我希望这本书能为学者、从业者和学生提供一些有益的思考，促进旅游产业的可持续发展。再次感谢所有支持和鼓励我的人，你们的帮助对我而言是无价之宝。